# 军 事 战 略

汪艳伟　朱启凯　陈　鹏　**主编**

兵器工业出版社

## 内容简介

本书从战争、军事战略等军事术语的基本概念出发，研究了军事战略的构成因素、分类体系和主要特点；沿着我国军事战略理论的演进历程，立足军事斗争准备需要，论述了新时代军事战略思想的基本精神及其对军事力量建设提出的战略需求；针对现代战争和军事危机爆发的主要原因和主要特点，总结了现代战争和军事危机的战略指导问题；在综合把握国际战略格局和国际战略形势的基础上，全面辩证地分析了世界主要国家军事战略调整演变过程、主要内容和基本特点。

本书既可作为军事院校课堂教学的基本教材，又可供军事理论研究人员学习、研究军事战略理论时借鉴和参考。

## 图书在版编目（ＣＩＰ）数据

军事战略 ／ 汪艳伟，朱启凯，陈鹏主编. -- 北京 ：
兵器工业出版社，2020.7 （2023.11 重印）
ISBN 978-7-5181-0614-1

Ⅰ．①军… Ⅱ．①汪… ②朱… ③陈… Ⅲ. ①军事战略—研究—世界 Ⅳ．①E81

中国版本图书馆CIP数据核字(2020)第125280号

出版发行：兵器工业出版社　　　　　　责任编辑：杨俊晓
发行电话：010-68962596，68962591　　封面设计：正红旗下
邮　　编：100089　　　　　　　　　　责任校对：郭　芳
社　　址：北京市海淀区车道沟10号　　责任印制：王京华
经　　销：各地新华书店　　　　　　　开　本：710×1000　1/16
印　　刷：北京银祥印刷有限公司　　　印　张：14
版　　次：2023年11月第1版第3次印刷　字　数：241千字
　　　　　　　　　　　　　　　　　　定　价：66.00元

# 《军事战略》编写组

主　编　　汪艳伟　朱启凯　陈　鹏

副主编　　甘勤涛　徐　莹　秦　岩　袁　诠

　　　　　杨　婧　向凯全

编　委（按姓氏笔画为序）

　　　　　任新智　杨玉忠　李功淼　吴丽芳

　　　　　佟若雄　张诗雪　陈喜龙　黄少罗

　　　　　黄欣鑫　梁玉华　韩　柳　韩　笑

　　　　　绳　慧　彭　舒　路　迪　谭继帅

# 前　言

作为筹划和指导军事力量运用和建设全局的方略，军事战略是最高层次的军事理论，在军事学术中处于主导地位。军事战略不仅制约和支配着战役学、军队指挥学和战术学等相关军事学科的研究和发展，而且统揽一切军事工作，既指导军事力量的运用，也指导军事力量的建设。尤其是在和平时期，军事力量建设是军事战略指导的重要内容。与此同时，我国面临安全威胁的复杂性、不确定性进一步增强，传统安全威胁与非传统安全威胁相互交织、外部威胁与内部威胁相互交织，要求我军具备应对多种安全威胁、完成多样化军事任务的能力。军队遂行非战争军事行动更加频繁，政治影响大、参与人员多，日益成为战略指导关注的重大问题。

作为一名合格的军事指挥员，必须具备科学的战略思维和良好的战略素养，才能保持清醒的头脑，才能站在全局的高度妥善处理各种军事问题。习近平主席多次指出，军队各级领导干部必须具备良好的战略素质，有很强的全局观念和宽广的世界眼光。尤其是在信息化条件下，战争逐步呈现战略级筹划、战术级行动的发展趋势，战略、战役与战术的界限日趋模糊，战略思维和战略素养不再是高级指挥军官的"专利"，而日益成为各级新型军事人才的必备素质。因此，要加强各级军事人才战略思维和战略能力培养、提高干部队伍整体素质、适应强军目标要求、打赢现代战争，必须认真学习和研究军事战略知识。

《军事战略》就是在新时代以新视角系统研究军事战略问题的理论著作，由军政基础系部队基层工作教研室组织编写。编写组成员皆为浸淫军事理论多年的教研人员，教学经验丰富，学术积淀深厚，既具备专业的理论知识，又具有丰富的部队实践。在编写过程中，我们以马克思列宁主义、毛泽东思想、邓小平理论、"三个代表"重要思想、科学发展观和习近平新时代中国特色社会主义思想为指导，注重从国防和军队建设全局对军事战略理论加以系统地论述，既注重简明扼要、篇幅适中、浅显易懂，又力求写出深度和新意、充分反映当前学术界的最新研究成果；既具有理论参考价值又能生动活泼、引人深思；既追溯我军军事战略理论发展演变历程、紧贴现实军事斗争准备，又着眼未来战争需求、勾画军事力量建设与运用的整体蓝图。

本书共十章。第一章为概述，主要明确了军事战略的基本内涵及其构成要素、分类体系和主要特点。第二章阐明了战略环境的基本内涵，挖掘了国际战略格局和国际战略形势的现状与发展。第三章从积极防御的基本内涵着手，梳理了我国军事战略方针的调整演变过程，介绍了新时代军事战略思想和基本精神。第四章结合近期爆发的几场局部战争，概括了现代战争爆发的主要原因和主要特点，提出了现代战争的战略指导问题。第五章根据军事战略需求，阐述了军事力量建设的基本规律、基本原则和基本思路。第六章结合几场重大军事危机，总结了军事危机的主要特点和危机预防及处置的基本原则和主要措施。第七章至第十章在综合比较世界各国军事战略调整动态的基础上，全面分析了美、俄、日、印等主要国家军事战略的历史演变过程和当前军事战略的主要内容，为从宏观上研究外国军事战略理论奠定了基础、提供了借鉴。

本书编写过程中，得到了各级领导的关心和指导，得到了校内外有关单位的大力支持和帮助，并参考借鉴了近年来相关专家学者大量的研究成果，在参考文献中未能一一列出，在此谨向作者们致以衷心的感谢。

由于时间仓促，加之编者水平、占有资料的限制，书中难免有错误疏漏之处，恳请专家学者和同行提出宝贵意见，以便不断修改完善。

编　者
2020 年 1 月

# 目 录

# 第一章　军事战略概述

军事战略是党和国家的路线、方针、政策在军事领域的集中体现，是国家战略的重要组成部分，服从服务于国家战略需求，为国家安全和发展提供坚强有力的战略保障。

## 第一节　军事战略的内涵与构成要素

军事战略根源于战争，那么什么是战争、什么是军事战略、军事战略由哪些要素构成，自然是军事战略必须回答的首要问题。因此，本节首先就这些问题进行简要阐述，以作为研究军事战略的入门和起点。毕竟，克劳塞维茨曾在《战争论》中指出："任何理论必须首先澄清杂乱的、可以说是混淆不清的概念和观念。只有对名称和概念有了共同的理解，才可能清楚并顺利地研究问题，才能同读者经常站在同一立足点上。如果不精确地确定它们的概念，就不可能透彻地理解它们内在的规律和相互关系。"

### 一、战略与战略学

军事战略是随着战争实践的发展而产生和发展起来的。作为一种社会历史现象，战争是人类社会发展到一定阶段的产物。在原始社会初期，人们过着原始共产主义的群居生活，经历了一个没有战争的时期。随着私有财产的产生，战争出现了萌芽。战争的萌芽形态主要表现为原始部落的暴力冲突，它已经具备了战争的某些特征，但还不能称作是完整意义上的战争。因为这些冲突只是一种偶然的不自觉的现象，是人类生产过程的一部分，而不是生产活动之外的独立行为，尤其是没有专门从事战争的军队和武器。因而，也不可能发生具有明确政治目的的战争。到了原始社会后期，随着生产力的发展，私有财产和阶级的出现，国家和为国家服务的军队也就应运而生。军队成为国家专政的主要支柱，战争也逐渐脱离了生产过程，成为一种极为特殊的社会现象。战争开始具备压迫、奴役和侵略的阶级属性，演变为真正意义的战争，成为国家或政治集团之间为了一定的政治、经济等目的，使用武装力量进行的大规模激烈交战的暴力冲突，是解决国家、政治集团、阶级、民族、宗教之间矛盾冲突的最高形式，变成一种流血的政治。

**（一）战略**

"战略"一词作为军事术语的公开出现，在中国古代至少不晚于公元 3 世纪末期。距今约 1700 年前的西晋史学家、军事家司马彪（公元？—公元 306 年）曾专门著有《战略》一书，原著虽已失传，但部分内容仍散见于《三国志》《太平御览》等典籍之中。清人黄奭（shì）将其佚文辑成一卷，共八节，2000 余字。这是目前能见到的最早的"战略"专著和"战略"一词在军事领域的最早应用。唐代著名边塞诗人高适在《自淇涉黄河途中作十三首》其六中写有"当时无战略，此地即边戍。兵革徒自勤，山河孰云固"的壮美诗篇。《宋书》亦有"授以兵经战略"的记载。从古代对"战略"的使用来看，它主要涉及作战谋略和统兵打仗的方法，与现代关于战略的理解虽不完全一致，但大体上是相通的。可以说，战略在中国源远流长，并具有比较完善的理论形态和存在形式。

中国古代在战略领域的领先地位为世界所公认。学术界影响巨大的《苏联军事百科全书》曾明确指出"军事战略作为最高军事领率机关实践活动的一部分，产生于远古时期的东方、印度、中国以及古希腊和古罗马等奴隶制国家。""最初涉及军事战略问题的理论著作出现在古代。这类著作有：中国统帅和理论家孙武的《孙子兵法》（公元前 6 世纪—前 5 世纪），罗马统帅尤利乌斯·恺撒（公元前 1 世纪）、罗马历史学家弗龙廷·奥诺桑德尔（公元 1 世纪）和韦格蒂乌斯（公元 4 世纪末—5 世纪初）等人的著作"，无疑《孙子兵法》是其中最早的。曾任美国国防大学战略研究所所长的约翰·柯林斯也认为孙子是世界"公认的战略创新者""孙子是古代第一个形成战略思想的伟大人物"。"《孙子十三篇》可与历代名著包括 2200 年后克劳塞维茨的著作媲美。今天没有一个人对战略的相互关系，应考虑的问题和所受的限制比他有更深刻的认识。他的大部分观点在当前环境中仍然具有和当时同样重大的意义。"

在西方，"战略"一词出现的比较晚。公元 6 世纪（580 年），东罗马帝国皇帝毛莱斯编写了一本训练高级将领的教科书《strategicon》）意为"将道"，主要是指"统帅艺术"，作为"作战谋略"来使用。英文"strategy"（战略）一词即由此演变而来。在古代社会的漫长岁月中，人们尚未将政略和战略、战略和战术明确区分开来。

　　由上可知，早在"战略"这一概念出现之前，人们就已具有了一定的战略思维与战略意识，只是没有直接使用"战略"这一词语来表述。即使在"战略"这一概念出现后的相当长时间里，人们也没有对它的内涵和外延作出准确的界定。18—19世纪，随着武器装备的发展和战争规模的扩大，以及对战争认识的深化，人们对战略和战术进行了明确区分，战略的内涵从战斗范畴扩展到战争全局范畴，现代意义上的"战略"概念随之产生。

　　但是，由于文化传统和主观认识上的差异，不同时期、不同国家、不同学者对战略内涵的理解并不完全一致，其内容也不尽相同。1777年，法国人梅齐乐在其《战争理论》一书中首次从现代意义上使用了"战略"一词，把它界定为"作战的指导"。1799年，普鲁士军事理论家比洛（1757—1808年）在《最新战法要旨》一书中首次把军事科学区分为战略与战术，他认为："战略是关于在视界和火炮射程以外进行军事行动的科学，而战术是关于上述范围内进行军事行动的科学。"瑞士的若米尼（1779—1869年）在其代表作《战争艺术概论》一书中提出："战略是在地图上进行战争的艺术，是研究整个战争区的艺术。战术是在发生冲突的现地作战和根据当地条件配置兵力的艺术，是在战场各点使用兵力的艺术。"与若米尼处于同一时代的普鲁士著名军事理论家克劳塞维茨（1780—1831年）在其经典著作《战争论》一书中认为"战术和战略是在空间上和时间上相互交错，但在性质上又不相同的两种活动"。战术是"战斗本身的部署和实施""是在战斗中使用军队的学问"，而"战略是为了战争目的运用战斗的学问"。德国的老毛奇（1800—1891年）认为：战略是"一位统帅为了达到赋予他的预定目的而对自己手中掌握的工具所进行的实际运用"。

　　"一战"至"二战"期间，随着飞机、战舰、坦克等现代武器的广泛应用，战争形态和作战样式发生了重大变化，战略的内涵也不断得到丰富和发展，机械化战争的战略理论趋于成熟，比如英国富勒的"机械化战争"论、意大利杜黑的"制空权"理论、德国的"闪击战"理论、苏联的"大纵深作战"理论等。世界大战的实践深刻揭示了武装斗争对国家政治、经济、科学技术和后方保障的依赖性进一步增大的规律。英国的利德尔·哈特首倡"大战略"的概念，富勒撰写了《战争指导》，德国的鲁登道夫提出"总体战"理论，法国的博福尔创造了"总体战略"概念，对战争的指导和筹划明显超出了单纯军事领域，更加突出国家整体力量的运用。

　　"二战"以后，随着战争和社会实践活动的发展，人们认识战争的视野进一步拓展，战略概念外延扩大，战略体系更加完善。英国的利德尔·哈特

（1895—1970年）在其《战略论》中指出："战略是一种分配和运用军事工具以达到政治目的的艺术。"《美国军语词典》认为："军事战略是运用一国武装力量，通过使用武力或以武力相威胁，达成国家政策的各项目标的一门艺术和科学。"《苏联军事百科全书》称战略是"军事学术的组成部分和最高领域，它包括国家和武装力量准备战争、计划与进行战争和战略性战役的理论与实践。"日本防卫研究所则认为："军事战略是有关军事力量的运用及计划。"

中国人民解放军的军事战略产生于革命战争年代。在毛泽东"人民战争"理论的指导下，我们取得了中国革命战争的胜利，奠定了中国特色的现代军事战略基础。1936年12月，毛泽东在《中国革命战争的战略问题》中，使用了"战略""战役"和"战术"的概念，明确提出了"战略学"和"战略问题"等概念，指出"战略问题是研究战争全局的规律的东西""研究带全局性的战争指导规律，是战略学的任务"。新中国成立后，我军战略概念经历了一个不断发展的过程，基本坚持了毛泽东对战略的科学思考。

1972年版《军语》称战略是"对战争全局的筹划和指导"。

1997年版《中国军事百科全书》和中国人民解放军《军语》称战略是"筹划和指导战争全局的方略"。

国防大学1999年版《战略学》认为，战略亦称军事战略，是对军事斗争全局的筹划和指导。

军事科学院2001年版《战略学》认为，战略是"对战争准备和战争实施全局、全过程的运筹与指导"。

2011年版《军语》认为，战略：①军事战略的简称。筹划和指导战争全局的方针和策略。分为进攻战略和防御战略。②泛指关于全局性、高层次、长远的重大问题的方针和策略。如国家战略、国家安全战略、经济发展战略等。

2014年《中国军事百科全书·战略分册》（第二版）称，战略是筹划和指导战争及武装力量建设与运用全局的方略。即筹划和指导战争准备与实施、武装力量建设与运用所遵循的方针、原则和方法，又称军事战略。

2015年《中国的军事战略》白皮书称，军事战略是筹划和指导军事力量建设和运用的总方略。

国防大学2017年版《战略学》认为，战略是对军事力量运用与建设全局的筹划和指导。

从上述定义中可以看出，由于时代特点、战略环境、军事技术的发展，在不同时期战略概念的侧重点有所不同，但战略的核心内涵是相对稳定的，它是战略指导者基于对军事斗争全局性客观规律的认识，筹划、部署、指导军事力量运用与建设的方略。

作为国家军事领域的总方略，军事战略统揽一切军事工作，不仅指导军事力量的运用，而且指导军事力量的建设。尤其是在和平时期，军事力量建设是军事战略指导的重要内容。与此同时，我国面临安全威胁的复杂性、不确定性进一步增强，传统安全威胁与非传统安全威胁相互交织、外部威胁与内部威胁相互交织，要求我军具备应对多种安全威胁、完成多样化军事任务的能力。军队遂行非战争军事行动更加频繁，政治影响大、参与人员多，日益成为战略指导关注的重大问题。因此，在新的时代条件下，军事战略应被界定为"对军事力量运用与建设全局的筹划和指导"。在军事力量运用方面，既要筹划和指导战争，也要筹划和指导非战争军事行动；既要筹划和指导军事对抗，也要筹划和指导军事合作。在军事力量建设方面，既要筹划和指导军事力量的整体建设，也要筹划和指导军事力量各要素、各部分和各军兵种的建设；既要筹划和指导打赢战争能力建设，也要筹划和指导遂行非战争军事行动能力建设；既要筹划和指导当前建设，也要筹划和指导长远建设。

**（二）军事战略与国家战略的关系**

军事战略是国家总体战略的重要组成部分。一个国家要生存和发展，必须根据社会发展的要求和现实斗争的特点，从总体上对各个领域的活动和斗争进行运筹和指导。国家总体战略由生存与发展的总体目标和任务，总的路线、方针、政策和计划、部署、步骤等内容构成，通过政治、外交、经济、科技、军事、思想文化等各个领域分目标的达成来实现。军事战略同其他领域的战略一样，是国家总体战略构成的重要组成部分，是国家总的路线、方针、政策在军事方面的具体表现，是国家关于军事斗争的路线、方针、政策和策略、原则的集中反映。在不同的历史条件下，国家有不同的历史任务和建设发展目标，实现目标的方式也不尽相同，军事战略在国家总体战略中所处的地位和作用也不完全一样。军事战略只有符合国家战略的总体要求，并与其他领域的战略相互协调，才能得到实现既定目标的可靠条件，同时，也才能为共同实现国家战略的总体目标发挥应有的作用。

军事战略是为国家利益服务的。国家利益有多种表现，但总体说来包括生存和发展两个基本方面，军事战略应为其提供基本的条件和可靠的保证。也就是说，军事战略既要为国家的主权、民族的解放而斗争，为国家和民族提供最基本的生存条件，又要为政权的巩固、社会的稳定而斗争，为国家和民族的发展和繁荣昌盛提供强有力的安全保证。因此，军事战略把国家的安全利益作为其基本的历史使命，具有对外反侵略、对内反颠覆的双重职能。

### （三）战略学

研究战略学问的科学即为战略学。作为军事科学的重要组成之一，战略学亦称军事战略学，它是研究战争、国防和军队建设全局性问题及其规律的学科。战略学是战略理论体系的集中反映。战略理论产生于战略实践，战略学随着战争及其他军事实践活动的发展而发展，同样受到政治、经济、科技、军事、文化、民族、地理等因素的制约和影响。不同的国家和军队，在不同的历史条件下，有着不同的战略学理论体系。

战略学的理论构成可以分为两大部分，即战略基础理论和战略应用理论。战略基础理论是战略学最基本的知识，是战略这门学科构建的基础，内容相对稳定，具有较为普遍的指导意义。战略应用理论则具有比较明显的时代特征和实践指向，是一定时间和空间或特定条件下关于战争准备与实施、武装力量建设与运用、国防建设与发展等方面的理论，它受战略基础理论特别是本国传统的军事战略思想指导，也影响着战略基础理论的发展。

战略学的主要任务是，揭示战略的内涵及特性，认识影响战略的主要因素，总结以往战略实践的经验教训，把握不同时期以战争为核心的武装力量建设与运用全局的规律，为筹划与指导战略实践提供科学的理论依据。构建适应时代特点的战略理论是我军战略学发展亟待解决的重大课题。

战略学隶属于军事学，与军事学的其他学科联系非常紧密。根据国务院学位委员会、教育部 2018 年 4 月颁布的《学位授予和人才培养学科目录》，战略学与军事思想及军事历史同为军事学的一级学科。军事思想为战略学提供思想基础和理论指南，同时也不断吸收战略学的研究成果。军事历史为战略学提供实践基础，战略学也影响着军事历史的发展。战略学是军事学术领域中的最高层次，处于首要地位。它与战役学、战术学都是军事学的一级学科，是从不同范围、不同层次反映军事活动规律的，它们之间是全局与局部的关系。战略学指导战役学和战术学，战役学、战术学则体现着战略学的思想和原则，并对战略学产生一定的影响。军队指挥学是军事学的一级学科，是随着指挥工作的发展和现代化，从战略学、战役学、战术学三个学科中分离出来的，因而战略学对军队指挥学起着指导作用，军队指挥学体现着战略学的思想和原则，并对战略学产生着重要的影响。另外，战略学对军事学中的军制学、军队政治工作学、军事后勤学与军事装备学等一级学科，以及军事（国防）经济学、军事法学、军事外交学、军事心理学、军事地理学等交叉性学科都有指导作用。战略学也利用其他学科的研究成果，不断丰富和发展自身的理论体系。

战略学与军事技术科学密切相关。军事技术的产生、发展与运用是战略学赖以存在、发展的前提和物质基础，而战略学反过来又可以牵引和指导军事技术的发展与运用。

## 二、军事战略的构成要素

军事战略的构成要素，是构成军事战略的基本成分，是军事战略内容和形式的具体体现。军事战略的内容丰富多彩，形式多种多样，可从不同角度研究其构成要素，各种战略著作对军事战略构成要素的论述也不尽相同。曾任美国陆军参谋长和参联会主席的马克斯韦尔·泰勒上将于 1981 年在陆军军事学院讲学时指出："战略总是由目标、方法和手段几个方面组成的。我们可以用一个公式来表示这一概念：战略 = 目的（追求的目标）+ 途径（行动方案）+ 手段（实现某些目标的工具）。我们可以根据这个总的概念来制定各种战略，如军事、政治、经济等战略……军事战略 = 军事目标 + 军事战略方针 + 军事实力。"在借鉴外军战略理论的基础上，结合军事战略的本质特征和功能，我军认为，战略目标、战略方针、战略手段是构成军事战略的基本成分。

战略目标，是国家为了实现总的政治目的而对军事斗争提出的基本要求，是在一定时期内军事斗争的基本指向和全局上所要达到的最终结果，主要是解决"做什么"的问题。它既是制定战略的出发点，也是战略实施的归宿。它从根本上规定了军事斗争的内容、范围、规模、进程和限度，决定着军事力量运用和建设的方向与目标。战略目标还直接决定和影响战略任务。因为战略任务是对战略目标的具体化，是实现战略目标必须解决的重大问题。作为战略的重要组成部分，战略目标必须科学而明确。所谓科学，就是战略目标既不能定得过高，也不能定得过低；既要能满足需要，又要有现实可能。目标定得过高，超过了国家利益要求的限度，超越了客观条件的许可，就难以实现，甚至导致失败；目标定得过低，战略的功能和作用就不能得到充分发挥，国家安全也得不到可靠保障。所谓明确，就是战略目标既要有质的规定，又要有量的限定；既不过于抽象，又不过于琐碎；既便于把握，又利于执行。

　　战略方针，是指导军事斗争和军事力量建设全局的总纲领、总原则。它规定实现战略目标、完成战略任务的基本途径，规定一定时期内军事斗争和军事力量建设的重点、主要战略方向、主要作战样式和作战原则，规定使用的主要力量、军事斗争的进程和持续时间等，主要解决"怎么做"的问题。战略方针是国家方针政策的重要组成部分，是国家方针政策在军事上的反映，是一定时期内指导军事力量建设和军事斗争实践的行动准则，是战略的主体和核心。战略方针是否正确，对于军事斗争的进程和结局有着决定性影响。在军事领域中，战略方针具有很高的规定性和权威性，发挥宏观定向作用，是统揽和牵引各项工作的"龙头"，是进行军事力量运用与建设、军事斗争准备与实施的基本遵循。同时，战略方针对国家的政治、外交领域和国民经济的规划、布局等，也有重大影响。因此，对国际国内战略环境的科学分析和判断是制定战略方针的基本前提。同时，确立正确的战略方针是战略指导者主观指导能力的反映。军事斗争的胜负，主要取决于双方的军事力量对比，以及政治、经济、自然诸条件，还取决于双方主观指导的能力。战略指导者不能超越客观条件许可的限度去追求胜利，但应当在条件许可的范围内，充分发挥主观能动性，积极主动地去争取胜利。正确的战略方针，是战略指导者对客观条件的正确认识，是夺取军事斗争胜利的基本保证。

　　战略手段，是实现战略目标的物质力量及其作用方式。任何战略都是建立在一定的战略力量之上的，都需要通过一定的方式来实现。战略手段主要解决"用什么做"的问题，即用什么进行军事斗争和怎样进行军事斗争，是战略指导者根据战略目标和战略方针的要求，使用军事力量，开展军事斗争的具体行动。战略目标和战略方针规定战略行动的目标、方向、纲领和准则，以及实现目标的基本途径，但还不是行动本身，只有通过战略手段，才能将其付诸实施，使其得以贯彻落实。在很大程度上讲，战略就是目标与手段的统一，没有战略手段的战略是不存在的，也是毫无意义的。战略手段以军事力量为核心，同时包括政治、经济、地理、科技、外交、文化等相关力量在内的综合力量。既可以是现实力量，也可以是潜在力量；既可以是硬实力，也可以是软实力。其作用方式，既可以是战争行动，也可以是非战争军事行动；既可以通过威慑，也可以通过实战。军事战略的实质，就是综合运用战略力量特别是军事力量，通过各种方式和方法，实现既定的战略目标。

　　战略目标、战略方针和战略手段是一个有机联系的整体，共同构成一个完整的战略框架。它们之间互为依托，紧密联系，在任何时间、空间、环境条件下，三者都不可分割，只有通过相互之间的最佳匹配，才能实现最佳效果。

## 第二节　军事战略的主要特点

世界上任何事物都有区别于其他事物的本质属性，军事战略亦不例外。军事战略因其特定的研究对象、内容和表现形式，而具有自身的鲜明特点。

### 一、鲜明的政治性

军事战略是强军战胜之道，更是治国安邦之策。军事战略的政治性是由军事对政治的从属性决定的。战略是政略的反映，是国家路线方针政策在军事领域的集中体现和延伸。任何军事战略都有着深刻的政治背景，政治对战略具有支配和决定作用。它不仅从本质上规定着战略的性质、方向、目标和任务，还对军事力量运用和建设的途径与方法具有决定性影响。军事战略服从政治是一条基本法则。军事战略的制定和实施必须站在政治高度，从国家利益全局出发进行宏观筹划，保证党和国家政治目标的实现。战略指导者在进行战略决策和战略指导时，必须认清政治背景、分析政治条件、明确政治目标、考虑政治后果。在任何情况下，军事战略都不能超越国家的政治目标，都不能脱离政治而独立存在。军事战略对政治也有反作用。正确的军事战略可以为政治目标的实现创造条件，而错误的军事战略会导致军事斗争失利甚至战争失败，从而造成惨重的政治后果。

### 二、指导的全局性

全局性是军事战略最基本的特征。这个全局指的是国家(集团)整个军事斗争的全局，带有照顾各方面、各部分和各阶段的性质。

军事战略是国家(集团)关于军事问题的最高决策，处于军事领域的最高层次。在现实生活中，全局是可以区分层次的。凡是相对独立的，具有照顾各个方面、各个部分、各个阶段性质的事物，都可以称为全局。比如，全球可以是一个全局，地区可以是一个全局，一个独立的战区也可以成为一个全局。但是，作为国家(集团)的军事战略，它的全局有其特定的对象和范围。具体说来，它把整个国家(集团)作为全局，各个方向、各个地区是它的局部；它把整个军事斗争作为全局，各种样式、各种手段是它的局部；它把全国(集

团）的军事力量作为全局，构成军事力量的各种成分是它的局部；它把整个战
争作为全局，各个战区、各个战场以及战役和战斗是它的局部。在军事领域
里，军事战略的层次最高，指导的范围最广，是各项工作的"龙头"和总纲，
是各种军事活动的依据和遵循。

### 三、强烈的对抗性

军事斗争，尤其是战争，是一种有组织、有计划、有目的的暴力行为，
是敌我双方使用军队或其他武装组织为骨干而展开的激烈较量。军事战略对
军事斗争的筹划和指导，是伴随这种较量进行的，对抗性是它的一个显著
特点。

军事战略本身所具有的政治性质，是其对抗性产生和依存的基础。从本
质上说，军事斗争具有鲜明的政治目的，特别是战争，更是一种"流血的政
治"，是解决阶级之间、民族之间、国家之间，以及政治集团之间在一定发展
阶段上的矛盾的一种最高的斗争形式。任何军事战略都是为一定的阶级、民
族、国家、政治集团的利益服务的，而这种服务往往又是在充满矛盾和冲突
的斗争中实现的。因此，任何军事战略都具有鲜明的政治性和对抗性，古今
中外概莫能外。政治性既是战略根本性质的最高表现，又是其对抗内容的最
集中反映。与此同时，任何军事战略都是针对特定的威胁和挑战提出来的。
这就要求一个国家必须根据军事斗争对象的特点，建设一支规模适度、战斗
力强、能有效维护国家利益的军事力量，一旦战争爆发，能以这支力量战胜
对手。军事战略的这一特点，要求它的决策者和执行者，不仅要有胜敌一筹
的谋略水平和卓越的组织指挥才能，更要有坚贞不屈、团结奋斗的勇敢精神
与杀敌热情，只有这样，才能在敌我双方的激烈对抗中灵活运用和充分发挥
军事力量的最大效能，夺取军事斗争的胜利。

### 四、高超的谋略性

谋略是指挥员基于敌我双方客观情况而提出的计谋和策略。它是人的主
观能动性的高度体现，是指导军事斗争取得胜利的重要因素，更是军事战略
的突出特点。

从一定意义上讲，战略指导就是敌我双方以一定的物质力量为基础进行
的智慧和谋略的较量。自古以来，任何军事战略都体现着丰富的谋略思想。
《孙子兵法》就是一部充满谋略思想的战略巨著，它明确主张"兵者诡道""上

兵伐谋"。实践证明，战略上胜敌一筹的谋略往往能产生单纯的物质力量难以达到的结果，或成为物质力量的"倍增器"，使物质力量发挥出超常的功效，甚至可以达到"不战而屈人之兵"的目的。纵观古今中外战争史，运用谋略使自己摆脱困境、转弱为强、最后战胜敌人的战例不胜枚举。中国历代军事家们更是注重以智取胜，比如长勺之战，就是中国战略文化的优秀传统。在战略指导上，主要表现在审时度势、权衡利弊、运筹帷幄、深谋远虑、谋局造势、灵活应变和出奇制胜等方面，比如马陵之战。中国革命战争的胜利，就是最好的例证。以毛泽东为代表的老一辈无产阶级革命家，在革命战争中所表现出的高超的谋略水平和卓越的战争指挥艺术，就连他们的对手也深为叹服，堪称人类战争史上的经典之作。

### 五、相对的稳定性

军事斗争情况的发展变化，决定着军事斗争指导规律的发展变化。军事战略必须随着军事斗争的发展而发展，因时、因敌而变，一成不变的军事战略是不存在的。然而，由于军事战略处于军事领域的最高层次，是对军事力量运用和建设全局的筹划，是一切军事活动的依据和准则，指导层次高，影响范围广，只要总的战略形势和目标任务没有发生根本改变，军事战略就需要保持基本稳定。为此，军事战略又具有相对的稳定性。

这种相对稳定性主要体现在：一是军事战略的指导对象是相对稳定的。军事战略的指导对象是军事力量运用和建设的全局。由于一定时期内国家安全面临威胁的性质和程度是相对稳定的，军事斗争的主要对手、战略方向和斗争方式也必然相对稳定。同时，军队建设的战略目标、总体步骤在一定发展阶段，也要保持相对稳定。二是军事战略的基本指导原则是相对稳定的。作为国家根本性的军事政策，军事战略的基本指导原则受国家路线方针政策的支配和制约，因而在一定时期内也是基本稳定的。三是军事战略的基本内容是相对稳定的。军事战略主要是通过规定战略目标、战略方针和战略手段等内容而表现出来的。这些内容指导范围广，具有全局性、前瞻性和指向性，一旦确定，就成为军事行动的准则和依据，应当保持基本稳定。

## 第三节　军事战略的分类和体系

古往今来的战略，尽管具有许多共同的特性，然而，由于国家利益不同、面临的安全威胁各异，不同时代和不同国家、政治集团的战略，不仅表述不同，内容也有很大的差异。

## 一、军事战略的分类

对军事战略进行科学分类，可以进一步了解战略的共同规律，揭示各种不同类别战略的个性特征，从而为人们全面地认识战略，为决策者正确地选择、制定和实施战略提供科学指南。

按军事行动的基本样式，可划分为进攻战略和防御战略。任何战争皆表现为敌我双方互为攻防的较量。进攻与防御既是两种最基本的行动样式，也是军事战略划分的最基本标准。进攻战略是在总体上采取攻势的战略，通常为力量上处于优势的一方所实施。在战略指导上往往先发制人、突然袭击，力求速战速决，一举达成战略目的。防御战略是在总体上采取守势的战略，通常为力量上处于劣势的一方所采用，在性质上多是为了自卫。真正的防御战略是防御性与积极性的统一，是战略上的防御和战役战斗上的进攻紧密结合的有机整体。信息化条件下的进攻行动与防御行动联系更加紧密，转换更加迅速，并呈一体化的发展趋势。

按军事行动的时间特征，可划分为速决战略和持久战略。速决战略力求以迅雷不及掩耳之势、在最短的时间达成战略目的，通常为力量较强者所采用，与进攻战略相联系。持久战略立足于长期作战，在持久较量中消耗敌人，积小胜为大胜、以时间换空间，逐步改变力量对比，最后战胜敌人，通常为力量较弱者所采用，与防御战略相联系。我国在抗日战争中采取的战略就是典型的持久战略。在现代条件下，战争的制约因素越来越多，消耗和代价越来越大，速战速决通常是战略指导者的优先选择。

按军事行动的规模和范围，可划分为全面战争战略和局部战争战略。全面战争战略是实施全面动员、举国迎敌、进行全面较量的战略，涉及面广、规模大、强度高、意志坚决，事关国家生死存亡。局部战争战略是战争目标、范围、规模都相对有限的战略。

按军事行动的主要手段，可划分为核战争战略和常规战争战略。核武器的产生及其巨大的破坏力对战争与战略的各个方面都产生了重大影响，核战争战略应运而生。与核战争战略相区别，指导运用常规武器进行战争的战略称为常规战争战略。由于拥有核武器的国家不断增多，常规战争往往是在核威慑下进行的，其战略也是核威慑条件下的常规战争战略。

　　除以上几种战略分类外，还有其他一些划分方法。如按军事力量的使用方式，可划分为实战战略和威慑战略；按军事行动的空间特征，可划分为陆上战略、空中战略、海上战略、太空战略、网络战略等；按军事活动的内容，可划分为军事力量建设战略和军事力量运用战略。以上划分中，按军事行动的基本样式划分是最基本的方法，进攻战略和防御战略是最基本的战略类型。其他划分方法以及由此而划分出的其他战略类型，都是以这个基本的划分方法和这个基本的战略类型为前提和基础的。

　　划分战略类型，虽然有各种不同的标准和方法，但要注意把握它们之间的相互区别和联系。要根据研究的需要正确选定分类的标准和方法，不能把按不同标准和方法进行的分类混淆起来。否则，就可能在对战略的认识上产生偏差，影响对战略的全面深入研究。

## 二、战略的体系

　　战略体系是由不同层次、不同类型、不同领域的战略构成的相互联系、相互制约的组织结构和有机整体。由于国情、军情不同，不同国家的战略体系也不尽相同，其体系划分各有特点。

　　美国的战略层次划分不仅具有超级大国的典型特征，而且对世界其他国家也有很大的影响。美国的战略层次结构大体由国家安全战略、国防战略、军事战略、战区战略（军种战略）构成。国家安全战略由白宫制定，总统负责颁布，并由国家安全委员会协调完成，主要体现在总统不定期发表的《国家安全战略》报告中，主要阐述美国的国家利益、承诺、能力以及国家力量的使用。国防战略由国防部制定、国防部长发布，分别体现在美国国防部不定期发表的《国防战略》和四年一度发表的《四年防务评估报告》中，阐述国防建设的战略目标及其实现手段。军事战略为机密文件，由参谋长联席会议主席编制，主要体现在《国家军事战略》报告中。战区战略和军种战略，由战区和军种制定，分别体现在各战区的工作文件、报告、作战计划和美国各军种颁布的各种文件及转型路线图中。

　　俄罗斯战略体系继承于苏联，划分为国家安全构想、国防政策、军事学说、军事战略四个层次。国家安全构想是国家正式采用的关于运用现有资源和潜力确保个人、社会和国家安全在政治、经济、军事、精神生活、文化和科学、生态、信息等各种活动领域免受内外威胁的一整套观点，是俄联邦解决安全问题的最高纲领和基本依据。国防政策是国家、政党或其他社会政治机构涉及建立军事组织、准备和使用武力保卫国家和战略利益的政策和观点，是国家总政策的有机组成部分。军事学说是国家在某个时期对未来战争的本质、目的和性质，以及国家和军队进行战争准备与实施的基本思想和观点。军事战略主要研究有关未来战争的性质、国家对战争的准备、军队的组织方法和作战方法等。

英国的战略体系分为国家政策、大战略和军事战略三个层次。国家政策是关于战时国家对战争的指导，主要规定国家的战略目的和任务。大战略是协调和指导国家的全部力量，实现国家政策所规定的目标。而军事战略是通过分配和使用军事力量来达到政治目的的统帅艺术。

法国战略体系分为总体战略、全面战略和作战战略三个层次。总体战略的主要任务是指导总体战争的进行。全面战略的职能是分配任务和协调行动，为实现总体战略目标服务。作战战略则指导具体的战争行动，保证全面战略所拟定的目标得以实现。

受宪法、政治和国际法等因素的限制，日本官方回避使用军事战略这一术语，而是采用防卫政策或防卫战略等表述。但日本自卫队有关权威材料指出，其战略明确区分为国家战略、国家安全战略、军事战略和作战战略。国家战略是基于国内外形势，为达成国家目标而确定的某一时期的政治目的及实现这一目的的策略方针。国家安全战略是为了保障国家安全，在平时和战时发展并有效运用国家综合力量的方略。军事战略是为遏制敌方威胁，为在战时达成战争目的，维持并运用国家军事力量的方略。日本军事战略在理论体系上包括联合军种战略、各军种战略和联盟战略等。作战战略是为了达成作战目的而运用大部队的方略，相当于战役法。把相当于战役法的作战战略划入战略范畴，是日本战略理论体系的一大特点。

印度战略受英国殖民主义扩张思想影响很大，其战略体系大致可分为四个层次：国家战略、国家安全战略、国防战略和军事战略。印度国家战略位于战略体系的最高层，对国家安全战略、国防战略和军事战略具有指导作用。印度国家安全战略要服从国家战略需要，对国防战略和军事战略具有指导作用。1990年，印度成立国家安全委员会，负责国家安全战略制定和实施的研究和咨询。印度国防战略服务于国家战略和国家安全战略，对军事战略具有指导作用。印度国防部发布的《国防报告》以及战略理论界的有关研究成果能够反映印度国防战略思想。印度军事战略是国家战略在军事问题上的体现，为实现国家战略目标服务。印度在近现代长期遭受西方殖民统治，尤其是被英国殖民统治近 200 年，这使得独立后的印度战略具有浓厚的英殖民统治的烙印。印度军事战略始终"印"有大英帝国扩张主义军事战略的"传统"。

我国情况与其他国家有所不同。在 20 世纪 80 年代以前，没有明确划分战略层次，明确制定的只有军事战略方针。20 世纪 80 年代以来，在战略体系层次结构的划分上先后提出了多种设想。目前比较一致的认识是，我国的战略体系可以划分为国家战略—军事战略—军种战略（战区战略）—重大安全领域（核、太空、网络空间）战略三级五类。

国家战略，是对我国安全与发展全局的筹划和指导，是战略体系结构的第一层次。我国虽然没有正式发布国家战略，但它体现在我们党和国家制定的路线、方针、政策之中。其任务是依据国际国内情况，综合运用政治、军事、经济、科技、文化等国家力量，维护国家安全，保障国家发展，达成国家目标。国家战略的主要内容，包括国家安全战略和国家发展战略两个部分，基本着眼点是坚定不移走中国特色社会主义道路，坚持和平发展，坚持富国和强军相统一，创造有利于国家安全与发展的良好环境，确保国家政权巩固、社会稳定和长治久安，实现全面建成小康社会和中华民族伟大复兴的奋斗目标。国家战略是制定军事战略的依据。

军事战略，是战略体系结构的第二层次。它受国家战略的制约与指导，服从和服务于国家战略。长期以来，我国军事战略的主要内容通常由军事战略方针来确定，核心是筹划和指导战争准备与实施。进入新时代，随着军队使命任务的历史性拓展，军事战略不仅要注重完成打赢信息化局部战争的核心任务，还要注重完成其他非战争军事行动任务；不仅要应对传统安全威胁，还要应对各种非传统安全威胁；不仅要维护领土的安全，还要维护海洋、太空和网络电磁空间的安全，强有力地支撑国家利益拓展；不仅要巩固党的执政地位和维护国家综合安全，还要为维护世界和平作出应有贡献。

军种（战区）战略，是对军种（战区）力量建设与运用全局的筹划和指导，是战略体系结构的第三层次。军种（战区）战略是军事战略体系的重要组成部分，从属于军事战略。我国的军种战略包括陆军、海军、空军、火箭军和战略支援部队战略，主要任务是在军事战略的统一指导下，解决各军种的建设发展和力量运用的重大问题。目前，我国还没有明确制定战区战略。未来随着形势的发展变化，应依据军事战略，确定各战略方向的战区战略。在信息化战争条件下，制定军种战略和战区战略，都要围绕统一的战略目标，着眼联合作战的战略需求，形成基于信息系统的体系作战能力。

重大安全领域战略，是对关乎国家安全、战争胜负的重大领域军事力量建设与运用全局的筹划和指导，它既是军事战略体系的重要组成部分，也与国家安全与发展全局紧密相连，因而具有双重属性。现阶段重大安全领域战略主要包括核、太空、网络空间战略，其主要任务是在军事战略的统一指导下，解决核、太空、网络空间建设发展和力量运用的重大问题。有限可靠的核力量仍然是维护国家安全的战略基石，太空、网络空间正在成为国际军事竞争的战略制高点。统筹核、太空、网络空间战略，是新的历史条件下构建完整的战略体系、推进战略创新发展的应有之义。重大安全领域是开放的发展的战略，将随着经济、科技、军事活动的不断拓展而增添新的内涵。

# 第四节  战略学的产生与发展

自从人类社会出现军事斗争，用以筹划和指导军事斗争全局的战略也就应运而生了。为了总结经验、吸取教训，指导军事斗争取得胜利，战略理论研究便成为一项不可或缺的思维实践活动。战略学就是在军事斗争及其指导实践中产生并不断发展起来的。

战略学是军事科学领域中的一个既古老又年轻的学科。作为人类对军事斗争及其指导规律的研究和认识活动，战略学古已有之。然而，受当时认识条件和实践条件的局限，军事科学领域还没有明晰的学科层次，属于战略学的内容大都散见于各类兵书之中，独立的战略学科尚未建立起来。

中国古代，战事频仍，名将辈出，诸子蜂起，兵学兴盛。据有关学者统计，我国迄今见诸目录的兵书多达 3380 余部，23503 卷，其中存世兵书达2308 部，18567 卷。诞生于春秋末期的大军事家孙武所著《孙子兵法》就是其杰出代表，这是目前世界上现存最早、最有影响的古代军事理论第一名著，是中国古代军事战略理论成熟的重要标志，至今仍被称颂为世界"兵学圣典"、东方"兵学鼻祖"。用现代战略学的观点来看，它已论及战略的许多要素。如以"安国全军"作为最理想的战略目标，以"伐谋""伐交""伐兵""攻城"作为可依次选择的四种战略手段，以"道、天、地、将、法"作为战略力量的五个基本成分。此外，彪炳青史的兵学典籍还有《吴子》《六韬》《孙膑兵法》《司马法》《尉缭子》《三略》《唐李问对》等。尽管这些中国古典军事著作未能明确地把战略从传统兵学中分离出来，在谈到战略时通常泛称为"谋""计""策""筹""算""韬""略"等，但在理论上已大体涉及战略领域的各主要层面。与此同时，带有东方战略思维特色的"不战而屈人之兵""先计后战""知彼知己、百战不殆""远交近攻""先发制人""慎战""居安思危"等战略思想至今仍闪烁着耀眼的光辉，蕴含着深邃的哲理和无穷的魅力。

西方古代战略理论基本与史学研究结合在一起。在一些记载古代战争的历史著作中，"只隐含着一鳞半爪的战略学知识"，如《伯罗奔尼撒战争史》。19世纪，瑞士的若米尼和普鲁士的克劳塞维茨从不同角度总结了拿破仑战争以及同时代欧洲其他战争的经验，分别撰写了《战争艺术概论》和《战争论》两部巨著，成为近代战略理论研究的重要里程碑。两次世界大战前后，一些反映新的时代特征的战略理论如雨后春笋般应运而生。其中的杰出代表是：美国马汉的"海权论"、意大利杜黑的"制空权"、英国富勒的"机械化战争论"、德国鲁登道夫的"总体战"等。这些著作对西方资本主义国家在两次世界大战及战后的军事战略有重大影响。

鸦片战争后，近代西方战略理论开始传入中国。清末湖北武备学堂刊印的《中西武备新书》中，辑入了日本石井忠利的《战法学》。1911年潘毅等人翻译的《大战学理》，则是克劳塞维茨的《战争论》在中国的最早译本。

无产阶级登上历史舞台后，马克思、恩格斯在创立无产阶级革命学说的过程中，对无产阶级武装夺取政权的一些根本问题作了科学的论述，为无产阶级的战略理论奠定了基础。列宁、斯大林在领导俄国无产阶级武装革命、保卫苏维埃政权，以及反法西斯战争等军事实践中，深刻阐述了帝国主义和无产阶级革命时代的军事斗争理论，进一步发展了无产阶级的军事战略理论。

十月革命的成功，使马克思主义在世界广泛传播。作为中国工人阶级的先锋队和人民根本利益的忠实代表，中国共产党以崭新的面貌登上革命历史舞台，中国民主革命也由此进入了一个新的历史阶段。以毛泽东为代表的中国共产党人，领导中国人民进行了史无前例的人民革命战争。在土地革命战争、抗日战争和解放战争的实践中，他们以马克思主义为指南，坚持从中国革命战争的实际出发，灵活地实施战略指导，在不断总结中国革命战争及其战略指导经验的基础上，吸取古今中外有益的战略理论成果，形成了独具特色的中国革命战争的战略理论。其代表作是毛泽东撰写的《中国革命战争的战略问题》《抗日游击战争的战略问题》《论持久战》《战争和战略问题》等军事论著。中华人民共和国成立后，这一理论在抗美援朝战争和其他军事斗争的实践中又有新的发展。

"二战"结束后，国际形势发生了巨大变化，军事技术飞速发展，军事斗争的手段和样式也比过去有了重大改变，从而极大地推动了战略理论的发展。一些新的战略理论，如有限战争理论、核战争和核威慑理论、空间战略理论、局部战争理论、军备控制理论、低强度冲突理论、高技术战争理论等不断涌现，各种战略论著也层出不穷。比较有代表性的，有英国利德尔·哈特的《战略论》、苏联索科洛夫斯基的《军事战略》、法国博福尔的《战略入门》、日本小山内宏的《现代战略论》、美国柯林斯的《大战略》等。利德尔·哈特的《战略论》，分析了西方世界 2500 年来的大量战例，研究了两次世界大战的经验，不仅提出了军事上的间接路线理论，而且提出了大战略理论，一直受到西方的重视。

20 世纪 90 年代以来，一大批高新技术特别是信息技术突飞猛进。它在推动人类社会由工业时代向信息时代过渡的同时，在军事领域引发了一场以信息和信息技术为核心、以机械化战争向信息化战争转变为基本特征的世界性军事变革。这场新军事变革的来势之猛、规模之大、内涵之广、影响之深，是史无前例的。它不仅推动着军事技术和武器装备的革命，而且导致了军事理论和军事组织体制的革命，对传统的战略思维和战略观念都带来了极为深刻的冲击。一些具有新时代特征的军事理论，如信息战争、空天对抗、全维作战、混合战争等应运而生。随着世界新军事革命的深入发展，军事战略理论必将获得新的划时代的发展。

中国军事理论界密切注视着世界战略理论的发展动向，从保卫国家安全、捍卫领土主权和维护祖国统一的军事斗争实际出发，也在积极研究和探索新时期的军事斗争特点、规律及其战略理论问题。特别是十一届三中全会以后，邓小平针对国际国内形势的新变化，对新时期军事斗争的战略策略问题作了一系列深刻的论述，丰富和发展了具有中国特色的战略理论。在"解放思想、实事求是"的思想路线指引下，中国军事科学空前繁荣。1984 年，国务院学位委员会把军事学列为国家学位学科门类，翌年又将战略学列为军事学的一级学科。短短几年，出版了多部战略学专著，其中有军事学院左良主编的《战略学教程》，军事科学院高锐主编的《战略学》，国防大学黄玉章主编的《军事战略概论》。这些著作，紧密结合军事斗争实践，论述了战略学研究的基本内容。20 世纪 90 年代后，面对国际战略形势的深刻变化，以及世界科技发展和新军事革命的严峻挑战，在江泽民主持下，中央军委及时调整了军事战略，确立了新时期军事战略方针，加强了对未来军事斗争尤其是现代条件特别是高技术条件下局部战争和军队现代化建设的筹划与研究，有力地推动了军事学术研究的发展，取得了许多具有创新性的研究成果，中国的战略学研究发展到一个新的阶段。

　　进入 21 世纪后，面对新的战略形势、新的战争形态和新的历史使命，中央军委对新时期军事战略方针进行了充实完善。我军以打赢信息化条件下局部战争为核心，着眼新情况新特点，对军事力量运用与建设的全局性问题进行了系统研究。党的十八大以来，随着改革开放和经济全球化的深入发展，国家利益不断向海外和新的空间拓展，海洋、太空、网络、电磁等领域的安全问题日益凸显。国家既面临依然严峻的传统安全威胁，又面临日益增多的非传统安全威胁，特别是来自海上方向的威胁明显增大，成为军事战略指导需要关注的重点。我军适时制定了新形势下军事战略方针，对新形势下的军事力量建设与运用的全局性问题做了新的部署。2015 年 5 月，国务院新闻办公室发布了新版《中国的军事战略》白皮书。同时，军事理论界对这一系列重大战略问题进行了新的探索和研究，国防大学肖天亮主编的《战略学（2017 年修订版）》和军事科学院寿晓松、王桂芳分别主编的《战略学（2013 年版）》《国家安全战略学（2018 年版）》等进一步推进了新时代军事战略理论的更新更快发展。

# 思 考 题

1. 军事战略的基本内涵和构成要素是什么？
2. 简述军事战略的主要特点。
3. 简述军事战略的基本分类和我国战略的体系结构。

# 第二章 战略环境

战略环境，是指国家(集团)在一定时期内所面临的影响国家安全和军事斗争全局的客观情况和条件。主要包括国际国内的政治、经济、科技、军事、地理等方面的基本状况，以及由此而形成的战略态势，特别是战争与和平的总态势。战略环境是动态的，随着国内外形势的发展而不断变化。

## 第一节 战略环境概述

正确判断战略形势和安全环境，是谋划国家整体建设的根本前提和要求。当今世界，求和平、谋发展、促合作已成为不可阻挡的时代潮流，国际战略形势保持总体和平、缓和与稳定，我国仍处于可以大有作为的重要战略机遇期。但天下仍不太平，国际战略竞争日趋激烈，武装冲突、局部战争和地区热点此起彼伏，传统与非传统安全挑战交织互动，国家安全问题的综合性、复杂性和多变性明显上升。为此，理清所处的国际环境，标定自己所处的位置与态势，进而主动长期深远经略，创造一个有利于己的国际与国内安全环境，对任何一个国家都至关重要。

### 一、战略环境的基本含义

战略环境是影响战略全局的客观情况和条件的统称。其主要是指国际国内的政治、经济、科技、军事、地理等方面的基本状况，以及由此而形成的战略态势，特别是战争与和平的总态势。战略环境是国家(集团)制定战略的重要依据，它关系到国家的生存与发展、安危与兴衰，影响一个国家(集团)军事斗争的对象、性质、目标、敌友关系，以及据此确定的军事力量建设与运用的基本方向，因而是国家(集团)制定战略必须首先考察和关注的。

战略环境主要由国际战略环境和国内战略环境组成。

国际战略环境，是一定时期内世界各主要国家(政治集团)在战略上相互联系、相互作用、相互斗争的全局状况和总体趋势。它是国际政治、经济、军事形势的综合体现，主要包括有关各方力量消长、利益得失、矛盾升降、斗争起伏，特别是在双边或多边关系中敌与友、战与和、对抗与妥协、分化与组合、多助与寡助，在战争中进与退、攻与守、胜与负、强与弱、优势与劣势等方面的总状况和总趋势，包括国际战略格局和国际战略形势两个方面。国际战略格局是国际战略环境的框架结构；国际战略形势是国际战略环境的动态表现。国际战略环境从本质上反映了世界各主要国家和政治集团建立在一定军事、经济实力基础上的政治关系的基本状况和总体趋势，其核心是世界范围的战争与和平问题。它关系到国家的生存与发展、安危与兴衰，影响一个国家(政治集团)军事斗争的对象、性质、目标、敌友关系，以及据以确定的军事力量建设与运用的基本方向，因而是各个国家(集团)制定战略必须首先考察和关注的外部环境和条件。国际战略环境的范围虽然极其广泛，但对于某一国家(集团)的战略指导者来说，最值得注意的是时代特征、世界战略格局、主要国家的战略动向、世界和周边地区战争与安全形势。这些是国际利益矛盾和力量消长在一定条件下的集中反映，是战略家"眼中的世界"。从这些方面入手研究国际战略环境，对于洞察国际斗争特别是战争与和平的基本趋势，进而判明对本国战略利益的影响，具有十分重要的意义。

国内战略环境是指对筹划、指导军事力量建设与运用全局具有重大影响的国内社会环境与自然环境，主要包括国家的政治、经济、科技、军事、地理等方面的基本状况。其中，对战略具有直接影响的是国家的地理环境、政治环境和综合国力状况。政治环境对战略影响最大的有两个方面：一是国家的政治法律制度与基本国策；二是政治安全形势。国家的政治法律制度和基本国策是国内政治环境的本质和核心，对军事力量运用和建设全局的筹划指导具有决定性的影响。国内政治安全形势，主要包括一定时期内国内的阶级、民族、宗教(教派)、政治集团之间相互关系的基本状况及其对政局和国家安全的影响。其中，特别是敌对势力分裂、颠覆国家和发生武装冲突或国内战争的情况，是直接影响国家统一和稳定的国内因素，是筹划、指导军事斗争必须关注的重要问题。国内战略环境，反映了国家军事力量建设与运用的可能条件和制约因素，决定军事战略的基本性质、基本方针和原则，是国家制定军事战略的内部环境与基础。

## 二、战略环境与战略

战略环境与战略是客观实际与主观指导的关系，前者是独立于战略指导者意识之外的客观存在，后者则是军事斗争客观规律在人们头脑中的反映。

深入研究战略与战略环境的关系，才能正确认识战略环境对战略的影响，也有利于了解战略对战略环境的反作用。

**（一）战略环境是制定战略的客观基础**

任何国家（集团）的战略，都必然受到一定战略环境的制约和影响，随着战略环境的变化而变化，都是基于特定的战略环境而谋求各自的战略利益。例如，"二战"期间，德国、意大利和日本结成法西斯轴心国，并把战火迅速扩大到欧洲、亚洲和非洲广大地区，使众多国家遭受奴役、屈辱或面临严重威胁。这种特殊的战略环境，促使一些战略利益并不完全一致甚至对立的国家结成了国际反法西斯同盟，共同反对德、意、日法西斯的侵略战争，从而使有关国家的战略具有战争时期联合对敌的基本特征。"二战"结束后，战略环境发生了变化，战时的反法西斯同盟发生破裂。美、苏两国由盟友关系演变为敌对关系，各自逐步形成和制定了互为主要对手、争夺世界霸权的战略。这些情况表明，各个国家（集团）的战略都是随着战略环境的变化而变化的，都是基于特定的战略环境而谋求各自的战略利益。新中国成立后，曾多次进行战略调整。每一次调整，都与战略环境的变化紧密相关，都是为了适应战略环境的变化和军事斗争的需要，使主观指导更加符合客观实际。由此可见，任何战略都是一定战略环境的产物，从来就没有脱离一定的战略环境而凭空产生的战略。战略指导者只有了解、熟悉战略环境，并且认识其中诸因素的相互联系、相互作用及其对敌我行动的影响，才有可能找出其中的特点和规律，并根据这些规律制定出正确的战略。制定战略的过程，是战略指导者认识和分析战略环境的过程。对战略环境的认识和分析越客观，越准确，所制定的战略也就越符合实际，越有成功的把握。而能否正确认识和分析战略环境，则取决于战略指导者所采取的立场、观点、方法和思维能力。只有坚持辩证唯物主义和历史唯物主义的世界观和方法论，对战略环境进行客观的、全面的和系统的分析，才能把战略建立在对战略环境正确认识的基础之上，进而实现正确的战略指导。

**（二）战略环境对战略实施有重大影响**

战略的实施和战略的制定一样，都是在一定的战略环境中进行的，因此必须充分考虑战略环境对战略实施的各种影响。应当清醒地认识到，一定时期内，对战略的影响既有有利因素，也有不利因素，战略指导者既不能只看到有利因素而盲目乐观，也不能只看到不利因素而丧失信心，而是要坚定信念，最大限度地利用有利因素，克服不利因素，推动战略的顺利实施。

**（三）战略对战略环境有能动作用**

战略对战略环境有能动作用，是因为环境在一定条件下是可以改变的。人们可以通过主观能动性的发挥，创造必要的条件，推动和影响战略环境变化。战略作为对军事力量建设与运用全局的筹划与指导，不论其正确与否，都对维持或改变战略环境有重大影响。实践证明，在一定的物质条件下，正确的战略可以改变凶险不利的战略环境，化险为夷，转危为安。红军在土地革命战争时期，第一次至第四次反"围剿"的胜利即是如此。错误的、不符合客观实际的战略，则会使环境恶化或使困境加剧，导致斗争严重受挫，甚至招致全局失败。红军第五次反"围剿"的失败便是例证。因此，战略指导者的责任就在于制定符合客观实际和斗争发展规律的战略，实施正确的战略指导，创造克服、改变不利战略环境或维护、争取有利战略环境所必需的条件，审时度势，趋利避害，把军事斗争引向胜利。

从军事斗争的历史和现状看，任何国家(集团)，不论其政治目的和决策者的素质如何，都力图通过制定和推行自己的战略，促使战略环境朝着有利于己方的方向发展。然而，从属不同政治目的的战略，对战略环境所起的作用是截然不同的。以推行霸权主义和侵略扩张为目的的战略，对国际战略环境起着破坏和恶化的作用，会给国际社会带来灾难；而以反抗侵略和维护和平为目的的战略，则起着改善战略环境的作用，为维护世界和平和促进人类进步事业创造有利条件。因此，一切爱好和平的国家，对于霸权主义国家以侵略扩张为目的的战略及其可能对国际战略环境造成的严重影响，应保持高度警惕，进行针锋相对的斗争，为争取和维护和平稳定的国际战略环境做出积极贡献。

# 第二节 国际战略格局

"先谋于局，后谋于略，略从局出。"国际战略格局是国际政治的核心内容，是一定时期国际关系特点的集中体现，是各国生存和发展的基本外部环境，也是各国制定内外战略和策略方针的主要依据之一。历史和实践一再证明，没有对国际战略格局的基本认识和判断，就不可能制定出科学合理的军事战略。国际战略格局的形成是国际斗争和国际战略运作的结果。同时，新的国际战略格局一经产生，又会对国际战略形势产生直接的影响。因此，要想从整体上把握国际斗争的基本情况和基本形势，揭示国际斗争的一般规律，就必须注重研究国际战略格局问题。

## 一、国际战略格局的基本含义

战略格局是指各种战略力量在一定时期内相互作用所形成的相对稳定的结构和局势。国际战略格局，是指国际社会中战略力量之间在一定历史时期内相互联系、相互作用而形成的具有全球性的、相对稳定的力量对比结构及基本态势，是世界各主要国家和政治集团在一定时期内在战略上相互联系、相互作用、相互斗争所形成的世界全局性的大环境。国际战略格局可分为国际政治格局、国际经济格局和国际军事格局。国际战略格局是这几种格局的综合，也称为世界战略格局。

在当今国际战略舞台上，国家与国家之间的关系，最本质的是它们之间的力量对比关系。因此，国际战略格局本质上就是一种国际战略力量的对比关系。国际战略力量对比是国际战略力量之间的一种实力对比，以及由此而派生的影响力对比。因此，在考察各种战略力量时，不仅要考察它们本身所具有的实力地位，而且要考察它们在国际事务中实际发挥的作用和影响力。只有把这些因素联系起来加以分析，才能确定哪些是主导性力量，哪些是从属性力量，哪些仅仅是潜在性力量，从而形成正确的战略判断。

## 二、国际战略格局的构成要素

作为国际斗争的直接产物和国际战略运用的必然结果，国际战略格局的构成要素是国际战略力量，而不是一般意义上的国际行为主体。国际战略力量是指在国际关系中能够独立发挥作用，并对国际形势及国际战略的运用和发展具有巨大影响的国家或国家集团。国际行为主体，亦称国际关系行为主体，是指能够独立参与国际事务，并能独立行使国际权利、承担国际责任与义务的实体。在国际舞台上，存在着众多国际行为主体，主要分为两大类，即国家行为主体与非国家行为主体。前者即主权国家，后者有国际组织、跨国公司、国际性政党、国际性运动和国际性宗教等。国际战略力量与一般国际行为主体的主要区别在于其行为能力或对国际战略影响力的不同。任何国家或政治、经济实体，只要它在国际事务中具有独立的行为能力，就可以构成为国际行为主体，就可以成为一般国际政治要素。但一个国际行为主体，只有当它的行为能力达到一定的程度，能对国际战略的形成和发展、对其他行为主体产生重大影响时，才能成为一种国际战略力量，并成为国际战略格局的构成要素。

国际战略力量的行为能力与其所拥有的政治、经济、军事实力或综合国力紧密相关。一个国家的力量或一个国家集团的力量，是由多种力量要素构成的：一是政治力量，主要有政治稳定力、政治组织（协调）力、政治影响（号召）力；二是经济力量，主要有生产力、经济开发力、经济资源配置（利用）力及其储备力等；三是军事力量，主要有常备军力、后备军力、战争动员力等；四是科技力量，主要有科技发展力、科技成果应用转化力、科技创造发明力等；五是社会文化力量，主要有社会凝聚力、社会文明影响力、历史传统继承和发扬力等。这些要素虽然各有其不同的作用和影响，但只有各个要素构成整体，充分发挥综合影响力，才能真正构成国际战略力量，并对国际战略格局产生应有的影响。正因为如此，当今世界各主要国家和国家集团都很强调发展综合国力，积极创造参与国际竞争的有利条件，以利于夺取战略优势。

在当今国际战略舞台上，能够称其为国际战略力量，进而称其为国际战略格局的基本要素的是大国和国家集团。所谓大国，一般指那些幅员辽阔，人口众多，拥有较强的经济、科技和军事实力，对国际事务和地区事务能够施加巨大影响的国家。国家集团则是若干国家力量的"集合"，因而它往往比单个国家力量要强大得多。国家集团通常以建立某种国际同盟关系的方式确定，如"二战"后建立的"北约"和"华约"两个政治、军事集团组织就是当时世界上的两大国家集团。大国和国家集团在国际战略格局形成与发展的过程中发挥着重要作用。在国家集团尚未出现之前，一些大国所建立起来的国际体系决定着一定时期的国际战略格局。在新旧格局交替的过渡时期，大国和国家集团是推动新的国际战略格局加速形成的重要力量，也是未来新格局得以建立的基本构成要素。正确认识这一要素的发展变化，对于恰当地把握今后国际战略格局的演进趋向，无疑是十分重要的。

### 三、国际战略格局的结构类型

国际战略格局的结构是指它所表现出的基本形态。它是包括国际政治、经济、军事关系在内的国际战略关系的表现形式，是国际战略力量对比的结构形态。区分国际战略格局的不同类型，主要应当依据格局的内部结构和外在形态。所谓内部结构，是指构成一定格局的战略力量的特征，以及各种力量之间相互组合的状况。所谓外在形态，是指战略力量之间相互作用的形式与存在状态。根据组成国际战略格局的主要战略力量——"极"的数量，可把国际战略格局分为以下几种类型。

### （一）单极格局

单极格局，是指某一个大国在国际战略格局中占据主导地位，形成一国独霸的局面。这种格局在历史上曾经出现过。例如，资本主义初期的西班牙、荷兰和英国，都曾有过独霸世界的历史。这是由于资本主义刚刚在局部地区出现，近现代意义上的国际社会正在逐步形成，因而，资本主义发展最早的国家，往往能够确立独霸的地位，但这种霸权在很大程度上局限于欧洲地区，真正的世界霸权并未建立起来。

### （二）两极格局

两极格局，是指两大战略力量之间的相互对立和相互斗争，对整个国际事务起着决定性影响的局面。这种格局在历史上也曾多次出现过。例如，"一战"期间的同盟国和协约国；"二战"期间的法西斯轴心国和反法西斯同盟国；"二战"后初期的社会主义和资本主义两大阵营，以及随后的美、苏两极对抗，都是历史上的两极格局。

当然，以上所分析的两极格局，除了冷战时期两个超级大国和两大政治军事集团的对抗具有较典型的两极特征并延续了较长的时间外，其他都是在新旧格局过渡时期形成的具有一定特殊性的两极格局。

### （三）多极格局

多极格局，是指多种战略力量既相对独立又相互联系，既相互合作又相互制约而形成的一种相对平衡的战略关系。在这种格局中，作为战略格局构成要素的战略力量，可以是单个国家，也可以是国家集团。这种格局在20世纪70年代以后已初见端倪，即中国、美国、苏联、日本、西欧和第三世界这六大力量的竞相发展。冷战结束后，多极化趋势呈现出更加强劲的发展势头，目前已经形成了初步的轮廓。

### （四）多元交叉格局

多元交叉格局是一种由两极向多极，或由多极向两极的过渡性格局。在这种格局状态下，一方面存在着两大战略力量或多种战略力量之间的对立，这是格局的主导方面；另一方面也存在着独立于上述力量之外的其他战略力量。这些战略力量既在一定程度上受到现有格局中的支配力量的影响，又能够在国际事务中发挥自身的独特作用，从而构成国际战略格局中潜在的一极。这一格局在冷战结束后，向多极格局的过渡时期表现得较为明显。这种多元交叉格局是构成未来多极格局的基础。

### 四、国际战略格局现状及发展趋势

格局，归根到底是一种力量对比及其相互关系。进入 21 世纪以来，世界发生着深刻而复杂的变化，和平与发展仍然是时代主题。世界多极化、经济全球化、社会信息化深入发展，国际社会日益成为"你中有我、我中有你"的命运共同体，和平、发展、合作、共赢成为不可阻挡的时代潮流。

#### （一）国际战略格局现状

尽管冷战后美国的力量并未显著增强，但由于苏联自身作为一极的力量不复存在，加之世界上其他大国与美国的力量对比关系尚未发生明显变化，使得美国的国际地位凸显，成为唯一的超级大国，从而形成了所谓的"一超多强"的多极化世界格局。

华约解散、苏联解体标志着冷战的结束，但美国始终未放松对其军事力量的发展，美国成为冷战后唯一一支拥有全球作战能力的军事力量的国家。"9·11"事件后，美国借反恐战争的大好时机，使其军事实力进一步增强，其军费开支几乎占世界军费总额的一半，还借反恐之机建立了诸多的全球军事战略基地，并加强了与其他同盟国的军事关系。近几年来，因世界金融危机的影响，美国综合国力没有显著增强，软实力或影响力也有所下降，但美国的综合国力依然十分雄厚，特别是其军事实力具有绝对优势，在世界上的地位和作用是其他国家代替不了的。

当今世界任何重大地区和国际问题只有美国的参与才能解决。但与此同时，美国要解决任何重大地区和国际问题也离不开其他国家尤其是大国（中、俄、日、德、英、法等）的支持与合作。"9·11"事件后，美国在阿富汗的反恐战争正是在各相关国家的支持与合作下才取得了胜利。毋庸置疑，美国是当今世界上唯一的超级大国。

尽管日本及欧盟等经济复苏，与美国之间的实力差距有所缩小，但是在主要发达国家中，无论日、德、英、法，还是作为整体的欧盟，其实力都还不能同美国相提并论。由于经济发展较快，以及世界能源价格上升，俄罗斯财政收入开始好转，国防开支和新武器研发经费有了明显增加，实力不断增强，缩小了同美国的差距。作为苏联的主要继承者，俄罗斯的军事力量一直为西方大国所忌惮，俄罗斯军队也是当今世界唯一能对美国构成全球威胁的军事力量，其军事力量始终保持对美国等西方国家的"压力"。中国经济实力的上升速度令世界瞩目。同时，中国的军事力量也在稳步增强。从发展趋势来看，中美两国的差距会不断缩小。然而目前和今后很长的一段时期，包括中国在内的这几个国家还都不可能成为超级大国，目前还没有哪一个国家能与美国做全面对抗。因此，世界仍然只有美国是"一超"，其地位依旧岿然不动。

以上情况说明，随着冷战后国际形势的发展，大国间的相互制约关系显著增强，并日趋复杂。今后，维护世界和平和推动经济发展，主要靠美、俄、欧盟、日、中等各大战略力量的协调与合作。其中，美、中、俄的协调与合作尤为重要。世界各大战略力量对外政策和战略关系的调整，将使未来国际战略格局呈现新的特征：一是关系复杂化。在多极格局中，各大战略力量之间将形成交叉多边关系，各国政策变化取向不确定。二是集团松散化。政治与军事集团内部关系相对松散，各国对外政策独立性增强，因各自利益关系，同盟国之间和非同盟国之间的距离有所接近。三是外交多边化。多边机构和组织的作用突出，双边关系受多边事务和多边关系的制约日益增大，各国政策将由双边政策为主转向多边与双边政策并重。四是合作区域化。区域化成为新地缘政治的动力，地域和文化同一性有可能取代意识形态的同一性，地区或次地区经济合作和安全合作将成为对外合作的重点。

### （二）国际战略格局的发展趋势

当前，世界战略格局正处于向多极化过渡的重要时期。随着经济全球化趋势的深入发展，科学技术突飞猛进，国际分工体系深刻变动，国家之间相互依存的利益关系逐步加深；传统安全领域的对话不断增多，非传统安全领域的合作深入发展。各国更加重视通过国际协调合作和多边机制解决安全和发展问题，世界各主要力量既相互牵制和竞争，又相互协调、彼此借重和务实合作，联合国在国际事务中的地位和作用得到维护和加强，使冷战结束后国际战略力量严重失衡的局面有望改善，国际战略力量多极化趋势不可逆转。

### 1. 美国企图一超独霸、领导世界

虽然美国仍然是当今世界唯一的超级大国，但它战略扩张过度，频繁对

外用兵，导致国力和军力消耗巨大，其经济实力和军事实力在世界的比重有所下降，已经感到强行推行单边主义力不从心。尽管美国建立单极世界的战略企图不会轻易改变，但它面临的矛盾和困难不仅遍及全球，而且将长期存在，并将使美国独霸天下的战略构想受到诸多限制。更为重要的是，美国建立单极世界的战略企图有悖于国际关系民主化的发展趋势，违背了世界各国发展模式多样性的客观规律，因而必然遭到世界绝大多数国家的反对或抵制。未来的国际战略格局绝不可能按照美国的意图发展，也绝对不会是美国一家独霸天下的局面。

## 2. 俄罗斯力图重振大国地位

俄罗斯在普京、梅德韦杰夫等人的领导下，迅速扭转了苏联解体后中央政府控制力下降、经济衰退、社会动荡的局面，政治权力重新收归中央政府控制的工作已基本完成，经济实力已回归到了苏联解体前夕的水平，军事实力特别是战略核力量又有新的发展，其综合实力的恢复速度远远超出美国等西方国家的预计。伴随着综合国力的快速增强，俄罗斯与美国等西方国家之间遏制与反遏制的矛盾也日益尖锐。俄罗斯坚决反对北约东扩和美国在一些东欧国家部署反导系统，宣布恢复战略轰炸机巡航和国庆阅兵惯例，命令俄军准备应对大规模战争，明确表示在国家安全受到严重威胁时将实施先发制人的核打击，鲜明地反映了俄罗斯不再甘愿忍受美国等西方国家对其进行战略挤压的强硬立场。俄罗斯已确立了到 2020 年跻身世界经济五强的发展战略目标，并将充分利用其资源丰富、军事实力较强、横跨欧亚大陆的地缘政治等优势，加速重振大国地位的步伐，重新崛起为国际战略格局中有重大影响的一极。

## 3. 欧盟加快推进一体化进程

欧盟自成立以来，经过 20 多年的发展，整体经济实力水平超过美国。除英国外，经济上已建立了统一的货币，实质上已成为世界经济格局中的重要一极，与美国在经济上的竞争性矛盾难以消除；军事上建立了欧盟司令部，组建了欧盟快速反应部队，迈出了军事一体化的第一步；外交上加强联合一致的对外政策，并在欧元区国家之间实行边境相互开放，具备了联盟国家的雏形。目前，欧盟一体化采取的是以法、德大国为发动机的"大国推进模式"，各国在一些重大问题上还存在许多分歧，政治上还是一个松散的联盟，缺乏真正的"中央政府"；军事安全上仍有赖于美国主导的北约；外交上尚未形成统一声音；加上欧盟与美国有着千丝万缕的关系，美国也会千方百计地制约欧盟的联合自主发展势头，实现一个真正意义上的一体化欧盟目标还任重道远。但是，它们都共同谋求使欧洲真正成为"欧洲人的欧洲"，把美国与欧盟之间的关系，由过去的盟主与盟友关系转变为平等伙伴关系，欧盟一体化进程不可逆转。随着经济货币联盟、政治联盟和军事联盟的日益完善，未来的欧盟将在国际经济、政治、安全诸方面扮演更重要的角色，并将可能发展成为国际战略格局中的重要一极。

4. 日本加快谋求政治、军事大国的步伐

日本自卫队总兵力大约 27 万人，2017 年国防费为 460 亿美元。现拥有300 多架高性能作战飞机，400 多辆主战坦克，并编有 4 个海上护卫队群，是一支装备精良、高效灵活的军事力量，具有相当强的作战实力。

"二战"后日本经济的飞速发展，使其成为世界上屈指可数的经济大国，日本由此产生一种谋求政治大国的强烈欲望。早在 20 世纪 80 年代，日本就提出了实现"世界政治大国"的国家战略目标。冷战结束以后，随着世界战略环境的急剧变化，日本谋求世界多极化格局中的一"极"之愿望可谓愈加迫切。日本谋求政治大国的具体目标如下：一是成为在亚太地区起主导作用的国家；二是成为联合国安理会的常任理事国；三是使日本在国际舞台上拥有与其他大国同样的地位和发言权。为了实现这一战略目标，日本政府从政治、经济、外交特别是军事方面采取了重大举措。

日本军事战略已由专守防卫转变为联合机动防卫。20 世纪 80 年代以来，日本的防卫目标从"歼敌于本土"改为"歼敌于海上"，防卫范围不再是日本本岛，也不再在 12 海里领海线以内，而远达 1000 海里的海上交通线。随着自身实力的提高，自卫队不再仅仅局限于本岛国土防卫，其触角开始向亚太乃至全球延伸。1991 年，日本政府以海湾战争为契机，打着帮助联合国维和的旗号，将其扫雷舰开进海湾，首次走出国门，打破了"二战"后禁止向海外派兵的禁令。之后又多次参加了联合国授权下的维和行动。近几年来，为进一步发挥其全球军事影响力、为自卫队"松绑"，日本进行了一系列改革，先后提升防卫厅为省、推动对朝鲜"先发制人"打击政策的出台。更为引人注目的是 2013 年 12 月 17 日，日本内阁通过了新《防卫计划大纲》（"13 大纲"）《中期防卫力量发展计划（2014—2018 年）》（"新中期防"）和首份国家安全保障战略。这是日本政府自 1976 年以来第五次制定防卫大纲。"13 大纲"提出了"联合机动防卫"的军事战略，要从质和量两方面发展防卫力量，以提高威慑与应对能力。为此，"13 大纲"重点强调要增强警戒监视、情报、运输、指挥控制与通信、岛屿作战、弹道导弹防御的能力。为增强岛屿攻防作战能力，大纲要求自卫队确保夺得制海权和制空权，具备支撑登陆、夺岛和控岛作战的两栖作战能力。"13 大纲"提出的"联合机动防卫力量"建设目标，其核心内涵包括：一个基础，广泛的后勤保障基础；两种能力，技术能力和情报指挥通信能力；两面四性，在硬件和软件两方面的快反性、持续性、坚韧性和联通性。可以看出，"联合机动防卫力量"建设构想更加注重联合作战的相关能力建设。新《防卫计划大纲》将进一步加快日本摒弃"专守防卫"政策的进程，使其发展成为更具威胁性和攻击性的军事大国。军事实力仍然是一个国家综合国力的重要组成部分，对于越来越不满足于现有国际地位，力求做一个与其经济大国相称的"政治大国"的日本来说，寻求加强军事实力趋于必然。

5. 中国的地位与作用愈显突出

中国从远远落后于其他大国的贫弱基础上快速崛起，用了 30 多年时间，使中国经济总量跃居世界第二，13 亿多人摆脱了物质短缺，总体达到小康水平，享有前所未有的尊严和权利。这不仅是中国人民生活的巨大变化，也是人类文明的巨大进步，更是中国对世界和平与发展事业的重大贡献。中国是一个发展中的社会主义大国，也是当今世界维护和平的重要力量。作为未来多极格局中的一极，中国对世界的影响是多方面的，其主要作用体现在：一是在反对霸权主义和强权政治上起制约作用。当前，霸权主义和强权政治依然存在，世界并不安宁。原来被两极格局掩盖的各种矛盾都凸显出来。在各种政治力量的矛盾与冲突中，在中、美、俄，中、美、日等三角关系中，中国将起到平衡与制约作用，并成为抑制霸权主义和强权政治的重要因素。中国之所以能起这样的作用，除了它一以贯之的反霸政策、和平共处五项原则和不断增强的综合国力外，更重要的是中国始终站在第三世界国家一边，永远不称霸，永远不做超级大国。这种正义的立场必将得到世界绝大多数国家的信任和支持，从而使中国有可能发挥应有的作用。二是在经济发展上起引领作用。改革开放 40 多年来，中国的社会主义现代化建设取得了世界瞩目的成就，经济和社会面貌发生了深刻的变化。仅就经济发展而言，过去 30 多年中，世界的经济增长率为 2%~3%，而中国的经济增长率基本保持在 7%~10%，相当于世界经济增长率的 3 倍。因此，中国的经济改革经验受到了国际社会的普遍关注。许多国家领导人和专家、学者认为，中国的经济改革是"历史上最大的实验"，具有引领作用，不可避免地要引起连锁反应，对世界上其他国家特别是发展中国家正在或将会"产生重大影响"。2013 年 9 月，中国国家主席习近平在访问哈萨克斯坦时的演讲中首次提出"丝绸之路经济带"。时隔一个月后，他又在访问印度尼西亚时提出了共同建设"21 世纪海上丝绸之路"。推进"丝绸之路经济带"和"21 世纪海上丝绸之路"建设，是习近平统筹国内、国际两个大局，顺应地区和全球合作潮流，契合沿线国家和地区发展需要，立足当前、着眼长远提出的重大倡议和构想。"一带一路"倡议提出以来，引起世界沿线国家的广泛共鸣，60 多个国家响应参与，并与他们各自的发展战略积极对接。2017 年 5 月 14—15 日，"一带一路"国际合作高峰论坛在北京举行，包括 29 位外国元首、政府首脑及联合国秘书长在内的来自 130 多个国家和 70 多个国际组织约 1500 名代表出席此次高峰论坛。展望未来，"一带一路"必将牵起亚、欧、非多个经济圈，托起世界最壮观的经济走廊。三是在维护第三世界权益的斗争中发挥重要作用。中国始终坚持大小国家一律平等的原则，坚决反对恃强凌弱的行为，并为维护第三世界国家的权益进行了不懈的努力和斗争。与此同时，中国对第三世界国家之间的分歧和争端从不介入，真诚地希望它们通过和平协商求得公平、合理的解决，防止和避免外来势力的插手、干涉和利用。中国还主张加强"南南合作"和"南北对话"，推动全球经济均衡、协调和可持续发展，实现各国共享成果，普遍发展，共同繁荣。中国坚决维护第三世界国家权益的主张和行动，受到了第三世界国家和人民的高度赞扬。

6. 其他国家的实力与地位不断增长

除了上述五大力量中心，世界上还有一些重要国家，因为综合国力的明显增强，在全球和地区事务中的地位和作用日益提高，成为所在地区有一定号召力的中心国家，并能影响到国际政治。

印度是南亚地区大国，其战略目标是确保在南亚和印度洋地区的优势，进而谋求"亚洲核心"和世界大国的地位。印度在经济上保持着 6%～9% 的较高增长幅度，在廉价劳动力方面比中国后劲更足，在信息技术、制药和汽车工业上有自己的强项。印度长期重视军队现代化建设，是亚洲战后最早拥有航母的国家，还在 1998 年公然跨进了核门槛。在外交上善于"左右逢源"，既跟俄罗斯保持着传统的军事合作，又以"世界最大民主国家"的身份与美国发展关系，赢得了较为宽松的国际环境。

东盟所在的东南亚是 20 世纪 80 年代以来世界经济最具活力的地区之一。随着经济实力的壮大，东盟已成为一支新兴的政治力量，正在不断加强内部防务合作，同时积极调整与美、日、中、俄等大国的关系，积极争取对东亚事务更大的发言权。

"金砖国家"之一的巴西也是一个佼佼者，人口大约 2 亿，851 万平方千米的国土面积居世界第五位，拥有丰富的自然资源和完整的工业体系，是全球发展速度最快的国家之一，GDP 长期位居拉丁美洲第一位，是西半球仅次于美国的第二大经济体、世界第七大经济体、二十国集团（G20）成员，如今还努力担当"拉美代言人"。因而，巴西人会常常为自己的国际地位愤愤不平：为什么联合国安理会的常任理事国有法国、英国，却没有巴西？

从上述世界各种力量发展变化的情况可以看出，国际战略格局正呈现出加速多极化趋势，这从美国在"大中东"的溃败和北大西洋两侧发生的严重金融危机中就显而易见。今后一段时间，维护世界和平和推动经济发展主要靠上述五大力量的协调与合作，其中，美、中、俄三方的协调与合作尤为重要。

世界发展的历史证明，国际间各种力量对比过度失衡，世界就不安全；多种力量的相对平衡，更有利于世界和平。两极格局解体以来国际战略力量发展走向表明，多极化符合大多数国家和人民的共同愿望，是国际关系民主化的内在要求，其发展趋势不可阻挡，这将有利于增加世界和平因素。但由于国际战略力量失衡的局面在短期内难以根本改变，多极化格局的最终形成，还要经历各种国际力量的消长和国际形势的长期演变，将是一个渐进的、曲折的历史发展过程，单极与多极、称霸与反霸斗争仍将十分激烈。

## 第三节 国际战略形势

党的十九大报告指出，世界正处于大发展大变革大调整时期，和平与发展仍然是时代主题。世界多极化、经济全球化、社会信息化、文化多样化深入发展，全球治理体系和国际秩序变革加速推进，各国相互联系和依存日益加深，国际力量对比更趋平衡，和平发展大势不可逆转。同时，世界面临的不稳定性不确定性突出，世界经济增长动能不足，贫富分化日益严重，地区热点问题此起彼伏，恐怖主义、网络安全、重大传染性疾病、气候变化等非传统安全威胁持续蔓延，人类面临许多共同挑战。所以，全球的"和平问题没有得到解决，发展问题更加严重。"

## 一、国际形势总体缓和，局部战争和武装冲突依然频发

冷战期间，由于存在以美、苏为首的两大集团的竞争与对抗，国际形势总体上处于紧张状态，全人类处在世界大战、核大战的阴影之下，"缓和"表现为两极对抗下的"恐怖和平"。冷战后，全球性的军事对抗不复存在，爆发世界大战的可能性越来越小，国际形势总体上由紧张变为缓和，由对抗变为对话。

但是，在总体缓和的大背景下，局部战争的危险依然存在，发生局部战争和武装冲突的数量甚至一直维持在较高水平，呈现出大战不打、小战不断的局面。据统计，1991—2018 年间，全球局部战争和武装冲突数量近 300 起，年均 11 起，明显高于冷战时期平均每年 4.5 起的水平。虽然这些战争和冲突的地域、规模都比较有限，没有改变和平与发展的时代特征，但导致全球局部战争和武装冲突高发的原因值得研究。

### （一）民族纠纷与宗教矛盾引发武装冲突

两极格局的瓦解，导致各种战略力量急剧分化组合，并使冷战期间积聚的各种矛盾爆发，从而诱发了更多的地区性武装冲突。在两极格局下，美、苏两大阵营尖锐对立，其他大多数国家不得不服从于美、苏争霸的利益需要，一些国家内部的民族宗教矛盾问题被掩盖起来。随着两极格局瓦解，部分地区出现"权力真空"，冷战时期长期被压制的民族、宗教冲突不断爆发并迅速蔓延，加上形形色色的霸权主义、极端民族主义、种族主义、宗教狂热以及国际恐怖主义的影响和干预，致使一些地区冲突连绵不断，战乱频仍。

### （二）领土领海争夺日趋激烈

领土领海争端往往是同资源争夺联系在一起的。冷战时期，美、苏在全球争霸角逐是当时国际社会所面临的主要问题，也是世界和平与发展的主要威胁，而某些地区的领土领海争夺，尤其是海洋资源的争夺则被相应地掩盖下来。冷战结束后，在超级大国对世界事务的影响力逐步削弱和世界战略力量严重失衡的情况下，这些被掩盖的领土领海问题就明显的凸现出来。尤其是世界各国都把发展经济作为首要任务和在大力加强综合国力的背景下，对资源的争夺以及与此联系的领土领海争端，更是呈现出上升的势头，已经到了"寸土必争、滴油必夺"的地步。伊拉克入侵科威特就是因为争夺石油，从

而导致了海湾危机。此后，厄立特里亚与也门争夺哈尼什群岛，竟然兵戎相见，大打出手，原因就在于岛上发现了石油和硫黄矿，而且群岛四周水域渔业资源丰富，旅游业也大有可为。两国处于经济利益的考虑，都想获得哈尼什群岛及其周围海域的主权，从而使领土争端问题再度激化，最终酿成一场战争。由此看来，领土领海争端是爆发局部战争的重要导火索。

**（三）霸权主义依然是引发世界动荡不安的主要根源**

苏联解体后，虽然美、苏争霸世界的局面已不复存在，但霸权主义仍未退出国际舞台，尤其是美国等西方国家获得了更多的实力优势，推行霸权主义更加肆无忌惮。它们操纵建立所谓"世界新秩序"，竭力在政治上控制发展中国家，致使许多发展中国家政局不稳、战乱不休。它们再以制止冲突的名义，推行新干涉主义战略，制造了更多的冲突和战争。

自 20 世纪 90 年代以来，美国打着"维护人权"和"人道主义援助"的幌子，不断干涉他国内政，把自己的意志通过战争强加到他国头上，或以牺牲他国经济利益为自身谋取直接或间接的经济利益，或以战争干涉、控制某些国家或集团利益而谋取更大的国家战略资本。1997 年 5 月，以美国为首的北约，无视俄罗斯等国的强烈反对，在马德里会议上列出了首批"东扩"名单，使势态发展到了战争的边缘。1998 年 10 月，美国发动"沙漠之狐"行动，未经联合国授权，擅自对伊拉克实施空中打击。1999 年 3 月 24 日，以美国为首的北约打着"人权高于主权"的幌子，对南联盟实施了 78 天的空中打击，使南联盟遭受了重大损失。更有甚者，2003 年 3 月 20 日，美国以"伊拉克拥有大规模杀伤性武器、支援国际恐怖主义"为由，不顾国际社会的强烈反对，在联合国没有授权的情况下，联合英军对伊拉克发动了"先发制人"的全面军事进攻。上述事实都充分说明了霸权主义是引发局部战争的重要根源。此外，恐怖主义、能源安全、跨国毒品走私、非法移民等全球性问题，也诱发了一些新的武装冲突。

可见，冷战结束，特别是进入 21 世纪以来，影响全球安全和人类生存的大战威胁虽已大大降低，但世界并没有进入一个和平盛世。虽然这些冲突并不具备全球性质，无法改变和平与发展这一时代主题，但也直接威胁到国际社会的安全与稳定。

**二、新一轮军备竞赛更加激烈**

冷战结束后，人们对世界战略形势和战争规模进行了重新审视，认为未来战争主要是局部战争，没有必要保留那么多军队。加上一些国家受经济的影响，世界军费开支保持了一段比较平稳的状态，全球性军备竞赛有所降温。但随着国际形势变化，特别是新军事革命的迅猛发展和冷战思维的重新出现，新一轮军备竞赛日趋激烈，并且军备竞赛的质量水平在加速提升。

**（一）核军备竞争**

当前，全球核军控正处在"不进则退"的多事之秋——美国退出《中导条约》，俄罗斯暂停履行《中导条约》，伊朗核问题引发剑拔弩张，这使长久以来形成的全球核军控体系正在坍塌。与此同时，核材料走私、核恐怖主义活动不断增加，全球核军控正面临着前所未有的复杂局面。如何缓解核大国之间的博弈，加强有核国家与无核国家之间的沟通，防范核恐怖主义等已成为影响全球核军控的重要议题，值得引起国际社会高度关注。

**1. 全球核军控"三个阶段"陷停滞**

核武器具有超强的杀伤力与破坏性，自出现后，国际社会便开始了防止核武器扩散并消除核武器的努力，也开启了全球核军控的进程。全球核军控狭义上是指对核武器的管控，广义上则涉及核不扩散、核恐怖主义等问题。自核武器问世以来，有关核军控已经历以下三个阶段。

第一阶段是全球核军控的开启阶段。美、苏、英出于各自利益的考虑，为维护其核垄断地位，防止核扩散成为全球核军控的早期目标，标志性成果是国际原子能机构的建立。该机构有两大目标：一是谋求加速和扩大原子能对全世界和平、健康及繁荣的贡献；二是尽其所能，确保由其本身、或经其请求，或在其监督或管制下提供的援助不致用于推进任何军事目的。不过，除国际原子能机构外，全球核军控在这一阶段的成果寥寥无几。

第二阶段是 20 世纪 60—90 年代全球核军控全面快速发展时期。古巴导弹危机之后，美苏两国都意识到核战争的巨大危险。1968 年，联合国通过《不扩散核武器条约》，确立了核裁军、防扩散与和平利用核能三大目标，成为国际核不扩散机制的基石，奠定了全球核治理的制度基础。美苏两国这一阶段在核军控方面取得重要成就，如《美苏第一阶段限制战略武器条约》（1972年）、《美苏关于限制反弹道导弹系统条约》（1972 年）、《苏联和美国消除两国中程和中短程导弹条约》（简称《中导条约》，1987 年）、《美苏第一阶段削减战略武器条约》（1991 年）等，成为引领全球核军控的重要力量。与此同时，区域无核区建设也取得较大发展，形成了拉丁美洲无核区、南太平洋无核区、东南亚无核区、非洲无核区。

第三阶段为 21 世纪以来的不均衡发展阶段。冷战后，国际形势发生了深刻变革，美国取得了唯一超级大国的地位，在军事领域拥有超强的实力。在全球核军控问题上，美国凭借自己的超强实力优势，越来越采取保守态度。受此影响，美俄核裁军放缓甚至陷入"开倒车"状态。特别是特朗普政府上台后在 2019 年 2 月退出《中导条约》，严重损害全球核裁军进程。此外，防范核恐怖主义和核扩散的压力也不断增加。

2. 全球核军控"三大问题"难破解

回顾全球核军控的进程，应该说取得了一定成就，既避免了核战争，也限制了核国家的数量。但全球核军控的核大国主导特点鲜明，大国战略博弈、有核国家与无核国家之间的分歧等成为全球核军控面临的难题。

核不扩散问题。受国际形势影响，以伊朗核问题等为代表的地区核不扩散问题成为核不扩散领域的焦点问题。朝核问题是当今世界最棘手的安全难题之一，具有历史遗留、地缘政治、大国博弈等复杂因素，经历多次战争危机与对话协商，至今依然没有解决。伊朗核问题同样涉及历史、地区安全等诸多因素。目前，受美国制裁影响，伊朗国内经济状况恶化，对继续履约产生质疑。日前，伊朗原子能组织宣布将突破浓缩铀 300 千克的存量上限。

核恐怖主义问题。2010 年的全球核安全峰会凝聚了世界各国领导人打击核恐怖主义的共识。但在峰会结束后，由于缺少政治领导人的推动，后续有关协议与行动计划陷入难以落实的困境。全球极端势力又呈复苏之势，"伊斯兰国"被打散后，"独狼式"袭击不断。同时，科学技术的飞速发展使制造核武器的门槛大幅度降低，恐怖分子可能获取核技术，核恐怖主义的风险显著增加。

全球核裁军乏力。2017 年特朗普政府上台后，先后发布新版《国家安全战略报告》与《核态势评估报告》，提出加大更新核武器投入，研发新型核武器，提高核威慑力，甚至暗示美国将扩大核武器使用条件，提高核武器在国家安全战略中的重要性。特别是在 2019 年 2 月，美国正式启动退出《中导条约》，为发展该条约所限制的武器"松绑"。俄罗斯则针锋相对，宣布暂停履行条约义务。照此趋势发展，美俄核裁军不仅会陷入停滞，甚至有引发新一轮核军备竞赛的危险。

**（二）常规军备竞争**

世界各国都更加重视军队的质量和技术优势，在减少数量、强化质量上下功夫。2019 年 2 月 2 日，美国宣布暂停履行《中导条约》，主要原因在于其原来独占鳌头的多层反导系统在多弹头技术、高超音速导弹技术面前效能明显衰减。美国退出《中导条约》，必将导致全球导弹攻防领域的重新洗牌。美军利用技术与资源优势，三军齐动发展进攻性导弹，力图弥补反导系统被削减的效能。3 月 28 日，美国陆军发布《陆军防空反导 2028》战略，计划在 2028年前建立一支通过威慑、主被动防御、导弹打击等手段，阻止和击败潜在对手的空中和导弹打击部队。4 月 15 日，美国海军部发布了新的进攻性导弹战略。新的战略将"三管齐下"：一是维持现有进攻性导弹系统，以保持战备能力和关键打击武器数量；二是升级现有远程打击能力的导弹项目；三是发展新一代进攻性导弹，以应对新的威胁。4 月 17 日，美国空军部长希瑟·威尔逊公布了新版《美国空军科学与技术战略》，发展"更智能的导弹，新的超音速导弹，以穿透高度复杂的防空系统，如俄罗斯 S-400 防空系统的进攻性导弹"。

在美国三军竞相发展新型进攻性导弹系统的背景下，俄罗斯经济实力和军费开支有限，无力与其展开全面竞赛，但其从苏联继承了发育齐全的军工研发体系和军工生产能力，使其有基础、有底气发展具有自身特色的"撒手锏"导弹武器系统。越来越多的国家参与到在高科技领域和按照新物理原理制造武器方面展开的军备竞赛，军用卫星、第五代战机、超音速导弹、激光武器等都已成为既成事实。中东地区一些国家，以及印度、韩国、东盟一些国家，都在不惜重金购置高新技术武器装备。日本的武器装备在技术水平上居亚洲各国军队之首。

由此可见，尽管国际裁军与军控有所进展，但以谋求质量优势为主的新一轮军备竞赛，仍然可能引发国际紧张局势和军事对抗，这不仅会加剧相关地区紧张局势，也会使整个世界处于更加不安之中。

### 三、全球地缘战略竞争呈现新态势

进入 21 世纪以来，有关国家围绕战略要地、战略通道展开新一轮地缘战略博弈，传统的地缘战略竞争表现出一些新的特点。

#### （一）欧亚大陆继续作为地缘战略竞争的"主战场"

长期以来，欧亚大陆一直是大国战略角逐的主要舞台。美国在此扩张的"V"字形战略布势，正是着眼于欧亚大陆的重要地位。在美国看来，这里有中国和俄罗斯两个具备挑战潜力的国家。为了阻止中、俄在欧亚大陆崛起，美国在东、西两个方向配置战略力量，企图实现东西对进，进一步挤压中、俄两国的战略空间。在东面，强化与日本、韩国、澳大利亚和菲律宾等国家的军事关系，用两条"岛链"围堵中国。2019年美国国防部发布的印太战略中，将印太地区作为今后军事部署的前沿和中心，以应对中国实力的上升。

在西面，推动北约东扩，在独联体国家发动"民主改造"和"颜色革命"攻势，在中亚长期驻军，排挤俄罗斯的传统影响。而在"V"字两边，多是一些动荡地区和美国认为难缠的国家。中东作为世界上长期的动乱之地，宗教、民族、领土、资源等各种矛盾盘根错节，错综复杂。巴以和平进程举步维艰，多种力量明争暗斗。美国长期深陷伊拉克和阿富汗两大泥潭。叙利亚被西方看作是伊朗的一个前哨国家，美国极力推动在该国"改朝换代"的计划。一旦阿萨德政权被推翻，将会加速黎巴嫩政权更迭，并使巴勒斯坦抵抗势力孤立无援而屈服，西方将完全控制中东核心区域，将俄军势力赶出地中海，并将压力圈推进到伊朗一线。然而，2015年9月30日俄罗斯果断出兵叙利亚，空袭"伊斯兰国"组织的军事目标，让美国的"美梦"破产。

在东北亚，围绕朝鲜半岛和平安全机制，主要大国暗中展开竞争，多次六方会谈不能解决朝鲜半岛无核化问题。朝鲜当局坚持发展核武器，公然进行核试验，让和平化解朝核危机的国际努力付诸东流。朝鲜政权早就是美国的眼中钉，朝核问题更令其寝食难安。但朝鲜也是一块"烫手山芋"：打一个小小的朝鲜，很可能使其他大国卷入其中，朝鲜战争的教训美国人不会忘记。

### （二）大国地缘竞争持续向亚太、拉美和非洲延伸

在亚太地区，有关大国纷纷增强战略影响力，军事博弈日趋升温。美国着眼应对地区大国崛起，积极构建以东北亚、东南亚为前沿，东海、南海区域为正面，三线"岛链"为纵深的军事部署格局，通过多元化军事合作加强在这一区域的战略牵制能力。俄罗斯强化远东、太平洋方向的军事部署，推进东部军区所属部队的战备建设，优化兵力部署，连续举行大规模战区联合演习，以较强姿态显示其在该地区的战略地位。日本、印度寻求扩大"跨区"军事影响力，将军事部署重心向中国方向推移，加强在南海附近及周边地区的军事活动，谋求介入我周边海域事务。

在拉美地区，美国一直将其视为自己的势力范围。近年来，俄罗斯加强了与委内瑞拉和古巴等国的军事合作。2010年，梅德韦杰夫在访问阿根廷时

还郑重宣布，"俄罗斯将重返拉美，不管其他国家对此怎么想"。中国在拉美的动向也让美国格外关注。美国在 2008 年 4 月重新组建第四舰队分管拉美，谋求加大对拉美的影响力。

在非洲，各大国也已开始进行激烈角逐。美国对非洲的重要地位也早有认识，并在 2007 年就成立了非洲战区司令部，但其插足非洲的行动并不顺利。由于没有一个非洲国家同意接收，非洲战区司令部只能临时安置在德国斯图加特进行遥控指挥。奥巴马政府加大对非援助，以更加巧妙的方式逐渐渗透进非洲。欧洲大国保持着在非洲传统势力范围的影响，并加大对非洲的投资、经援力度，派兵参与非洲多国维和和打击反政府武装行动；日本也投入相当大的财政援助，同时加紧为自己捞好处；俄罗斯与非洲在能源等领域的合作不断增强；印度制定"聚焦非洲"计划。中国在非洲有着传统的友好合作关系，与非洲国家结下了真诚而深厚的友谊，近年来对非洲的投入不断加大。此外，有关国家还通过派军舰赴索马里和亚丁湾海域打击海盗，强化在印度洋和东非地区的军事影响。

### （三）深海、太空和极地成为地缘战略竞争"新疆域"

除了传统的战略空间，全球地缘竞争继续向深海、太空、极地等新战略"边疆"拓展。

在陆地资源日渐枯竭的趋势下，诸多濒海国家加紧推进海洋勘探工作，加紧制定并大力实施新的海洋开发战略。世界历史上的第四次"圈海潮"已经来临，一些重要海域出现激烈争夺的紧张局势，如南海、地中海、里海、印度洋、北冰洋等地。维护国家海洋权益已成为新的主权安全的重要内容。

太空已成为 21 世纪的战略制高点。随着军用航天技术和信息技术的发展，一些大国竞相将触角伸向太空，使太空成为继陆、海、空三维战场后的又一个崭新的战场。美国前总统里根说过："谁拥有空天优势，谁就能捷足先登外层空间；谁控制外层空间，谁就能支配未来世界。"的确，美国发动的几场局部战争，无一不是充分利用了自己在太空领域的优势，使对手始终处于被动挨打的境地。制太空权涉及制信息权，没有制太空权、制信息权，就无法取得战略主动权，在战场上就要落败。

极地作为人类最后的几块"公共区域"，地缘价值同样备受青睐，被视为地球"最后的宝藏"。极地蕴藏着丰富的石油、天然气和矿产、渔业资源，对全人类未来几十年都至关重要。南极大陆冰封的资源现在被禁止开发，但各国正积极为在将来（2048 年）禁令失效之际分得一杯羹做准备。而在北极，以北极圈内国家为主的争夺正酣。随着气候变暖，开发北冰洋海底资源、利用北极航线价值的经济前景看好。从军事意义上看，控制北极点意味着占据军事制高点，能够对各大国进行有效"瞰制"，北冰洋厚厚的冰层还能为战略核潜艇提供天然保护。目前在北极的竞争主要是通过经济和政治外交手段，但有关国家正在为动用军事手段做准备。今后这里可能成为军事冲突的新热点。

## 四、非传统安全问题持续凸显，国际安全威胁更加复杂多样

传统安全是以政治和军事安全为重心的安全，非传统安全是指政治安全和军事安全以外的安全问题，涉及国家的政治、经济、社会、对外关系等各个领域，如金融、科技、生态、环境、能源、粮食、公共卫生等方面的安全。

在冷战结束之前，以政治和军事安全为主要内容的传统国家安全观一直占据主导地位。时至今日，非传统安全威胁带来的危害，在特定时段甚至超过了传统安全威胁，成为主要矛盾或者矛盾的主要方面。

网络安全。计算机网络应用已深入国民经济的方方面面，没有网络安全就没有国家安全。社会越进步，网络就越发达；而网络越发达，就越容易遭到攻击。现在，借助于网络媒体以及庞大、脆弱的网络基础设施，个人和小群体都可以对国家和国际社会造成挑战。而一些国家层面的行为也可能隐藏到团体、企业、个人背后，使网络安全面临着更加严峻的挑战。在 2011 年的中东北非动乱中，互联网、手机短信等新兴媒体就成为民众串联、舆论动员、组织者造势、西方煽动的主要工具。美国前总统奥巴马就有一句地缘战略局势的名言："谁控制了互联网，谁就控制了世界；谁赢得了网络空间，谁就赢得了未来。"为应对日益加重的网络安全威胁，美军从国防预算中拿出近 1/4 经费加强网络防御体系建设。

金融安全。经济安全是国家安全的基础，而金融安全是经济安全的核心。在金融高度全球化的今天，世界每天的货币交易量都高达 2 万亿美元。金融安危直接影响国家命脉，金融危机的破坏性已经超过战争。例如炮火连天的科索沃战争使南联盟的生活水平倒退 7~8 年，而没有硝烟的亚洲金融风暴却使印度尼西亚生活水平倒退。2008 年美国次贷危机引发的金融海啸，使全球经济全步入衰退期，至今未见复苏。发达国家的金融发展水平与力量远高于发展中国家，人为制造金融危机成为强国打压弱国的利器。被誉为"股神"的沃伦·巴菲特就把金融衍生品比作大规模毁伤性武器，类似中子弹。随着我

国金融市场开放度不断加大，国际金融危机极易影响到我国。2015 年上半年中国股市的异常性波动告诉我们，金融系统已成为国家安全中最敏感的领域之一。

能源安全。对于广大制造业国家，能源就是经济血液。自 2007 年，美元贬值助推了大宗商品的投机炒作，国际油价从 70 美元/桶一路暴涨，至 2008 年 7 月达到 145 美元/桶的最高值，升幅超过 100%。而据估计，世界石油单价每桶提高 5 美元，将引起经济增长率下降 0.2%。从 1993 年起，我国从石油净出口国变成了净进口国，石油供需缺口逐年增大，原油进口量持续攀升，2008 年我国原油对外依存度首次突破 50%，到 2030 年可能高达 80%，能源安全问题非常突出。我国进口原油运输方式中有 90%靠海运，其中 48%通过霍尔木兹海峡，57%通过马六甲海峡，这些海峡"关口"存在受制于人的风险。

粮食安全。民以食为天。中国有 13 多亿人口，粮食安全是关系全社会的重大战略问题。目前，在我国粮食连年增产的同时，粮食进口也日益增多。2011 年，我国进口粮食 6390 万吨，占国内粮食产量的比重已从 2008 年的 7.8%上升到 11.2%。个别食物比如大豆，2011 年进口了 1053 亿斤，而自产仅有 290 亿斤，进口比例惊人。我国耕地本就有限，只占到国土面积的 35%。而近年来的工业化、城市化进程又造成耕地锐减。但世界粮食市场实际上是不稳定的，大国操纵也使粮食市场充满了危机和风险。2007 年，温家宝总理在政府工作报告中强调："在土地问题上，我们绝不能犯不可改正的历史性错误，遗祸子孙后代。一定要守住全国耕地不少于 18 亿亩这条红线。"

世界安全形势总体趋向缓和，但和平中潜伏了动荡和不安，合作中交织着对抗和冲突，世界主要国家的相互关系呈良性互动，大国之间的相互依存和制约也在进一步增加。非传统安全威胁呈现出上升的态势，并与传统安全相互交织。这种双重威胁在我国也表现得更为复杂。应对传统安全威胁通常强调军事实力和战争手段，而应对非传统安全威胁则强调提高国家安全的综合保障能力，同时还要加强国际安全合作。因为在这些全球性挑战面前，任何国家都无法独善其身。

# 思 考 题

1. 战略环境、国际战略格局和国际战略形势的基本含义是什么？
2. 简述国际战略格局的结构类型。

# 第三章　新时代军事战略

军事战略是筹划和指导军事力量建设和运用的总方略，是党和国家军事政策的集中体现。作为军事战略的核心内容，军事战略方针是做好一切军事工作的基本纲领和依据。军事战略是制定军事战略方针的基本依据，军事战略方针又是军事战略的核心和本质部分。我军以往军事战略的调整和改变，最重要最根本的就是战略方针的调整和改变。当然，在我军战略发展史上，有时是把军事战略和军事战略方针统一在一起的，如在新中国成立以后，我军的军事战略和军事战略方针都是"积极防御"，体现了它们之间的同一性。2019 年 1 月 4 日，习近平主席在中央军委军事工作会议强调指出，要把新时代军事战略思想立起来，把新时代军事战略方针立起来，这一明确指示为新的历史起点上军事斗争准备指明了方向。

## 第一节　积极防御军事战略思想

积极防御战略思想是我们党军事战略思想的基本点，是我军一贯坚持的总方针和克敌制胜的法宝。党的十八大报告指出："贯彻新时期积极防御军事战略方针，与时俱进加强军事战略指导。"这向世人宣示，我国的军事战略，仍然是维护世界和平、着眼国家安全和发展的防御性战略，但同时又具有积极性本质，当危及我国国家安全和祖国统一、领土完整与海洋权益时，不排除重锤出击，控制危机，打赢战争。

习近平主席指出："积极防御根本在防御，要义在积极。"防御，是指在战略上采取自卫立场，建立抵御侵略、捍卫自身利益的战略态势；积极，是指重视战争准备和战役战斗上的攻势行动，通过战役战术上的进攻达到战略防御的目的。积极防御，就是坚持战略上防御和战役战斗上进攻的有机结合。这是对我党战争指导艺术的继承和发展，实现了信息化条件下战争指导和我军战法的重大创新。长期以来，正是基于坚持这一战略思想的坚定性、稳定性和连续性，坚决不搞侵略扩张、不称霸、不争霸，我国才赢得了相对和平稳定的国际环境，赢得了国家发展的重要战略机遇期。

## 一、积极防御的基本内涵

毛泽东曾经指出："积极防御，又叫攻势防御，又叫决战防御。消极防御，又叫专守防御，又叫单纯防御。消极防御实际上是假防御，只有积极防御才是真防御，才是为了反攻和进攻的防御。据我所知，任何一本有价值的军事书，任何一个比较聪明的军事家，而且无论古今中外，无论战略战术，没有不反对消极防御的。只有最愚蠢的人，或者最狂妄的人，才捧了消极防御当法宝。"

2011 年版《军语》对于"积极防御"的解释是：以积极主动的攻势行动对进攻之敌进行的防御。通常表现为战略上的内线的持久的防御战与战役战斗上的外线的速决的进攻战相结合，并适时将战略防御转为战略反攻和进攻，以夺取战争的最后胜利。通俗地讲，积极防御是以积极的攻势行动进行的防御，与单纯防御作战为特征的消极防御不同，它强调防中有攻，以攻为防，攻防结合，在总体防御态势下，从被动中争取主动，以积极的攻势作战达成防御目的。因此，积极防御亦称攻势防御，决战防御，而消极防御亦称专守防御，单纯防御。因此，从军事上看，积极防御至少包含两个要点。

（1）为了转入反攻和进攻而进行的防御，不是单纯地为防御而防御。战略目的性十分明确，就是先以预有准备的防御粉碎敌方的进攻，特别是在面对强敌的入侵时，能经受住高强度、全面、持续的重点攻击，并有能力对入侵者实施有力的反攻，最终彻底挫败敌人的战略企图。正如德国军事理论家克劳塞维茨对"积极防御"的阐释："防御这种作战形式决不是单纯的盾牌，而是由巧妙地打击组成的盾牌。"

（2）这种"积极防御"所包含的"攻势防御"精神，实际上贯穿于战争的全过程，即除了在战争初期不主动开战、不抢先发起进攻外，当敌方打响第一枪后，防守方连续性的攻势防御机制即自行开启。这意味着在积极防御战略实施过程中，防守方的防御、退却、相持和进攻行动在战略、战役和战斗的不同层面，自始至终在空间、时机的选择和力量强度的运用上将主动并随机而动，直至取得战争胜利，或达成国家利益的需要。

"积极防御"这一思想作为我国军事战略方针的提出，是在 20 世纪 50 年代。1955 年 4 月，毛泽东在中共中央书记处会议上提出，中国的战略方针是积极防御。当时主持军委日常工作的彭德怀根据这个精神，具体领导制定了作为国家总军事政策的军事战略，将之冠名为"积极防御军事战略方针"，之后经军委扩大会议讨论通过，报中共中央批准正式贯彻执行。自此，作为一种军事战略来看，"积极防御"不再仅仅限于作战层面，而是主要涉及战略层面，即关于指导整个国防建设、战争准备、战争实施的基本方针和指挥方略。新时期以来，中国的军事战略几经调整，但其基本内核是稳定的，仍然是"积极防御"四个字。

## 二、积极防御的精神实质

习近平主席强调，我们要毫不动摇坚持积极防御军事战略方针的同时，丰富和完善积极防御战略思想的内涵，与时俱进地加强军事战略指导，探索形成与时代发展同步伐、与国家安全需求相适应的军事战略体系。新形势下军事战略方针的本质就是积极防御，正确理解其精神实质必须把握以下几个方面。

### （一）做好战争准备

凡事预则立，不预则废。人类的战争史表明，充分的战争准备，能够阻止或推迟战争。准备得越充分，胜利的把握就越大；反之，必将蒙受重大的损失。积极防御的军事战略方针，要求我军必须居安思危，有备无患；必须立足于最复杂、最困难的情况；必须树立在信息化条件下以及核威慑条件下与强敌作战的思想，做好充分的战争准备。

### （二）坚持自卫立场，实行后发制人

坚持自卫立场，实行后发制人的思想是由我国的社会制度、对外政策、战争性质以及目的等因素决定的。坚持"和平共处"以及"人不犯我，我不犯人，人若犯我，我必犯人"等，是我国对外交往的基本原则。这些原则的核心就是，中国决不首先挑起战争，决不侵略别国，但也决不允许别国侵略中国，即自卫反击，后发制人。而后发制人的精神实质就是从被动中争取主动，掌握军队行动的自由权。事实证明，坚持自卫立场，实行后发制人，不仅能够得道多助，确保政治上有理，而且军事上有利，便于利用防御性战争的有利条件，取得战争的最后胜利。

### （三）努力遏制战争的发生

和平时期军事战略方针的重要职能之一就是遏制战争，而这一目标的达成是建立在雄厚的实力基础上的。只有不断地提高以经济、科技等因素为核心的综合国力，提升强大的军队战斗力，才能威慑敌人，从而达成遏制战争的目的。

### （四）慎重战争决策

慎重战争决策，就是要防止盲目开战，慎重打好初战。信息化局部战争，初战就是终战、决战，其战略全局性日趋显著。因此，一旦战争爆发，就要站在维护国家利益的高度来谋划，实施正确的战争决策，决不能打无把握之仗；决不能打无准备之仗；决不能打危害国家利益和民族命运之仗。

### （五）实行人民战争

人民群众是战争力量的源泉。我国进行的是正义的防御性战争，其代表了广大人民群众的根本利益，它能够动员广大人民群众参加和支援战争，因此，人民战争是积极防御战略思想的重要客观基础。同时，从国际国内形势看，在未来相当长的一段时期内，我军面对的将是拥有优势装备的强敌，为此，积极防御的战略思想必须立足于以劣势装备战胜优势装备之敌。总之，是否注重人民战争，是否立足于以劣势装备战胜优势装备之敌，不仅是战争实际的客观需求，更是积极防御战略区别于消极防御战略与任何进攻战略的主要标志。

### （六）灵活运用兵力和战法

在长期的革命战争和保卫祖国建设的作战中，我军灵活地运用兵力，创造性地实施了许多作战方法。如：你打你的，我打我的，打得赢就打，打不赢就走；走是为了打，不应走时要守，坚决顶住敌人；打是为了消灭敌人；一切的打和走都是为了夺取和保持军队行动自由权；发挥野战军、地方军、民兵和游击队等多种武装力量各自的优势，协调一致地打击敌人；灵活运用运动战、阵地战、游击战等多种作战形式和战法，巧妙地打击敌人等。对上述兵力与战法灵活运用的继承和发展，是新形势下军事战略方针的基本要求。同时，新形势下军事战略方针还要求我们必须着眼于现代战争的特点和发展，运用高超的指挥艺术，不断变换和创新战法，力求以谋制胜。

## 第二节  积极防御军事战略思想的调整与演变

积极防御战略思想起源于我国革命战争的实践，并随着军事斗争实践的发展而发展。在革命战争年代，作为党的正确军事路线，积极防御战略思想指导我军战胜了一个又一个敌人。新中国成立后，我国积极防御战略思想主要体现在不同时期的军事战略方针中，由于战略形势和战略任务不同，积极防御战略思想在各个不同历史时期有着不同的具体内容和指导重点。

## 一、中国革命战争时期：缔造符合中国革命战争特点规律的积极防御战略思想

积极防御战略思想是在中国革命战争中产生的。新中国成立以前，在抗日战争、国内战争时期，我军团结在以毛泽东同志为首的党中央周围，这一时期的军事战略方针也主要体现为毛泽东军事战略思想。它主要是指毛泽东同志在指导中国革命战争的伟大实践中，在继承马克思主义军事理论和前人有关战争指导经验的基础上，通过不断总结、补充和完善，所形成的一个完整的、反映中国革命战争特点和基本规律的体系。

1927年秋，以毛泽东为代表的中国共产党人，领导工农革命军首先在国民党统治薄弱的井冈山地区创建根据地，广泛发动群众，开展游击战争，在斗争实践中根据初期作战经验总结和提出了"敌进我退，敌驻我扰，敌疲我打，敌退我追"的十六字作战原则。这一原则包含了战略防御和战略进攻的两个阶段，在战略防御时又包含了战略退却和战略反攻的两个阶段。1930年夏，中国工农红军实行了由游击战向游击性运动战的战略转变。毛泽东同志在领导中央红军进行多次的反"围剿"作战中，正确地提出了"积极防御，诱敌深入"的战略方针，并正确地规定了有关战略防御中一系列的作战原则。1935年1月，遵义会议之后，他又领导红军在长征途中，采用高度灵活机动的运动战，胜利地完成了战略转移。1936年12月，毛泽东同志在《中国革命战争的战略问题》一书中，精辟地阐明了中国革命战争的特点、规律和实行战略防御的方针和原则，奠定了中国革命战争战略理论的基础。并且不断深化、发展成为我军军事战略方针的核心理论，一直指导我军之后的军事斗争和发展方向。

全面抗战爆发后，中共中央和毛泽东根据抗日战争的基本形势与特点，于战争初期制定了"放手发动群众，动员一切力量，实行全面的、全民族的抗战路线和持久战"的战略总方针。并提出了敌后战场实行"基本的是游击战，但不放松有利条件下的运动战"的战略方针。并在战争实践中顺利地实现了从土地革命战争后期的运动战到抗日游击战争的战略转变。

解放战争是中国革命战争史上规模最大的一次战争，也是毛泽东军事战略思想得到全面发展和完善的时期。整个战争经过了战略防御、战略进攻、战略决战和战略追击的全过程。在战略防御中，毛泽东同志及时总结各战区

的作战经验，提出了以打运动战和歼灭敌人有生力量为主的"集中优势兵力，各个歼灭敌人"的战略方针，逐步夺取了战略上的主动权。当我军转入战略进攻之后，他又根据我军几十年的作战经验，提出了"十大军事原则"，使我军的作战理论更加系统化。1948 年秋，根据全国战略形势的发展，他及时主持党中央、中央军委召开会议做出了战略决战的决策，相继取得了辽沈、淮海、平津三大战略性战役的决战胜利。在指挥各野战军实施战略追击中，又提出了采取"远距离包围迂回，尔后回打溃逃之敌"的战略方针，迅速取得了解放战争的完全胜利。

从土地革命战争时期的"诱敌深入""十六字诀""打得赢就打，打不赢就走"，到抗日战争时期的"持久战"和"基本的是游击战，但不放松有利条件下的运动战"，再到解放战争时期在"十大军事原则"指导下的战略防御、战略反攻以及向战略进攻、战略决战和战略追击的发展，积极防御战略思想在战争进程和战略转变中逐步孕育、丰富和成熟。

这个发展阶段的突出标志和历史意义在于，以毛泽东为统帅的我党我军老一辈革命家、军事家，把古今中外传统军事学说的一般防御原则，创造性地发展为运筹战争全局、指导全军作战的基本战略路线，形成了符合战争指导规律和中国革命战争实际的积极防御战略理论，形成了体现优秀中华军事文化和先进军事辩证思维的一整套作战指导原则，形成了依靠人民、灵活机动、以弱胜强的高超战争指导艺术，形成了战场几乎遍及全中国并包括防御、反攻、进攻、决战、追击等主要战略作战形式的丰富实战经验。积极防御战略思想的缔造形成，是成功的战争实践与科学的军事理论相融合的产物，达到了现代军事战略思想和战争指导艺术的巅峰。

## 二、新中国成立以后至 20 世纪 90 年代初

新中国成立后，针对当时的国际国内环境，毛泽东和中央军委为我军确立了"积极防御"的军事战略。其后，随着国际国内形势的不断发展变化，我国的军事战略方针也进行了相应的调整。

从新中国成立到 20 世纪 60 年代中期，我军的主要作战对象是美国和蒋介石反动集团，中央军委于 1956 年 3 月制定了保家卫国的积极防御战略方针，重点加强沿海地区的战备，防止敌人发动突然袭击。20 世纪 60 年代中期到 70 年代初，随着中苏关系恶化、中印边境发生战争、美军侵越战争升级以及台湾国民党军队频繁袭扰，我国的周边安全环境及国际安全形势进

一步趋于紧张。为此，毛泽东和中央军委提出要准备"早打、大打、打核战争"，并把战略的重点放在"三北"方向上。在作战样式上主要是以阵地战为主，辅以中小规模的运动战和敌后游击战相配合。70年代中期后，中央军委和毛泽东提出了"一条线"的战略主张，重申了积极防御的战略方针。但在作战对象上，由过去的反对美苏两霸，转为集中打击苏联霸权主义者。80年代初期，为防止敌人突然袭击，中央军委于1980年初，针对未来反侵略战争的特点，研究了全面贯彻积极防御战略方针的问题，确立了立足于以劣势装备战胜优势装备的敌人和立足于最复杂、最困难情况下作战的战略指导思想。

20世纪80年代中期后，鉴于国际形势趋于缓和，党中央和中央军委对战争与和平问题做出了新的判断，邓小平反复指出，世界战争的危险还是存在的，但是世界和平力量的增长超过战争力量的增长，在较长时间内不发生大规模的世界战争是可能的，维护世界和平是有希望的。基于这一判断，中国国防和军队建设指导思想实行了具有伟大历史意义的转变，即由过去立足于"早打、大打、打核战争"的临战状态，转到和平时期经济建设的正常轨道上来。1988年，中央军委重申了积极防御的军事战略方针，对积极防御战略作出调整，把军事斗争准备的基点，由立足于应付全面反侵略战争，转到应付局部战争和军事冲突，从立足国土纵深歼敌转为从边境开始、空中和海上同时反击。主要战略思想是稳北强南，强边固防，经略海洋。这是我军处在大转变时期的军事战略方针。这在战略指导上具有承前启后的重要意义，为20世纪90年代初制定新时期军事战略方针奠定了基础。

### 三、新时期军事战略方针：基于打赢高技术局部战争的积极防御战略方针

20世纪90年代初，海湾战争爆发，华约解散、苏联解体，冷战结束，世界新军事革命风起云涌，国际形势发生了深刻变化，世界各种力量、大国关系重新分化组合。世界各国特别是一些发达国家纷纷调整自己的军事战略，以便在21世纪初掌握主动权。在此背景下，中央军委制定了我国新时期的军事战略方针。

新时期军事战略方针，重点应对高技术条件下局部战争，把军事斗争准备的基点放在打赢高技术条件下的局部战争上，提出以"遏制战争、打赢战

争"为核心的战略指导思想。这是我军军事战略方针演变的分水岭，将军事斗争准备的基点由打赢一般条件下的局部战争转变为打赢现代技术特别是高技术条件下的局部战争上来，这是我军军事战略方针与过去战略方针最鲜明的区别。

21世纪初，根据新的形势任务，充实完善新时期军事战略方针，重点应对信息化条件下局部战争威胁。战略形势判断：根据形势判断确定了主要战略对手、主要作战对象、主要战略方向和其他战略方向。战略目标：遏制和打赢可能发生的战争，为维护国家发展的重要战略机遇期、为全面建设小康社会提供坚强有力的安全保障。战略任务：一是捍卫国家统一和领土完整；二是反恐、维稳；三是维护不断拓展的国家战略利益。准备基点：打赢信息化条件下的局部战争。战略指导思想：遏制危机、打赢战争。基本作战思想：体系破击战等。军队建设和军事斗争准备要求：坚持机械化和信息化复合式发展，积极推进中国特色军事变革。

### 四、新形势下军事战略方针

习近平深刻洞察战争发展规律和世界新军事革命发展大势，着眼实现中华民族伟大复兴的中国梦，鲜明提出：建设一支听党指挥、能打胜仗、作风优良的人民军队，是党在新时代的强军目标。围绕此目标，要创新发展军事战略指导，丰富和完善其内涵，并强调要毫不动摇坚持积极防御军事战略方针，为创新发展军事战略提供了基本遵循。

2015年《中国的军事战略》白皮书中明确指出：积极防御战略思想是中国共产党军事战略思想的基本点。在长期革命战争实践中，人民军队形成了一整套积极防御战略思想，坚持战略上防御与战役战斗上进攻的统一，坚持防御、自卫、后发制人的原则，坚持"人不犯我，我不犯人；人若犯我，我必犯人"，根据战争形态演变和国家安全形势，将军事斗争准备基点放在打赢信息化局部战争上；根据各个方向安全威胁和军队能力建设实际，创新基本作战思想，根据中国地缘战略环境、面临安全威胁和军队战略任务，优化军事战略布局；根据新形势下军事发展的特点与规律，提出必须坚持的战略指导原则。

总体而言，新形势下军事战略方针有以下新拓展：

### （一）新的军事安全领域

新中国成立后，在相当长的一个时期内，军事安全的主要领域是领土安全，主要关注的是防备领土被侵略、被分割。今天，中国在继续关注领土安全的同时，开始高度关注海洋权益安全、信息网络安全、空间安全等新的军事安全领域，同时把周边安全稳定以及海外利益攸关区纳入自己的军事安全视野，就是说中国的军事安全领域已大为拓展，反映了国家利益发展带来的新军事安全需求。

**（二）军事力量运用的新要求**

中国军队从来就不是单纯打仗的，同时还承担着党赋予的军事、政治和经济建设任务。随着时代进步，中国军队继续承担着党赋予的政治、经济建设任务，同时所承担的军事任务日益呈现多样化趋势，核心军事任务依然是打赢战争，同时积极实施军事威慑、军事存在、海上护航、联合军演、国际维和、人道主义救援、抢险救灾等非战争军事行动，和平时期军事力量运用越来越突出。军事力量运用的这些新要求，要求中国军队的能力素质跨上新台阶。

**（三）军事斗争准备的新基点**

军事斗争准备基点是军事战略的重要内容，规定了军事力量能力的建设方向。新形势下军事战略方针规定中国军队军事斗争准备的基点，是打赢信息化局部战争。这就要求中国军队实现由数量规模型向质量效能型、由人力密集型向科技密集型转变，走科技强军道路，向以信息化技术为核心的现代科学技术要战斗力，向大力培养适应信息化局部战争要求的新型军事人才要战斗力，向贴近信息化局部战争的军事训练要战斗力，切实做好应付信息化局部战争的充分准备。

**（四）军事力量建设的新重点**

中国军队在 20 世纪 50 年代提出现代化奋斗目标，其内涵是机械化。今天，中国军队现代化的内涵已经有了历史性转变，由以机械化为目标转变为以信息化为目标，使信息化成为军队战斗力的倍增器。由此，中国军事力量建设重点发生转变。一是要大力加强基于信息系统的体系建设，运用信息技术把各种作战力量、作战单元、作战要素融合为一个整体，形成体系作战能力。二是要大力加强新型作战力量建设，提高战略预警、远海护卫、信息攻防、防空反导、战略投送等方面的能力，同时还须强化新型战略威慑手段，完善具有中国特色的战略威慑体系。

## 第三节　新时代军事战略思想

2019 年 1 月 4 日，习近平主席在中央军委军事工作会议指出，要把新时代军事战略思想立起来，在毫不动摇坚持积极防御军事战略方针的同时，丰富和完善积极防御战略思想的内涵，与时俱进地加强军事战略指导，探索形成与时代发展同步伐、与国家安全需求相适应的军事战略体系。进入新的历史时期以来，国家安全与发展面临许多新情况、新形势、新任务，要求我们创新发展积极防御战略思想，以适应军事斗争的新特点、新要求。

**（一）坚决捍卫国家主权、安全、发展利益，是新时代积极防御战略思想的根本目标**

慑止和抵抗侵略，保卫国家政治安全、人民安全和社会稳定，反对和遏制"台独"，打击"藏独""东突"等分裂势力，保卫国家主权、统一、领土完整和安全。维护国家海洋权益，维护国家在太空、电磁、网络空间等安全利益，维护国家海外利益，支撑国家可持续发展。

坚定维护国家主权和领土完整。南海诸岛、钓鱼岛及其附属岛屿是我国固有领土。我国在南海岛礁进行基础设施建设，部署必要的防御性力量，在东海钓鱼岛海域进行巡航，是依法行使国家主权。我国致力于同直接有关的当事国在尊重历史事实和国际法的基础上，通过谈判协商解决有关争议。我国坚持同地区国家一道维护和平稳定，坚定维护各国依据国际法所享有的航行和飞越自由，维护海上通道安全。

解决台湾问题，实现国家完全统一，是中华民族的根本利益，是实现中华民族伟大复兴的必然要求。我国坚持"和平统一、一国两制"方针，推动两岸关系和平发展，推进祖国和平统一进程，坚决反对一切分裂祖国的图谋和行径，坚决反对任何外国势力干涉。国家必须统一，也必然统一。我国有坚定决心和强大能力维护国家主权和领土完整，决不允许任何人、任何组织、任何政党，在任何时候、以任何形式，把任何一块领土从祖国分裂出去。我们不承诺放弃使用武力，保留采取一切必要措施的选项，针对的是外部势力干涉和极少数"台独"分裂分子及其分裂活动，绝非针对台湾同胞。如果有人要把台湾从祖国分裂出去，我国军队将不惜一切代价，坚决予以挫败，捍卫国家统一。

**（二）坚持永不称霸、永不扩张、永不谋求势力范围，是新时代积极防御战略思想的鲜明特征**

国虽大，好战必亡。中华民族历来爱好和平。近代以来，我国人民饱受侵略和战乱之苦，深感和平之珍贵、发展之迫切，决不会把自己经受过的悲惨遭遇强加于人。新中国成立 70 年来，我国没有主动挑起过任何一场战争和冲突。改革开放以来，我国致力于促进世界和平，主动裁减军队员额 400 余万。我国由积贫积弱发展成为世界第二大经济体，靠的不是别人的施舍，更不是军事扩张和殖民掠夺，而是人民勤劳、维护和平。我国既通过维护世界和平为自身发展创造有利条件，又通过自身发展促进世界和平，真诚希望所有国家都选择和平发展道路，共同防范冲突和战争。

我国坚持在和平共处五项原则基础上发展同各国的友好合作，尊重各国人民自主选择发展道路的权利，主张通过平等对话和谈判协商解决国际争端，反对干涉别国内政，反对恃强凌弱，反对把自己的意志强加于人。我国坚持结伴不结盟，不参加任何军事集团，反对侵略扩张，反对动辄使用武力或以武力相威胁。我国的国防建设和发展，始终着眼于满足自身安全的正当需要，始终是世界和平力量的增长。历史已经并将继续证明，我国决不走追逐霸权、"国强必霸"的老路。无论将来发展到哪一步，都不会威胁谁，都不会谋求建立势力范围。

**（三）贯彻落实新时代军事战略方针，是新时代积极防御战略思想的战略指导**

军事战略方针是党和国家从全局上指导一切军事活动的总原则、总纲领，是一定时期内统揽军事斗争和军事力量建设的根本指针，是军事战略的核心内容与集中体现。在军事斗争中，战略方针具有宏观定向作用，是统揽和牵引各项工作的"龙头"。有了正确的战略方针，军事力量的建设，军事斗争的开展和战争的准备与实施就有了基本的遵循。同时，战略方针对国家的政治、外交斗争和国民经济的规划布局等，也有重大的影响。因此，军事战略方针，不仅关系到军队建设的质量，而且关系到军事斗争准备的成效，也关系到未来可能发生战争中的主动权。

新时代军事战略方针，坚持防御、自卫、后发制人原则，实行积极防御，坚持"人不犯我、我不犯人，人若犯我、我必犯人"，强调遏制战争与打赢战争相统一，强调战略上防御与战役战斗上进攻相统一。

贯彻落实新时代军事战略方针，服从服务党和国家战略全局，落实总体国家安全观，强化忧患意识、危机意识、打仗意识，积极适应战略竞争新格局、国家安全新需求、现代战争新形态，有效履行新时代军队使命任务。根据国家面临的安全威胁，扎实做好军事斗争准备，全面提高新时代备战打仗能力，构建立足防御、多域统筹、均衡稳定的新时代军事战略布局。坚持全民国防，创新人民战争的战略战术和内容方法，充分发挥人民战争整体威力。

我国始终奉行在任何时候和任何情况下都不首先使用核武器、无条件不对无核武器国家和无核武器区使用或威胁使用核武器的核政策，主张最终全面禁止和彻底销毁核武器，不会与任何国家进行核军备竞赛，始终把自身核力量维持在国家安全需要的最低水平。我国坚持自卫防御核战略，目的是遏制他国对我国使用或威胁使用核武器，确保国家战略安全。

**（四）坚持走中国特色强军之路，是新时代积极防御战略思想的发展路径**

建设同国际地位相称、同国家安全和发展利益相适应的巩固国防和强大军队，是我国社会主义现代化建设的战略任务，是坚持走和平发展道路的安全保障，是总结历史经验的必然选择。

新时代中国国防和军队建设，深入贯彻习近平强军思想，深入贯彻习近平军事战略思想，坚持政治建军、改革强军、科技兴军、依法治军，聚焦能打仗、打胜仗，推动机械化信息化融合发展，加快军事智能化发展，构建中国特色现代军事力量体系，完善和发展中国特色社会主义军事制度，不断提高履行新时代使命任务的能力。

新时代中国国防和军队建设的战略目标是，到 2020 年基本实现机械化，信息化建设取得重大进展，战略能力有大的提升。同国家现代化进程相一致，全面推进军事理论现代化、军队组织形态现代化、军事人员现代化、武器装备现代化，力争到 2035 年基本实现国防和军队现代化，到本世纪中叶把人民军队全面建成世界一流军队。

**（五）服务构建人类命运共同体，是新时代积极防御战略思想的世界意义**

中国人民的梦想与世界人民的梦想息息相通。一个和平稳定繁荣的中国，是世界的机遇和福祉。一支强大的中国军队，更是维护世界和平稳定、服务构建人类命运共同体的坚定力量。

我国军队坚持共同、综合、合作、可持续的安全观，秉持正确义利观，积极参与全球安全治理体系改革，深化双边和多边安全合作，促进不同安全机制间协调包容、互补合作，营造平等互信、公平正义、共建共享的安全格局。

我国军队坚持履行国际责任和义务，始终高举合作共赢的旗帜，在力所能及的范围内向国际社会提供更多公共安全产品，积极参加国际维和、海上护航、人道主义救援等行动，加强国际军控和防扩散合作，建设性参与热点问题的政治解决，共同维护国际通道安全，合力应对恐怖主义、网络安全、重大自然灾害等全球性挑战，积极为构建人类命运共同体贡献力量。

# 思 考 题

1. 积极防御战略的基本内涵与精神实质是什么？
2. 我国军事战略方针的调整主要经历了哪些阶段？

# 第四章　现代战争

战争是人类社会发展到一定历史阶段的特殊的社会历史现象，是政治通过另一种手段即暴力的继续。战争对人类的安危、民族的兴衰、国家的存亡、社会的进步与倒退，产生直接的重要的影响。人类社会出现过各种类型的战争。按战争性质分，有正义战争和非正义战争；按使用的兵器分，有冷兵器战争、热兵器战争、机械化战争和信息化战争；按规模分，有全面战争和局部战争；按时间顺序分，有古代战争、近代战争、现代战争。由此可见，现代战争是一个时代的概念。

作为专门研究军事战略的理论教材，本章首先应当对"现代战争""局部战争""信息化战争"等基本概念进行界定，以便为更加准确深入地研究现代战争的其他问题奠定坚实的基础。

"现代战争"是指"现代社会发生的并能反映出现代生产方式和科技水平的战争。"（《军语》1997 年版，第 62 页）由于受现代政治、经济、军事、科技、文化等因素的影响，现代战争与古代战争、近代战争相比，具有许多新的特点，在战争形态、战争手段、战争规模等许多方面都发生了显著的变化。

局部战争是指在局部地区进行的目的、手段、规模等有限的战争（《军语》2011 年版，第 46—47 页）。相对于世界大战、全面战争而言，局部战争往往只波及世界的某一地区，只在一定范围内对国际形势产生影响。因而美国等西方国家亦称之为"有限战争"。

"信息化条件下局部战争"是指"依托信息系统，使用具有一定信息化水平的武器装备及相应的作战方法进行的局部战争，是工业时代向信息时代过渡时期战争的基本形态。发展趋势是信息化战争。"（《军语》2011 年版，第 48 页）由此可知，"信息化条件下局部战争"是一个质量（水平）的概念。由于"现代战争"是一个时代的概念，因而，"信息化条件下局部战争"应当包含在"现代战争"之中。

"信息化战争"是指"依托网络化信息系统，使用信息化武器装备及相应作战方法，在陆、海、空、天和网络电磁空间及认知领域进行的以体系对抗为主要形式的战争。是信息时代战争的基本形态。"（《军语》2011 年版，第 48

页）由此可见，"信息化战争"从一定意义上讲，是迄今为止现代化程度最高的战争。但从逻辑关系上，"信息化战争"仍然应当包含在"现代战争"之中。

现代战争的主要表现形式就是局部战争。比如朝鲜战争、越南战争、中东战争、马岛战争，海湾战争、科索沃战争、阿富汗战争、伊拉克战争和格鲁吉亚战争，都是局部战争。为此，本章节的研究重点正是局部战争。

# 第一节　现代战争爆发的主要原因

"二战"后虽然没有爆发世界大战，但半个多世纪里局部战争和武装冲突此伏彼起，其年平均发生频率、战争强度、覆盖地域、战争类型等，均大大超过了"二战"以前。战后局部战争的动因十分复杂，各种矛盾交织在一起，主要有以下几个方面。

## 一、霸权主义的争霸与扩张是导致战争的主要根源

现代世界的全球化进程一直伴随着霸权主义的强权政治与掠夺性战争。霸权主义国家推行扩张政策，争夺世界霸权，划分势力范围，形成尖锐对抗。同时，为了追求民族独立和民族解放，世界范围内的民族解放斗争风起云涌。这两种国际政治运动相互交织、相互作用，融汇成"二战"后局部战争爆发的两大推手。现代战争的实践亦充分证明，霸权主义的争霸与扩张是现代战争爆发的最主要根源。早在 20 世纪 80 年代，在考察世界战略格局和国际形势发展变化的基础上，邓小平同志就揭示了战争同霸权主义的联系，并对霸权主义进行了实事求是的分析。他指出："霸权主义是一种对外政策，是世界最危险的战争策源地，是危害世界和平安全和稳定的根源"。"当今世界不安宁来源于霸权主义的争夺"。

"二战"结束后，欧洲列强主宰世界的格局被打破，美国成为世界头号超级大国，其统治集团追逐世界霸权的野心也极大膨胀，于是开始推行强权政治与侵略扩张政策，不断抢占势力范围，追求对世界事务的主导权。比如，美国介入希腊内战，阻止苏联力量向欧洲渗透，支持蒋介石打内战，支持法国殖民军镇压印度支那人民民族解放斗争，动用雇佣军入侵古巴等，目的就是为了遏制以苏联为首的社会主义国家阵营。以苏联为首的东方社会主义国家为打破"遏制"和"包围"，与美国为首的西方资本主义国家展开了激烈的斗争。与此同时，民族解放和国家独立的斗争空前高涨，出现了世界范围内的

民族解放运动高潮。但英、法、荷等老牌殖民主义国家不甘心退出历史舞台，以武力镇压亚、非、拉民族解放运动，由此引发了大量的民族独立和解放战争。比如亚洲，中国共产党领导的解放战争取得了重大胜利；印度人民通过"非暴力、不合作"运动摆脱了英国的统治。

冷战期间，美苏两个超级大国在争夺世界霸权、抢夺势力范围的斗争中，都不遗余力地展开对中间地带的渗透和争夺，造成地区冲突和局部战争此起彼伏、战乱频仍。期间多场战争的背后都有美苏操纵的背景。据有关资料统计，1945 年 9 月至 1999 年 6 月，全球共爆发 274 场规模较大的局部战争和武装冲突，美国直接或间接参与的共 68 场，占总数的 24.8%。这些战争遍及全球各大洲近 40 个国家。苏联也不甘落后，越出本国国境，派兵或派遣军人参与的局部战争与武装冲突有 11 场，以直接提供军事援助方式参与战争的有 10 场，合计 21 场，占总数的 8%。

冷战结束后，美国成为全球唯一的超级大国，动辄以世界霸主自居，奉行新干涉主义，到处插手，企图主导国际事务，独霸世界。一是美国推行强权政治，把自己的社会制度和价值观念强加于别的国家，兜售所谓"政治多元化""多党民主制""人权高于主权"，导致一些亚非拉国家和地区党派林立，民族矛盾进一步激化，内战频繁。二是美国要极力控制对全球利益具有重要影响的国际战略通道、战略资源产地，以图建立统一的资本主义经济体系。为此，美国到处干涉别国内政，使现代战争进入了多发期。

霸权主义不仅包括世界霸权主义，也包括地区霸权主义。它主要是指一些国家在世界局部地区推行强权政治，以强凌弱，侵犯别国领土，实行军政控制的霸权主义行径，是局部地区和平与安宁的现实威胁。它和世界霸权主义侵略扩张的本质和目的是相同的，只是局限于军事实力、"胃口"大小的不同。例如，中东地区的伊拉克，为了同伊朗争夺在波斯湾的霸权地位，发动了两伊战争。1988 年两伊战争停火后，1990 年 8 月，它又悍然入侵科威特，妄图鲸吞科威特，杀一儆百，威慑其他海湾国家，进而控制阿拉伯世界，实现称雄中东的政治野心。在东南亚，越南于 1978 年出兵占领柬埔寨，经多次国际干预，直到 1989 年才撤军。在南亚，印度和巴基斯坦之间发生的多次战争，也与印度的地区霸权主义野心有关。为此，邓小平曾经指出：国际上不仅有全球霸权主义，也有地区霸权主义。大小霸权主义狼狈为奸，互相勾结。在大霸权主义的指挥下，小霸权主义到处称王称霸，放肆地侵略别国，地区霸权主义也是局部战争和武装冲突的策源地。

## 二、民族纠纷和宗教矛盾是引发战争的突出因素

民族纠纷和宗教矛盾已经成为引发冲突和催生战争的重要诱因。可以说，民族、宗教问题的出现及愈演愈烈，是由一系列原因造成的。一方面，民族宗教政策的失误、历史的积怨、经济发展的不平衡、传统文化的差异、社会地位的不平等、政局的不稳定，都是民族宗教冲突爆发的重要根源，曾经引发了无数的地区冲突和局部战争。比如中东战争、印巴战争、两伊战争等。另一方面，冷战结束后，美苏两个超级大国争霸世界、划分势力范围的主要矛盾消失，民族纠纷和宗教矛盾的重要性上升，一些国家和地区固有的民族矛盾、种族纠纷、宗教冲突和分离主义运动凸显出来，引发了不少的地区冲突和局部战争。如号称"欧洲火药桶"的巴尔干半岛爆发的南斯拉夫内战、波黑战争、因阿族和塞族的民族矛盾引发的科索沃战争。与此同时，美国及其他西方大国以民主、人权、宗教自由为旗号，挑拨分化，大肆干涉，从而进一步激化了当地的民族宗教矛盾。这样，民族宗教矛盾不可避免地会引发地区的动荡与不安，破坏社会经济发展，造成人道主义灾难，在有些情况下滋生恐怖主义。况且，当某一地区的民族宗教冲突发展到威胁霸权主义国家的利益时，或这种民族宗教冲突能给霸权主义国家实施扩张战略以可乘之机时，霸权主义国家便会点燃干预冲突、引发战争的战火。

更为重要的是，民族纠纷和宗教矛盾还会导致极端民族主义、催生恐怖主义。冷战后，伊斯兰原教旨主义迅速从中东地区向世界其他地区扩散，形成以中东为核心、西起北非摩洛哥、东至苏联高加索和中亚的影响地带，多场局部战争和武装冲突都与其有关。

由于民族与宗教积怨不易化解，甚至成为潜意识的民族隔阂，导致冲突反复出现、持续不断。加之民族纠纷和宗教矛盾几乎都是在西方殖民统治时期引发或加深的，冷战时期美苏两个超级大国的激烈争夺又进一步导致了这些冲突和战争的复杂化、激烈化和长期化。所以，由民族宗教矛盾引发的战争或冲突解决起来也比较困难。

## 三、领土（领海）争端是诱发战争的重要导火索

领土是构成国家的基本要素，是国家物质财富的主要源泉和载体，是人类生存繁衍的物质基础。领土完整是一个国家要素的最核心内容。领土是神圣不可侵犯的。但由于历史的种种原因，当前世界上许多国家的边界是近代

殖民国家向外侵略扩张时划定的。殖民国家根据本国的利益划定他国的界线，使许多国家间的边界问题沉淀下来并错综复杂，领土纠纷层出不穷。这就为引发冲突和战争埋下了祸根，成为引发国家间利益冲突的重要导火索。

在亚洲的几个大国之间都存在着领土（领海）和边界争端，如印度与巴基斯坦之间的克什米尔之争，越南、马来西亚、菲律宾与中国的南海争端，日本与中国的东海之争，日本与韩国的独岛之争，都曾诱发了海上危机，并潜伏着爆发武装冲突和局部战争的危险。据统计，20 世纪 60 年代世界发生了 46 场局部战争，因领土问题的达 16 场，占 38.4%；70 年代，34 场（7 场）占 18.9%；80 年代，23 场（7 场）占 30.4%。由此看来，领土（领海）争端是爆发局部战争的重要的导火索。

领土（领海）争端大多是近现代殖民主义、霸权主义在全球扩张种下的恶果。殖民主义国家在迫不得已情况下结束殖民统治，便蓄意留下边界领土争端，导致新独立的民族国家不同程度地存在着边界纠纷。比如英国在结束对印度近 200 年的殖民统治时，通过《蒙巴顿方案》导演了"印巴分治"，先后引起了三次印巴战争，催生了孟加拉国，克什米尔问题至今仍困扰着印巴两国，使南亚成为当今世界最动荡和不安的地区之一。再如，近代英国殖民者通过在中印边境地区非法划定"麦克马洪线"，使中印边境 12.55 万平方千米的地区成为领土争端区，并诱发了 1962 年中印之间的边界战争。20 世纪 80 年代末、90 年代初的南斯拉夫和苏联因国家解体而出现的边界领土争端更是突出，酿成南斯拉夫内战、波黑战争等多次局部战争与武装冲突。

## 四、经济利益矛盾是战争爆发的内在原因

历史过程中的决定性因素归根到底是现实生活的生产和再生产，一切历史的冲突都根源于生产方式之间的矛盾。经济是战争的基础，是决定战争爆发、控制战争进程和结局的重要因素。现代战争的根本动因，最终需要从特定的经济条件和不同国家、民族、阶级、政治集团的经济利益中去寻找。恩格斯明确指出："暴力仅仅是手段，相反地，经济利益是目的。"战争的最终根源乃是经济利益的冲突。

冷战时期，美苏在全球争霸角逐是当时国际社会所面临的主要问题，也是世界和平与发展的主要威胁，而某些地区的能源资源争夺，尤其是海洋资源的争夺则被相应地掩盖下来。冷战结束后，在超级大国对世界事务的影响力逐步削弱和世界战略力量严重失衡的情况下，这些被掩盖的能源资源问题

就明显地凸显出来。尤其是世界各国都把发展经济作为首要任务和在大力加强综合国力的背景下，对资源能源的争夺，更是呈现出上升的势头，已经到了"寸土必争、滴油必夺"的地步。最突出的是美苏两个超级大国对中东地区的争夺。中东的石油储量占世界的 2/3，素有西方的"经济生命线"之称。现实主义大师汉斯·摩根索指出："对于近东石油是否能加以控制，这是权力分配中的一个重要因素，因为，除了自己原有的原材料外，谁再能掌握这些石油，谁就在原来资源的基础上相应地增强了自己的力量，而同时也按比例地剥夺了竞争对手的力量。"（[美]汉斯·摩根索：《国家间的政治》，商务印书馆 1993 年版，第 158 页）正因为如此，"二战"后中东地区爆发了几十场局部战争，成为现代战争的主战场之一。至于冷战时期美国发动的最大的两场局部战争——朝鲜战争和越南战争，一方面是为了遏制共产主义在亚洲的扩张，另一方面还是为了向亚太扩张，以维持和扩张美国统治下的世界市场。法国著名学者雷蒙·阿隆一针见血地指出："美国正是为了对世界经济—政治体系负责，才在柏林和汉城（今首尔）驻军，最终不得不在亚洲大陆进行两次军事干涉。"（[法]雷蒙·阿隆：《雷蒙·阿隆回忆录》，三联书店 1992 年版，第 807 页）他一语道出了美国发动这两场战争的真谛。再比如，在缺水的中东地区，充足的淡水供应具有战略意义。引发第三次中东战争的一个重要因素，是阿以之间对约旦河水资源的争夺。以色列通过战争占领了约旦河的大部分水源，今天它所需要的地表水的 40% 和年需水总量的 33% 都来自第三次中东战争中所夺取的领土。冷战结束后，战争的经济动因更加凸显。伊拉克入侵科威特的主要原因之一就是争夺石油，引发海湾危机，最终导致了海湾战争。为了控制海湾地区的石油资源，美国多次在海湾地区大动干戈，都充分说明了这一点。

与经济因素相联系，贫困是亚非拉贫穷国家战事不断的内在根源。越是经济落后的地区，武装冲突和局部战争越是爆发频繁，尤其是内战的发生率居高不下。那些民族宗教矛盾冲突频繁、社会动荡的国家和地区，常常与那里的贫困问题联系紧密。经济落后就难免受制于人，成为强国转嫁战火、谋取利益的跳板，造成国内的政局不稳和局势动乱，使武装冲突和内战增多。而武装冲突和内战又加剧了地区的贫困，形成难以摆脱的恶性循环。据统计，冷战后有 70% 的地区局部战争和武装冲突属于国内冲突或战争，而且 90% 以上的内战发生在经济比较落后的地区。如非洲的索马里、扎伊尔[现刚果（金）]、卢旺达、塞拉利昂、布隆迪、埃塞俄比亚等国家，人均国内生产总值仅为 100 多美元。

## 五、地缘政治因素不容忽视

地缘政治，主要根据地理因素和政治格局中的地域形式，分析和预测世界或地区范围的战略形势和有关国家的政治行为。地缘政治因素曾经对欧洲殖民列强的争夺与扩张、对霸权主义国家发动战争的战略指导，产生过非常重要的影响。"二战"后的许多局部战争和武装冲突，地缘政治因素作用明显。

冷战时期，美苏两个超级大国的激烈对抗具有浓厚的地缘政治色彩。布热津斯基曾直截了当地把美苏对抗的地缘政治本质概括为：这场冲突仍在海洋大国（即美国）和陆地主要大国（即苏联）之间进行，是过去的也几乎可以说是传统的冲突的继续，当然仍然是一场地缘政治冲突；如果苏联占领了这个大陆块（即欧亚大陆）的边缘地区——西欧、远东和南亚，它就不仅控制了巨大的人力、经济和军事资源，而且得到了入海口，直接通向西半球的要途——大西洋和太平洋。战后美国的外交政策、军事战略及其对外战争，都深深打下了地缘政治学的烙印。杜鲁门政府推行"遏制"战略的实质就是要阻止已占据心脏地带的苏联向外扩张，封锁、孤立居于边缘地带重要位置的中国，防止"共产主义蔓延"。美国武装台湾，是因为它"在环绕亚洲边缘地带的那条具有战略意义岛屿链条中，是个重要的环节"。由于中东是世界石油的主要产地，又处于边缘地带中部的重要战略位置上，美苏在这里的争夺尤其激烈，几乎介入了战后中东地区发生的所有战争和冲突。

苏联也不例外。20 世纪 60 年代中期以后，随着美苏核均势的逐步形成，苏联的对外政策及其军事战略就直接服务于与美国争夺世界霸权的需要，其全球战略的地缘因素日益明显。比如支持越南在中南半岛扩张，并在金兰湾建立军事基地，欲控制马六甲海峡；1979 年 12 月出兵占领阿富汗，企图打通南下印度洋的陆上通道；在中东和南亚地区，通过大量军援乃至直接部署军队来扩大影响。这样，苏联就将其亚洲战略和欧洲战略、从海上南下和从陆上南下联为一个有机的整体，从而直接威胁到美国和西方国家的切身利益。勃列日涅夫曾扬言："我们的目的是控制西方赖以生存的两大宝库，即波斯湾的能源和中、南部非洲的矿藏宝库。"

冷战结束后，地缘政治因素在局部战争和武装冲突中仍占有十分重要的地位。比如美国在中东发动海湾战争，在东南欧介入波黑战争、加快北约东扩，在亚洲强化美日、美韩等军事同盟、增加对台军售等。

此外，意识形态领域的冲突也是引发现代战争的重要因素。冷战时期的美苏对抗，具有浓厚的意识形态色彩。美国高举"自由""民主"和"反对共产主义蔓延"的旗帜，企图使世界各国都采纳"美国式"的民主；苏联则在"无产阶级国际主义"的口号下，根据"苏联的利益代表全人类"的逻辑，尽可能地在全球扩张其势力。这种意识形态的对立具有两重性：一方面，由于双方都意识到最后决战的不可避免而慎于发生直接冲突；另一方面，则坚决地介入或操纵各种局部战争和武装冲突。据相关学者统计，1945—1989 年，42%的战争都与意识形态的因素有关。冷战结束后，意识形态领域的对抗减弱，但个别大国仍抱有浓厚的冷战思维，把意识形态的渗透和攻击作为打击竞争对手、达成战略目的的重要手段。

# 第二节　现代战争的主要特点

由于信息化武器装备的大量使用，使战争形态、指挥方式和作战样式都发生了重大的变化，从而使现代战争呈现出很多新的特点。

## 一、战争目的、范围、规模的有限性

现代局部战争是指在一定的国家或地区，使用一定武装力量和与之相应的作战方法进行的战争。相对于全面战争和世界大战，局部战争的目的、范围、手段和规模的有限性是其最突出的特点。因而有的国家称其为"有限战争"。

目的有限，是指局部战争严格受到政治的制约和限制，一切军事行动需依据政治的需要来规定目标，并始终为实现有限的政治目的服务。现代局部战争已经不像传统战争那样以"攻城略地"为战争目的，不再以军事上征服敌国、消灭敌人的有生力量、迫使对方完全服从自己的意志为战争目的，而是通过有限的军事行动，以"获取一定的经济、政治利益"为根本目标。这就决定了局部战争在规模、时间、范围等方面必定受到严格的限制。

范围有限，是指局部战争仅仅波及一定的地区和范围，在一定程度上和一定范围内影响国际形势，不使其蔓延与越出界限，不让其随便升级，更不允许其发展为世界大战。把战争行动控制在一定区域内，可以将战争升级的危险减少到最低水平。控制战争规模和手段，是指一般不使用大规模杀伤性武器，控制投入军队的数量和军兵种，在作战行动中力求速战速决，作战地域尽量避免扩大，并精选打击目标，力求以最小的代价换取最大的胜利。

"二战"前，由于缺乏国际组织的有力协调和有效制约，战争向着无限化方向发展，"二战"达到了顶点。而从战后至今的局部战争发展轨迹看，世界大战的现实危险性呈反复上升到逐渐下降的曲线，战争的有限化特点越来越明显。之所以如此，主要是战后对战争的制约因素在不断增加。比如，除了建立和逐步健全了"联合国"这一最大的权威性国际组织之外，还先后建立了一批世界性和区域性的国际组织，逐步完善了制约战争的某些机制。这些国际组织尽管具有较大的局限性，但大大改变了国际力量的对比和国际政治生活的运行规则，加之超级大国之间的相互制衡，使政治、外交对局部战争的制约达到了前所未有的深度和广度。

需要注意的是，在一场战争中，一方的政治目的有限，另一方则是全力以赴，在战争目的、战争动员、军队投入和手段使用等方面都没有限制，进而造成交战双方在目的和手段方面的极不对称。比如中东战争，以色列始终以"总体战"的形式全力以赴地进行战争。此情况在实力悬殊国家之间的战争中表现得尤为明显：对大国、强国而言的有限战争，对小国、弱国则可能是一场生死存亡、需要全力以赴的全面战争。科索沃战争中，美国宣称有限制地使用武力，南联盟则是全力以赴。因此，不能简单地把局部战争归结为有限战争。

随着信息化局部战争登上历史舞台，局部战争的有限性在某些方面出现了新的突破。由于信息化战争的作战力量能够实施远距离机动和打击，使战场空间范围空前拓展，战场空间也已经从有形拓展到无形，从传统的陆、海、空三维空间拓展到太空、电磁、网络以及心理认知领域，呈现出全维多域的景象。从近几场局部战争来看，新空间、新领域的较量日趋激烈。信息化战争的各种作战力量将在陆、海、空、天、电、网、心多维空间实施行动，各领域相互支撑、互相依托，形成了多层次、大纵深、多维一体的战场空间。但是，这些因素仍不能改变现代战争的有限性。

## 二、战争进程的可控性

"二战"前，为瓜分和重新划分殖民地和势力范围，帝国主义国家之间展开激烈的争夺，导致矛盾激化，局部战争不可控制地逐步升级为世界大战。"二战"结束后，由于美苏核均势的形成、制约战争的因素逐渐增多、和平力量的壮大、战争观念的转变、武器装备的更新换代，使各国在战争上采取了克制态度，有意识地对战争进行限制和控制，人类对战争的控制能力不断提高。这主要表现在以下方面。

## （一）战争目的受到限制

现代战争谋求的不是攻城略地式的军事征服，而是孤立、限制、打击、削弱和瘫痪对手，动摇其军事或政治重心；不是非要将对手逼入死地绝境，令其无条件投降，而是向对手示威、警告，加以教训，以达成一定的政治目的或经济利益。有限的战争目的使传统的战略、战役、战术三者的界限逐渐模糊，战术行动的意义升值。为此，美国战略家约翰·柯林斯在其《大战略》一书中曾经形象地比喻："许多现代国家的首脑坚持扮演排长的角色。"政府首脑常常要亲自过问打击目标的选择、地理范围的限定、进攻时间的发起。

## （二）攻击目标受到限制

如，1986 年美国对利比亚实施的"黄金峡谷行动"。空袭只限于战前精选的五个目标。其原因在于：一方面，可以控制冲突，不使战争升级；另一方面，尽量减少平民的伤亡，减少国际尤其是国内舆论的谴责以及由此而带来的政治压力。正是由于作战目的以及攻击目标的有限性，使得现代战争的作战范围必然会受到严格的控制。朝鲜战争，美国政府明确规定："不对红色中国实施海上封锁，不许轰炸满洲，以及不利用蒋军反攻大陆"。以此将战争严格控制在朝鲜半岛范围之内，避免战争进一步扩大。麦克阿瑟想突破上述规定，结果被杜鲁门解除职务。

## （三）战争发动者还在战争手段、交战范围、使用的武器等方面作严格规定，增大了战争的可控性

因为精确制导武器的使用，减少了战争附带破坏，缩小了战争规模。

## （四）制约战争的国际力量增多

20 世纪 70 年代以来，随着第三世界的崛起，各种国际组织甚至宗教势力介入国际事务，国际政治主体增多，使制约战争的力量增强。

## 三、作战行动的多样性

由于远程精确打击兵器和快速机动兵器的大量运用，可以直接指向敌纵深要害目标，实施全纵深、立体化打击。由此导致前沿与后方的界线日趋模糊；作战行动不再是夺取或固守某一地区，而是以打击对方的重心和要害为第一目标；空间不再是进攻的障碍，以空间换时间将非常困难；集中兵力主

要是火力和信息的集中；作战编组趋向专业化、小型化。部队密度减小，可实施远距离作战。近距离交战时，为避免有生力量的迅速消耗，信息化技术优势的一方可依仗武器装备射程远、精度高的特点，在对手充分发挥近战火力之前，采用逐次抵抗、节节抗击、交替掩护、有失必反等手段，大大削弱直至歼灭对手有生力量。这种战法体现了当今发达国家技术制胜、全纵深作战、打击重心的战争理念。近期几场局部战争表明，随着高技术武器装备的发展，以"远程攻击、精确打击"为主要特征的"三非"作战已经成为主要作战样式。非线式作战，是指根据统一的意图，在战场全纵深不规则地展开作战力量，实施作战方向、地点不固定的作战。非线式作战这种方式，抛弃了过去那种由前向后、层层推进式的线式作战方法，将信息、机动、火力有机结合，发挥多兵器的综合威力，全纵深、全高度、全方位，多点、多面同时或交替攻击对方。非接触作战，是在敌主战兵器有效还击范围之外对其实施打击的作战。相对于接触作战而言，非接触作战这种方式的特点，就是避免与对方短兵相接、死打硬拼，而是利用远程精确制导武器，在对方火力杀伤半径之外攻击对方。非对称作战，亦称"不对称作战"。交战双方使用不同类型的部队、不同的作战手段和方法进行的作战。非对称作战的实质就是：同时使用各种作战力量和各种作战手段；以己之长，击敌之短，以强击弱，避实击虚；争取主动，减少损失，在最短时间内赢得胜利。毫无疑问，"三非"作战是武器的打击距离增大、精度不断提高、作战平台远程机动能力不断增强及 $C^4IKSR$ 系统广泛运用的必然结果。

与此同时，精确制导武器在战争中的广泛运用，给战略、战役空袭提供了坚实的物质基础和制胜条件，使空袭贯穿于战争的全过程。弹道导弹、巡航导弹和隐形技术，卫星定位技术和高性能夜视器材的大量运用，增强了空中突防效能和作战效果，为空袭作战达成突然性和隐蔽性创造了条件，并在较大程度上降低了武器损耗和己方伤亡；新材料、新能源技术和空中加油能力使空中武器平台提高了战略远程奔袭能力；精确制导技术、高爆弹药技术为有效的摧毁、瘫痪对方军事实力和战争潜力，震撼对手军心士气，降低非战争损伤提供了基本条件。以上种种，均确保了空袭作战快速、突然、高强度、高时效的作战效能。

此外，心理战成为战争独特的作战样式。随着历史的演进和战争的发展，当远程立体作战、精确作战等战法以崭新面貌出现在战场的同时，以经济和军事实力为后盾，以高科技手段为媒介的心理战，也逐步摆脱了武力战的束缚，成为区别于陆战、海战、空战的一种独立的战争样式，并以其惊人的威力对战争的进程和结局发挥着重大的影响。在战争的舞台上，心理战不断上演着"屈人之兵而非战，拔人之城而非攻"的上乘佳作。2003 年的伊拉克战争之前以及期间，美国人采用多种媒体宣传手段进行了大量的心理攻势。战前，美国人通过媒体反复向全世界宣传"萨达姆是个暴君""伊拉克支持恐怖主义""伊拉克有大规模杀伤性武器"等，极力扭曲萨达姆和伊拉克的声誉，从而将自己塑造成正义之师的形象。

### 四、战争消耗的巨损性

与"二战"相比，现代战争虽然规模有限、持续时间较短，但战争强度高、节奏快、物资消耗巨大。

作战物资消耗巨大。现代战争对抗更加激烈，各种弹药、物资、器材消耗与历次战争相比都呈现出总量上扬的趋势，导致保障任务更加繁重。从物资消耗看，"二战"时 1 个士兵日均消耗物资约 0.02 吨，20 世纪 90 年代的局部战争中 1 个士兵日均消耗物资在 0.2 吨以上，比前者增长达 10 倍多。海湾战争中，从"沙漠盾牌"到撤军完成，美军共消耗各种物资 3000 多万吨，以 9 个月共 270 天时间计算，平均日消耗量在 11.1 万吨左右，人均日消耗 0.2 吨物资。再看战争经费，海湾战争的作战进程只有短短的 42 天，然而，美军的战争消耗就高达 610 亿美元，平均每日耗资 14.5 亿美元。现代战争巨大的消耗由此可见一斑。

武器装备信息化程度的提高，导致其造价极其昂贵，加之战争破坏力的增大，是现代战争消耗日益增多的根本原因。据有关资料统计，"二战"后期 1 辆坦克造价约 5 万美元，海湾战争中 M1A1 坦克造价 400 万美元，是前者的 80 倍；"二战"中 1 架战斗机造价约 10 万美元，海湾战争、科索沃战争中的 F-15 战斗机造价 4300 万美元，是前者的 430 倍；"二战"时 1 艘航空母舰约 700 万美元，海湾战争中的 1 艘航母造价高达 35 亿美元，是前者的 500 倍。此外，现代战争对交战双方的经济发展破坏巨大。海湾战争中，多国部队对伊拉克进行的大规模空袭，造成了伊方直接经济损失高达 1000 亿～1200 亿美元，要想恢复至战前经济水平，仅基础建设就需耗资近千亿美元。这些说明，现代局部战争不仅打的是一场军事仗、政治仗，更是一场经济仗。毛泽东指出："战争不但是军事的和政治的竞赛，还是经济的竞赛。"因此，战争的胜利更加依赖强大的经济、丰富的物资、充足的人力、顺畅的交通和有力的保障。

## 五、战场空间的多维性

战场空间是指敌我双方作战活动的空间，是实施作战的基本依托，是指挥员谋划、决策和指挥作战行动的"舞台"。与以往战争相比，现代战争的作战力量能够实施远距离机动和打击，使战场空间范围空前拓展，战场空间也已经从有形拓展到无形，从传统的陆、海、空三维空间拓展到太空、电磁、网络以及心理认知领域，呈现出全维多域的景象。从近几场局部战争来看，新空间、新领域的较量日趋激烈。现代战争的各种作战力量将在陆、海、空、天、电、网、心多维空间实施行动，各领域相互支撑、互相依托，形成了多层次、大纵深、多维一体的战场空间。

### （一）物理空间无限拓展

"二战"中，决定战争胜负的柏林战役、诺曼底战役、斯大林格勒保卫战等，战场范围也不过数万或数十万平方千米。而到了阿富汗战争，其作战规模远不及海湾战争和科索沃战争，但是作战空间的范围却远比海湾战争和科索沃战争要大得多。虽然战争的主战场限制在 65 万平方千米的阿富汗境内，但是战争的相关空间已经延伸到了美国本土，遍及全球。在阿富汗战争中，美军就从距离阿富汗 5000 千米以外，印度洋上的迪戈加西亚基地，使用 B-52 和 B-1B 轰炸机进行远程奔袭，而 B-2 隐身轰炸机甚至从本土起飞实施作战。可以看出，未来战争的战场空间有向全球延伸的发展趋势。

同时，随着军用航空航天技术和空间武器系统的发展，战场空间将向太空拓展。未来作战，太空战场对于取得战场信息优势、争取主动、赢得作战胜利将发挥重要作用，将成为现代作战的制高点。如果说天空和海洋是 20 世纪的战场，那么可以说太空将成为 21 世纪的战场。随着科学技术的发展，太空已然成为现代战争的战略制高点，谁夺取了制天权，控制了太空，谁就可以进一步夺取制空权和制海权，并最终赢得战争的胜利。

### （二）无形空间多维广阔

无形空间是一个全新的概念，它包括电磁空间、网络空间和心理空间，渗透于陆、海、空、天各个战场领域。近期几场局部战争的作战空间，已经拓展到了无形空间。

（1）电磁空间。电磁空间是各种电场、磁场与电磁波组成的物理空间，是随着电子信息技术的广泛应用而被人们逐渐重视起来的物理空间。

信息化战场电磁空间环境错综复杂，信息化作战平台、信息化弹药、雷达、空间武器系统等不可能在完全没有被对方干扰的情况下去作战，现代战争往往是从电磁战场拉开序幕的。如果一旦在这个领域失去了优势，让敌人进行了压制、干扰甚至摧毁，就会变成聋子、瞎子、哑巴，完全处于被动挨打的局面。由此可见，电磁空间虽然看不见、摸不着，却极为重要，交战双方为了争夺制信息权，往往首先在电磁空间进行较量并贯穿整个战争的始终。

（2）网络空间。网络空间是由计算机系统及其网络共同构成的虚拟空间，是快速处理和利用作战信息活动的主要空间领域。

信息时代的一个明显标志，就是计算机和计算机网络技术的广泛应用。目前，国际互联网络将全世界170多个国家和地区的计算机网络连为一体。信息高速公路在全球范围内逐步建成，时空的概念正在急剧缩小。网络空间的出现，使地理上的距离概念和国家之间的地理分界线将在信息对抗中失去意义，凡是与网络空间相联系的目标都可能遭到攻击。可见，网络空间的斗争虽然悄无声息，但是，造成的后果却一点也不亚于大规模的军事打击。

（3）心理空间。心理空间是在认知、情感等心理维度上表现出的对人的心理和行为产生能动作用的意识空间。心理空间，特别是决策者的思维空间，是现代战争的重要作战空间。美军曾经有这样一个说法"一个心理战画面的效果可能超过1000辆坦克的威力"，这可不是夸大其词或者危言耸听。因此，现代战争必须是物理摧毁与电磁杀伤并举，火力打击与网络攻击并重，歼灭战与心理战结合。

关于战场空间的问题，俄罗斯军事科学院院士沃罗比耶夫少将曾经说过："新技术时代的战争将不同于以往的两次世界大战，对于现代的导弹和最新式武器平台来说，几乎不存在空间上的限制。因此，任何国家的领土，乃至整个地球，都可能成为战场。"

## 第三节　现代战争的战略指导

战略指导，即对战争准备与实施的原则性指示和引导，亦称战争指导，是指对有关战争或其他全局性的重大问题实施的宏观控制与协调活动，包括对战争形势的判断，对战略行动的决策，对战略手段的协调、运用，对战略各阶段、各方面问题的运筹与照应等。

战争的特点和规律是制定战略指导的基本依据。不同的战争有不同的特点和规律，也就必然有不同的战略指导。针对现代局部战争的新特点与新情况、新趋势，我们需要努力探讨应对和驾驭现代战争的战略指导问题，以全面增强战略指导上的针对性、适应性和有效性，夺取未来战争的胜利。

## 一、做好战争准备

战争准备是国家或政治集团为制约战争和进行战争所作的政治、经济、军事、科技等方面的准备，是预防和实施战争的精神和物质基础。战争准备是夺取战争胜利、达成战略目的的基础，是战略指导的首要任务。因为切实的战争准备有助于阻止战争，一旦战争爆发则有把握打赢战争。战争准备的充分与否，直接影响甚至决定着未来战争的胜败。我军历来强调"不打无准备之仗，不打无把握之仗，每战都应力求有准备，力求在敌我条件对比下有胜利的把握"，高度重视战争准备问题。

现代条件下，战争更多地采用高新技术和信息化武器装备，战争的突然性和破坏性增大，物资消耗剧增，战场空间广阔，情况变化急剧，组织指挥复杂，后勤保障艰巨，给战争准备提出了更高的要求，使战争准备的地位也日益突出。

### （一）加强国防教育和对外宣传，做好精神准备

精神准备是战争准备的思想基础和重要内容，具有特殊的作用。毛泽东重视物质因素在战争中的基础作用，同时也非常重视精神因素的主观能动作用。他认为，在一定的物质条件下，主观的努力是战争胜负的决定因素。现代战争条件下，精神力量仍然是战争的重要制胜因素。要加强以爱国主义为核心的国防教育，是使广大人民群众牢固树立马克思主义战争观、增强全民国防意识、提高民族整体素质、弘扬爱国主义精神的重要保证，是做好精神准备工作的主要措施。与此同时，也要加强外交活动和对外宣传，巩固和扩大国际统一战线，为战争的准备与实施创造良好的国际舆论环境。加强国防教育，增强国防意识，营造良好的国际环境，是战争准备的重要精神保证和力量源泉。

### （二）全面增强综合国力，为战争准备打牢物质基础

战争是交战双方各种力量因素的全面对抗与综合较量。综合国力的强弱是决定战争胜负的客观基础。现代战争是以科技为先导、以经济为基础的综

合国力的对抗，战争准备的根本途径在于发展经济、提升综合国力。现代战争如果没有强大的综合国力作后盾，战争准备就是一句空话。

增强综合国力的内容十分广泛。从进行战争的角度来讲，经济、军事、科技力量是重要的物质基础。这三个主要方面的建设，既是国家发展战略要着重解决的问题，也是战争准备的重要内容。首先，经济实力是基础。现代战争对经济的依赖性越来越大，从战争准备上说，必须大力发展经济，增强我国的经济实力。毛泽东指出："只有经济建设发展得更快了，国防建设才能够有更大的进步。"我们加强国防建设首先就要加强经济建设。大力发展经济不仅是国家建设的大局，也是战争准备的根本性措施。其次，科技水平是关键。科学技术不仅是第一生产力，也是第一战斗力，科学是"最高意义上的革命力量"。在现代战争中，科学技术成为战争胜负的首要因素，影响着其他战争制胜要素作用的发挥。海湾战争、科索沃战争的结局证明，科学技术的先进与落后已经成为军队战斗力水平高低和现代战争胜负的决定性因素。邓小平同志曾指出，高科技的发展和成就，反映了一个国家和民族的能力，也是国家兴旺发达的标志。现代科技在一个国家的社会生产力的发展中，已成为最重要的支撑力量。谁拥有最新的知识和技术，谁就掌握了军事斗争的主动权，谁就具有了克敌制胜的"撒手锏"。谁能抢占科技"制高点"和"前沿阵地"，谁就可能在政治上更加独立、在经济上更加繁荣、在军事上更加强盛、在战略上更加主动。最后，武装力量是核心。加强武装力量建设是最直接的战争准备，也是战争准备的核心内容。

## 二、夺取战争主动权

军队作战的过程，实际上就是敌我双方争夺主动权的过程。谁能夺取和保持在战争中的主动谁就能获得胜利，反之，必败无疑。因此，夺取战争主动权，历来都是获取战场优势和夺取战争胜利的关键，更是古今中外历代军事家高度重视的焦点。春秋末期的杰出军事家孙武早在 2500 多年前就提出了"故善战者，致人而不致于人"的战争法则，即善于打仗的将领，要能够调动敌人而不被敌人所调动。彪炳青史的战国兵书《尉缭子》中也提到，"善用兵者，能夺人而不夺于人"，指的是善于用兵的人，能夺取主动权而不被敌人所夺取。毛泽东在其战略名篇《论持久战》中强调："行动自由是军队的命脉，失了这种自由，军队就接近于被打败或被消灭。"战争是力量的竞赛。一般情况下，力量强而优就意味着主动，力量弱而劣就意味着被动。因此，战争力量的优劣强弱是主动或被动的客观基础。谁拥有的战争力量强大且现代化水平高，谁就有可能在战争中占据支配地位，掌握战争的主动权。相反，谁拥有的战争力量弱小且水平低下，谁就可能被敌人支配，而被迫处于被动地位。

### （一）战前主动造势，积极谋取战争主动权

战争准备期间，坚持有理、有利、有节的原则，善于运用经济手段制裁对手，削弱敌之实力；巧妙运用外交手段孤立对手，使敌无法获得外界的援助，尤其是武器装备的支援；灵活运用心理手段瓦解对手，瘫痪对手的心理防线；敢于运用军事威慑手段，创造有利的战前态势，抢占战争初期的主动权。

### （二）必须掌握战场的信息优势，夺取制信息权

现代战争中，敌我双方谁掌握战场的信息优势，谁就会控制对方，居于主动；相反，谁丧失战场的信息主动，谁就会为人所制，处于被动。现代战争中，争夺制海权、制空权、制天权、制信息权的斗争空前激烈并且交织在一起，但斗争的焦点是制信息权的争夺。没有制信息权，也就无从谈起其他控制权。更重要的是，掌握信息优势，夺取制信息权，是实现全胜战略的基本保证。因此，想要夺取信息优势、争取战争胜利，就要充分利用情报作战的多种手段，实施侦察、预警和监视，使战场情况更加透明，这是夺取制信息权的先导；实施全方位、全时空的精确打击作战，直接攻击敌战争重心，这是夺取制信息权的重要环节。

### （三）要发挥人的主观能动性，使人成为现代战争的主体和中心

毛泽东指出，主观指导的正确与否，是主动和被动的决定因素。要想在战争中取得主动，仅仅获得力量对比的优势是不够的，还要在一定的客观条件基础上，充分发挥人的能动作用。中国革命战争的胜利，完全证明了毛泽东上述论断的正确性。现代战争中，人的作用不是削弱了，而是得到了加强，人已真正成为现代战争的主体和中心，成为现代战争的控制者。现代战争中要想取得主动，避免被动，应更好地挖掘人的潜力，发挥人的聪明才智和主观能动作用。为此，新型军事人才的培养实乃当务之急。

### （四）要展开心理作战

毛泽东曾指出："错觉和不意，可以丧失优势和主动。因而有计划地造成敌人的错觉，给以不意的攻击，是造成优势和夺取主动的方法，而且是重要的方法。"（《毛泽东选集》第2卷，人民出版社1991年版，第491页）毛泽东在

指导中国革命战争的实践中，就充分运用了致敌错觉和不意的方法和手段，取得了意想不到的成功，比如隐真示假、声东击西等。在第三次反"围剿"作战中，在根据地几乎被敌军全部占领的情况下，毛泽东就是采用致敌错觉和以利诱敌的办法，指挥我军穿梭于敌军之间，在两个多月中，六战五捷，歼敌 3 万余人，彻底粉碎了敌人的第三次"围剿"。再如长征途中调动湘军、佯攻贵阳等，都体现了毛泽东有计划地运用心理作战的特点和优势，致敌错觉和不意，从被动中争取主动。现代战争中，由于信息技术的广泛运用，信息作战已经突破了传统意义上的致敌错觉和不意的方法和手段，进入了一个全新的发展时期。在高度精确化、智能化、数字化和网络化的现代战争中，心理作战的作用得到最充分的发挥，其地位空前提高。为此，要致敌错觉，扰敌心态。利用现代化的传播手段，如电视、广播、网络等，把假情报和假消息予以广泛传播，通过欺骗造成敌人的错觉和麻痹，从而陷敌于被动。精神威慑，致敌恐慌。要综合利用各种宣传手段，鼓舞己方士气的同时，从精神上震撼和威慑对方，以削弱和瓦解敌方军民的战争意志。

### 三、集中精锐，重点打击

集中精锐，重点打击是现代战争战略指导最重要的原则之一，其内涵是：在现代战争中，集中使用信息化的武器装备、作战力量、作战手段，灵活运用各种作战形式和作战方法，在主要的作战方向、作战时间和作战地区，对敌人的重要目标、要害目标及薄弱目标实施精确化立体化的重点打击。目的是破坏敌作战部署的整体结构，削弱其整体作战能力。其核心思想与实质是重点突击，打敌要害，震撼全局，从根本上解决问题。

未来战争中，必须根据我军的特色，避实击虚，以奇制胜，即在战争中，抓住有利时机，集中精兵利器，实施重点打击，一口吃掉敌人。这样，不仅可以合理使用我军作战力量，提高作战效益，保障打击效果；也有利于分割肢解敌整体作战系统，创造更多的歼敌态势。而要实施集中精锐、重点打击，必须把打击的重点指向敌作战体系的"关节点"。

### （一）要注重打敌要害，瘫痪其指挥系统

打敌要害就是通过打击敌方作战系统的主要"穴位"和"关节点"，使其内部结构的完整性和系统运行的连续性遭到严重破坏，而导致其作战系统陷入瘫痪。打敌要害无须全歼对方主力，即可战而胜之，因而，这也是我军未来

战争中战法研究的重要指导思想。打敌要害强调重点打击敌方的指挥控制系统，如指挥机构、通信、侦察中心等；"智能化"火力系统，远战兵器和导弹发射基地等；电子战系统，如电子战部队、雷达警戒网络等；后勤保障系统，如后勤、技术部队、仓库医院等。电磁压制是瘫痪敌指挥系统的重要方式，运用电子战手段虽然不能杀伤、摧毁对方的人员和兵器，却可起到"软杀伤"的作用，达到切断对方的"神经中枢"的效果。

### （二）要把握目标、时间、空间和力量这四大基本要素

比如在作战目标上，要打击要害目标。所谓要害目标，主要指对我威胁最大和对敌作战行动影响最敏感、最大的目标，诸如敌人的战略、战役要点及关节点，影响敌整个作战结构的关节点；敌指挥、后勤系统；敌高技术兵器系统等。重点打击这些目标，往往能产生击一点而动全身的连锁效应。在作战力量上，必须实行重点用兵。为此，应将精兵利器使用在主要进攻方向上；应将精锐之师编入快速支援集团或攻击集团或机动集团，形成强大拳头；应集中优势兵力火力，打敌要害；应根据战场情况发展变化，适时向影响作战成败的关键地区转移精锐之师，形成新的打击重点等。

## 四、灵活机动，速战速决

灵活机动，速战速决是现代战争特点对战略指导的又一基本要求。其内涵为：针对现代战争爆发突然、持续时间短、作战进程快的特点，要充分发挥人的主观能动性，谋局造势，创造战机，运用各种手段，敢于与敌决战，敢于速决，尽快达成战争目的。

力求速战速决是现代战争发展的必然要求。由于信息化武器装备的广泛使用，使参战力量的指挥控制能力、快速机动能力、远程精确打击能力和昼夜连续作战能力大为提高，单位时间内的作战效益显著增加。以往需要经年累月通过多次战役和战斗才能达成的目的，在现代条件下只需几次甚至一次的战役和战斗即可达成目的，可以说是"一役定局""一锤定音"。这就使现代战争日益呈现出规模小、节奏快、时间短的特点。这就要求交战双方必须立足于速战速决。

为此，要实现速战速决，必须出奇制胜。一要虚实并举，以"动"隐"动"。现代战争，侦察手段的高效化、多样化，使战场透明度空前增大。传统的欺骗手段已难以有效地隐蔽我军行动企图，只有以"动"隐"动"，通过积

极的佯动，才能造成敌人判断上的失误。为此，要广泛实施兵力佯动，组织地方武装、民兵和非参战部队与参战军团同时在广阔的空间，实施向敌、背敌、侧敌机动，以及巧妙地实施电磁佯动，将"真动"隐于多形式、广范围、大规模的佯动中，使敌真假难辨，这是出奇制胜的重要方法之一。二要隐蔽突然。所谓隐蔽突然，就是运用各种手段，隐蔽突然地打击敌人，给敌以重创。快速突然地打击敌人，可给敌以心理上的震撼，使其措手不及，意志沮丧，难以发挥其技术装备优势。如在作战指挥上，以政治、军事、技术以及外交等手段，麻痹、迷惑敌人，增强战场工程技术保障能力，大范围地实施战场伪装，设置假目标，以假乱真、欺骗敌人；在广大空间上广泛组织兵力、火力、电子机动，转移敌人视线，造成敌人判断上的失误等。三要把握战机。以往的战争，如果初期失利，还可通过中后期多次战役来扭转战局。而现代战争基本是"机不可失、失不再来"。因此，必须在有利的时机和有利的战场，果断实施速决作战，从根本上打垮敌人，彻底粉碎敌战争企图。

## 五、威战并举，遏打结合

威慑与实战，即遏制战争与打赢战争是辩证统一的关系，遏制战争是以威止战，不战而胜；打赢战争是战而胜之，以战止战。在新时代下，更要注重遏制战争的功能。所谓遏制战争，就是以强大的武力为后盾，通过多种形式的斗争，使敌人认识到发动战争将面临得不偿失或可能遭到严重报复的后果，从而不敢发动或继续进行战争，达到总体上推迟和制止战争的目的。因此，遏制战争的要旨不是进行战争，也不是空洞的恫吓，而是以实力为基础，巧妙运用各种力量给对手造成慑服的客观效果。

### （一）必须以遏止战争为着眼点

在新时代特别是在现代战争条件下，在打赢战争与遏制战争问题上，必须把遏制战争摆在首要位置，即要以遏制战争作为战略指导的着眼点。我国已经进入和平发展的关键时期，发展成为头等大事。无论是政治建设、经济建设，还是军事力量建设，都迫切需要一个安全稳定的国际国内环境，使我国的现代化建设不至于因战争的影响而中断。这就要突出遏制战争的作用，使"制战"的功能充分发挥，尽可能地避免军事实力的直接对抗，保障我国国家总体建设的积极贯彻和顺利实施。实践也证明，只有遏制战争，才能有更充足的时间，集中精力发展经济，不断提高综合国力。为此，要做到以下三点：一是要充分利用国际上和平与进步力量不断发展的有利条件，联合一切友好国家，团结各国人民，形成一股强大的和平力量，并积极采取一些有力措施促进和平力量的不断强大和发展，共同遏制战争的萌生和爆发。二是要慎重使用军事斗争手段，突出运用政治、外交、经济等斗争形式。在打与不打的问题上，要做到"非危不战，慎重决策"。慎战不是畏战，也不是不能战，是通过备战、能战、胜战达成"止战"。当今世界，中国正处于"前所未有之大变局"，遵从国家发展战略，抓住战略机遇期以兴国强军，这是当前最大的政治。如何实现这一国家战略目标，必要条件是避免战争。但"战争充满着偶然性和不确定性，不是一厢情愿的事"。近代中国屈辱历史早已昭示我们，要想推动持久和平，唯有国家强盛、军队强大。

**（二）必须以打赢战争为立足点**

能否有效地遏制战争、赢得战争都与战争准备的情况密切相关。战争准备越充分，遏制战争的可能性就越大，一旦战争强加到我们头上，赢得战争的可能性也就越大。遏制战争以具备打赢战争的能力为基础。只有具备制胜的力量，才能有效地实施威慑。我国积极防御军事战略的立足点，从来都是准备战争和打赢战争。也就是从最坏的可能性着想，去争取最好的结果，以敢战、能战、胜战来达到不战而屈人之兵。

习近平主席指出："能战方能止战，准备打才可能不必打，越不能打越可能挨打。"（《习近平强军思想学习纲要》，第 86 页）就是讲能打仗与不打仗、能打仗与打胜仗的辩证关系，即只有备战能战胜战，才能止战。要做到：一是必须把增强国防实力摆在军事斗争准备的首位。要抓紧目前有利的时机，努力增强综合国力，强化全民国防观念，建设精干的常备军和强大的后备力量，创造"先为不可胜"的条件。通过示形造势显示我国综合国力之强大、人民战争威力之伟大、反侵略决心之巨大，以充分的军事斗争准备震慑敌人，威加于敌，不战而胜。二是必须把打赢现代战争作为军事斗争准备的立足点。实现打赢的目标，必须善于进行灵活的危机处理，随时做好应付最险恶局面的准备。既要着眼于通过威慑手段遏制不利事态的发生，更要立足于用武力手段解决问题；既要准备应付周边事态，更要准备与强手对阵；既要准备与单个对手作战，更要准备同时与多个对手交战；既要做好重点方向军事斗争准备，还要有应付几个方向同时出事的预案，切实掌握多谋善制艺术。三是必须把科技强军作为实现打赢目标的有效途径。科技力既是强大的威慑力，又是现实的战斗力。必须把科技强军战略落到实处，加快武器装备更新换代的进度，特别要注意研制和掌握能与敌抗衡的"撒手锏"，真正使军队的现代化水平与新时代军事战略目标相适应。

总而言之，我军贯彻实施积极防御的军事战略，既要加强友好合作，坚持后发制人，不主动挑起战争，不轻易诉诸武力，采取有效手段遏制战争，也要根据现代战争的特点和要求，做好打赢战争的充分准备，为遏制战争提供坚强有力的物质保障，这样才能保证我国现代化建设沿着正确的方向稳步发展。

## 思 考 题

1. 简述现代战争爆发的主要原因。
2. 如何认识现代战争的特点？

# 第五章　军事力量建设

军事力量是国家或政治集团在军事领域内所拥有的各种力量的统称。包括军事实力和军事潜力，简称军力。强大的军事力量，是国家强盛的重要标志，是保卫国家安全、捍卫国家利益、维护国家稳定与发展的重要保证。我国的军事力量主要包括中国人民解放军现役和预备役部队、武装警察部队和民兵，以及与军事相关的政治、经济、科技、文化等方面的综合力量。军事潜力是国家或政治集团经过动员转化可用于军事目的的潜在力量，一般指可以动员起来用于军事目的的人力、物力、财力、信息力。军事力量建设与发展，涵盖陆军、海军、空军、火箭军、战略支援部队以及武警和后备力量各领域，涉及军事、政治、后勤、装备各部门，关联政治、经济、科技、文化各要素，必须科学统筹，协调发展，全面加强革命化、现代化、正规化建设。

## 第一节　军事力量建设的一般规律

军事力量建设，是指为建立和加强军事力量所进行的各种活动的总称。其目的是不断提高军事力量的实战能力和威慑能力，以适应军事斗争的需要。认识和掌握军事力量建设的一般规律，是能动地指导国防和军队建设、加强军事斗争准备的基本要求。

### 一、适应国家安全和发展利益需求

军事力量是国家或民族维护独立、主权和领土完整的主要力量，也是维护国家核心安全和发展利益的基本力量。军事力量建设与发展必须适应国家安全和发展利益的需求。国家安全关切的领域，就是军事力量需要涉及的空间。国家利益所在之处，应有军事力量的战略支撑。在人类漫长的历史进程中，影响国家安全和发展的威胁主要来自陆地，国家利益集中体现在陆地疆域，以步兵、车兵、骑兵、炮兵为标志的适应陆地作战的军事力量不断发展。当人类寻求海洋资源、建造船只、开辟海上交通时，应对海上威胁、维护海上利益成为维护国家安全和发展利益的重要使命。舟船开始走进军事领域，军事力量构成中产生了以海洋为主要战场的海军。20 世纪初期，空中飞行器相继研制成功，飞机用于侦察、空战、支援地面作战，空袭、反空袭成为军事斗争的新样式，维护空中安全成为军事力量建设发展的新命题。军事斗争的实践表明，国家维护陆地、海洋、空中安全和发展利益的需求，催生了陆军、海军、空军的建设与发展，改变了军事力量单一军种结构的模式，也拓展了军事斗争的领域。

当今时代，人类社会不断发展高新技术，拓展新型领域，开发新型资源，国家安全和发展利益逐渐超出了传统的领土、领海、领空范围，不断向太空、网络电磁空间延伸。军事力量建设与发展，既要适应维护国家主权、领土完整和军事、政治等传统安全和发展利益的需求，更要适应维护经济安全、信息安全、社会安全、文化安全、海洋安全、环境安全、金融安全、能源安全、产业安全、网络安全等非传统安全和发展利益的需求。新形势下迫切需要建设与我国国际地位相称、同国家安全和发展利益相适应的强大军事力量。

## 二、以经济建设和科技进步为基础

任何军事力量都建立在一定的经济和科技基础之上。国家经济建设和社会科技进步是军事力量建设与发展的物质基础。军事力量的强弱、先进落后和发展速度的快慢，都与国家的经济基础和科技水平密切相关。建设一支强大的军事力量，首先要加强经济建设和科技创新。

富国才能强军。经济建设是国防和军队建设发展的重要物质基础。社会经济条件对军事力量建设与发展具有导向性、决定性影响。经济建设支配着军事力量建设的规模、质量和发展速度。军事力量建设与发展，要有相应的经济基础作支撑。中国古代军事名著《孙子兵法》提出：军无辎重则亡，无粮食则亡，无委积则亡。马克思主义经典著作深刻揭示了经济状况对军事力量建设发展的重要作用。恩格斯指出：任何东西都没有像陆军和海军那样地依赖于经济条件。装备、编制、战术、战略等首先依赖于当时的生产力水平和交通状况。"暴力的胜利是以武器的生产为基础的，而武器的生产又是以整个生产为基础的。因而是以'经济力量'，以'经济情况'，以暴力所拥有的物质资料为基础的。"①社会经济条件制约军事力量建设发展，影响军事力量的规模和质量。社会经济越发展，生产力水平越高，能够提供的剩余产品越多，越

---

① 《马克思恩格斯军事文集》第 1 卷，战士出版社 1981 年版，第 12 页。

能保障军事力量的规模与质量。新型武器装备的研制和采购，军事教育训练的发展水平，都建立在国家生产力发展和经济建设的基础上。在一定的历史条件下，经济建设发展越快，国防经费投入越多，军事力量发展越快；经济建设发展缓慢，国防经费投入不足，军事力量建设与发展必然受到制约。建设信息化军队，单项武器的生产成本成倍增加。美国 B-2A 隐形轰炸机的研制费为 450 亿美元，单架采购费达 10 亿美元。社会经济状况决定军事力量的结构方式和变革力度。军事力量的组织结构方式与发展演变，不能脱离社会经济条件和生产力发展水平。新型武器装备的发展与使用，必然改变军队的内部结构，改变军兵种相互之间的关系。军队的全部组织方式取决于物质的即经济的条件。当然，国富并不意味着军强，经济实力增长并不意味着军事力量的强大。国家财富不会无条件地转化为国家能力，更不可能自然转化为军事能力。加快军事力量建设与发展，要拓展国防视野，强化国防认知。国家要在经济发展的基础上逐步增加国防投入。

科学技术是生成军事力量的重要因素。人类社会的先进科技成果往往最先应用于军事领域，最直接地影响战斗力生成。马克思认为，科学是"最高意义上的革命力量"，科学技术是驱使自然力为自己服务的强大手段。武器装备发展取决于社会生产力尤其是科技进步。武器装备的研制与生产，是以科技发展水平为物质基础的。科技是第一生产力，也是重要的战斗力。化学和冶金铸造业的进步，使枪炮成为战争的一种决定性武器；电力、内燃机的广泛应用，诞生了坦克、飞机和新型舰艇等机械化兵器；核能的开发和火箭技术的发展，使导弹核武器成为一种新型战略力量。直接用于国防目的的科学、技术、工程等国防科技，是国防建设的物质技术基础。国防科技的先进成果和产业化，催生了一代又一代新武器，加快了武器装备发展进程。以信息技术为核心的高新技术的兴起，使军事力量由机械化向信息化发展。先进的科学技术激发军事力量的潜在因素，各类高新技术同时作用于武器系统和军事系统，加快了武器装备的更新换代，改变了战斗力生成模式，提高了军事力量的生成效率。人类社会的历次军事变革都表明，科技进步推动战斗力生成模式的转变。全面贯彻科技强军战略，依靠科技进步增强军事力量，在科技创新体系中融入国防科技创新，切实从国家安全和发展战略全局的高度，统筹经济建设、科技发展和国防建设，成为军事力量建设的共识。

### 三、适应战争形态的发展变化

在人类战争史上，先后经历过由冷兵器战争向热兵器战争、由热兵器战争向机械化战争等战争形态的重大变革，每次变革都对军事力量建设发展产生了深刻影响。军事力量建设的基本目的是赢得战争，这就必须解决军事力量的战斗力水平与战争形态发展之间的矛盾。解决好军事力量建设必须与打赢战争需求相适应的矛盾，贯穿于军事力量建设的各个方面，贯穿于军事力量建设的始终。战争形态随着生产力发展和社会进步而变化，军事力量建设也必须随之变化，这是世界各国军事力量建设发展的共同规律。农耕时代的冷兵器战争，主战场发生在陆地，军事力量的主体是陆军，步战、骑战兵种的建设发展受到高度重视。工业社会的热兵器战争，军舰、飞机等机械化武器装备登上战争舞台，海洋、空中成为军事力量较量的重要战场，建设机械化军队，加强海军、空军建设，成为军事力量建设发展的主流。"二战"结束后，特别是冷战结束以来，以信息技术为核心的高技术在军事领域广泛应用，使战争形态发生了深刻变化。海湾战争、科索沃战争、阿富汗战争、伊拉克战争等局部战争展现出高技术、高强度、高投入、高消耗的特点，信息化成为现代战争越来越鲜明的特征，信息化战争逐步取代工业时代的机械化战争，成为未来战争的基本形态，从而对军事力量建设发展提出了新的战略需求。军事力量建设适应战争形态变化，才能掌握打赢战争的主动权，才能处于战略主动地位。

战争形态从机械化战争向信息化战争转变所带来的重大变化有：军事力量的非对称，作战对象的非接触，作战形式的非线式，在陆、海、空、天、网、电多维空间作战，实现空天主导等重要特征的一体化联合作战中，信息成为战争制胜的关键要素。适应战争形态变化，建设信息化军队成为军事力量建设发展的时代主题。信息化条件下，军队广泛开发和运用信息技术，利用信息资源，以信息网络为基础，以指挥自动化为核心，对军队建设的各个方面进行信息改造和信息融合。信息技术在军事领域的广泛应用，使军队战斗力呈几何级数增长，最终军队全面信息化，具备打赢信息化战争的能力。适应战争形态由机械化向信息化的发展变化，军事力量建设要确立系统集成理念，高效整合军事资源，科学运用信息技术，大力提高官兵的科技素质和武器装备的信息技术含量，加快建设适应信息化战争形态的军事力量体系，切实增强打赢信息化战争的能力。

## 四、以现代化建设为中心

军事力量现代化建设，是衡量军队战斗力强弱的重要标志。现代化是历史发展的概念，是军事力量建设达到一定时代水平的过程。军事力量现代化，主要表现为武器装备现代化、人员素质现代化、体制编制现代化和军事理论现代化，这些方面相互联系、相互影响、相互制约，共同生成军队战斗力，因而使加强现代化建设成为军事力量建设的中心。受科技发展水平和社会历史条件的影响和制约，不同时代的军事力量，现代化水平的衡量标准也不一样。不同国家的军事力量，现代化发展是不平衡的。古往今来，不断提高现代化水平，是军事力量建设发展的基本规律。作为军队战斗力的重要物质基础，武器装备直接反映军队现代化建设水平，世界各国都把武器装备现代化建设放在军事力量现代化的重要地位。

军事力量现代化是与时俱进的发展过程。信息化条件下，军事力量的现代化建设，要以信息化为主导，以机械化为基础，信息化带动机械化。不断提高国防科技和武器装备的信息化水平，培养大批高素质新型军事人才，优化体制编制，加强信息化条件下各项战备工作，完善国防动员体制，加强民兵和预备役部队建设，发展信息化条件下军队建设与军事斗争准备的先进理论，创新打赢未来战争的战略战术；建立良好的战备、训练、工作和生活秩序，贯彻执行各种条令条例；按照正规的体制编制把诸军兵种科学地组合成一个有机的整体，通过正规的教育训练提高部队的战术技术水平和联合作战能力。

军事力量现代化是革命化和正规化建设的集中体现。现代化是打赢现代战争的客观要求，是解决好军队建设的主要矛盾、推动军队建设由低级阶段向高级阶段发展的重要途径。革命化是确保我军性质和建军方向的基石，必须始终把革命化建设放在第一位。正规化是现代化的重要基础和保证，对现代化起着直接的推动作用。军队的武器装备越先进，越要加强正规化。建设一支强大的现代化、正规化的革命军队，是人民军队建设发展的方向和总目标。军队革命化、现代化、正规化建设是统一的整体，必须全面加强、协调推进。军事力量建设的现代化程度越高，越需要建立完善的军事法规制度，越需要坚持正规的教育训练，实行科学的管理。革命化、现代化、正规化整体推进，才能全面提高军队的作战能力。

## 五、各种力量协调发展

军事力量是一个层次清晰、功能明确的大系统，不同层次、不同领域的力量要素互相联系、互相影响，共同生成作战能力。各种力量协调发展，才能有效提高整体作战能力。

军事力量各种结构要素协调发展。军事系统是结构与功能的统一体，科学合理的结构能够提高作战能力。军事力量建设发展必须统筹机械化和信息化，实现地面力量、海上力量、空中力量、空间力量、网络力量和电磁力量的协调发展。在军兵种力量建设方面，优化军兵种结构、官兵结构、作战部队与非作战部队的结构，实现新型军兵种与传统军兵种的协调发展。在武器装备发展方面，注重高、中、低技术合理搭配，以信息化带动机械化，以机械化促进信息化，实现机械化与信息化的协调发展。在保障力量建设方面，积极构建军民融合的保障体系，实现多种保障路径的协调发展。在作战力量建设方面，优化一体化联合作战体系，把作战部队与信息支援保障系统、指挥自动化系统、联合作战指挥体制作为一个建设整体，实现战场感知能力、信息传递能力、快速机动能力、精确打击能力的协调发展。

军事力量发展的近期目标与长远目标有机统一。军事力量建设发展的近期目标与长远规划是相互包容、相互促进的两个方面。长远目标是军事力量建设发展的根本，对近期目标具有牵引和导向作用，确定长远发展目标要从国防和军队建设的实际出发，兼顾近期目标。不切实际地追求长远发展，不但难以实现预期要求，还会降低军事力量建设发展的质量和效益。近期目标是实现长远目标的过程，为实现长远规划奠定基础。近期目标要融入长远发展规划之中，在努力完成近期目标的基础上，着眼军事力量建设的长远发展。

完成应急任务能力与打赢未来战争能力协调发展。军事力量建设发展是以任务为牵引、由若干发展阶段组成的动态过程。阶段性应急任务对军事力量建设发展具有重要牵引作用。提高打赢未来战争的能力是军事力量建设发展的根本要求。在军事力量建设发展中，要把阶段性任务融入打赢未来战争的能力之中，打赢未来战争的能力为完成阶段性任务提供必要的条件。提高完成阶段性任务的能力与打赢未来战争的能力有机结合，在战略资源配置上，防止应急性投入过大，造成提高打赢未来战争能力的后劲不足。军事力量建设发展要正确处理应急建设与长远建设的关系，实现局部跃升与全面发展的有机统一，提高应急作战能力与提高打赢未来战争的战略能力有机统一。

# 第二节　军事力量建设的发展趋势

20世纪80年代以来，随着以信息技术为核心的一大批高新技术的迅猛发展和广泛应用，人类社会逐步进入信息时代，引发了军事领域的革命性变化。信息化条件下军事力量的建设发展，主要是加快转变战斗力生成模式，增强基于网络信息体系的联合作战能力，提高整体信息化水平。我军要主动适应信息化条件下的新情况、新任务、新要求，积极探索和贯彻既具有普遍性和规律性，又具有中国特色的指导原则，更好地指导军事力量的建设和发展。

## 一、信息主导

信息技术是一切有关信息产生、变换、存储、显示、控制和利用的综合技术。信息技术像历史上的蒸汽机、电气化一样，使世界经济获得了前所未有的繁荣。信息技术在军事领域的应用，使战争样式和军队建设发生重大变革。世界新军事革命的核心是信息化，实质是军队建设模式的根本转型和战争形态的根本转变，因此军事力量建设发展必须坚持信息主导。

信息技术主导武器装备更新。科学技术的发展及其在军事领域的应用，对军事力量的建设与发展具有巨大的推动作用。信息化条件下，信息能力在战斗力生成中起主导作用，军事力量建设发展要大力提高信息技术含量，军队战斗力生成模式要切实转变到依靠科技进步特别是以信息技术为主要标志的高新技术进步上，扎实提高基于网络信息体系的联合作战能力。武器装备信息化，使火力打击更加精确。伊拉克战争中，具有智能化特征的各类精确制导武器，已经成为战场火力打击的主体。信息技术通过武器装备的更新和指挥系统的完善，使部队编成更加精干，组织结构更加优化。

信息融合主导作战体系建设。信息化战争中起关键作用的信息流，广泛影响到陆、海、空、天、网、电等多维空间，制天权、制网权、制电磁权的作用越来越重要。作战能量的释放是整个作战体系的联动，两军对抗成为体系与体系之间的对抗。作战空间多维化，活动领域更为广阔；作战形式多样化，体系对抗更加激烈；指挥控制实时化，信息传输更加顺畅。综观近期几场局部战争，美军依托 $C^4KISR$（指挥、控制、通信、计算机、杀伤、情报、监视、侦察）系统，构成绵密的侦察、预警和指挥网，实现了各级作战指挥的互联、实时和同步。

信息知识主导官兵军事素质提高。信息化条件下，军队作战需要的知识和技术高度密集，科技素质特别是信息素质在战斗力生成中的作用更加突出，敌我双方的较量更加突出地表现为高素质军事人才的较量。官兵掌握和运用科学技术主要体现在科技能力、科技意识、科技观念、科技氛围等方面。适应新军事变革和信息化建设趋势，大力提高官兵的科技素质，培养大批高素质新型军事人才，是军事力量建设发展的基础工程。

## 二、需求牵引

对军事力量的需求随着社会历史条件的变化而不断发展，不同历史时期，国家对军事力量的需求也不相同。当前，适应维护国家主权、安全和领土完整的新要求，军事力量建设发展要密切关注安全形势、国家利益和战略任务的变化，切实提高维护国家安全和发展的整体能力。

我军新的历史使命牵引军事力量建设发展。军队的历史使命是军队在一定的历史时期发挥其职能所必须完成的历史任务，具有强烈的政治性和鲜明的时代性。我军履行新的历史使命，与革命战争年代为实现民族解放与国家独立而战斗的使命有很大不同，对军事力量建设发展提出了新要求。军队要为维护党的领导和中国特色社会主义制度提供重要的力量保证，为维护国家主权、安全、发展利益提供坚强的安全保障，为维护国家发展的重要战略机遇期提供有力的战略支撑，为维护地区与世界和平发展发挥重要作用，为全面建成小康社会、实现中华民族伟大复兴提供坚强保障。这是我军职能的新概括、使命任务的新拓展、国防建设的新要求。军事力量建设发展要以使命任务为牵引。军队要确保履行好使命任务，必须不断增强以打赢信息化战争为核心的军事能力，这是我军的根本职能所系，也是完成多样化军事任务的能力基础；着眼全面履行我军新的历史使命，要大力提高基于网络信息体系的联合作战能力，确保打赢信息化战争，有效应对国家被侵略、被分裂、被颠覆的威胁，维护国家主权、安全和领土完整。

全面提高打赢信息化战争的能力牵引军事力量建设发展。现代战争在陆、海、空、天、网、电等多维领域进行，是各种力量联合实施的一体化联合作战。军事力量建设发展要适应打赢信息化战争的需求，搞好作战体系建设，实现体系配套、环节衔接。以信息技术为核心链接广泛分布的作战力量，将侦察探测系统、通信联络系统、指挥控制系统和武器装备系统组成一个各军兵种兼容、横向一体的信息网络体系；打破指挥自动化系统按军兵种或专业自成体系的结构模式，通过标准化信息接口设备，在所有信息化作战装备之间建立标准化的信息交互通道；天基系统在军事系统中处于统领地位，必须集中资源切实建设好。各种力量要能够围绕统一的作战目标，从时间、效果、空间出发，实施整体联动作战。

应对多种安全威胁完成多样化军事任务牵引军事力量建设发展。新时代，我国既面临传统安全威胁，又面临非传统安全威胁，要求军队不断提高应对多种安全威胁完成多样化军事任务的能力。当前，我国面临的多种安全威胁可能是来自陆地、海上、空中、网络、电磁空间的军事威胁，也可能是来自恐怖主义、自然灾害、公共安全事件等引发的安全问题。军队要以应对传统安全威胁为核心，不断提高打赢信息化战争的能力。坚决维护国家统一、领土主权和海洋权益。同时，也要高度关注非传统安全威胁，不断提高遂行反恐维稳、抢险救灾、维护权益、安保警戒、国际维和、国际救援等非战争军事行动能力。

### 三、综合集成

综合集成也称系统集成，源于信息技术的产生和系统科学的发展，已成为处理复杂系统的一种新的科学方法，广泛运用于社会、经济、科技和军事领域。综合集成是信息系统、组织系统、人才资源、军事理论等系统资源的优化，是构建一体化联合作战体系的基本手段。通过整合信息系统、组织系统、人才资源和军事力量建设发展理念等系统资源，构建一体化的军事体系和运行机制，实现聚能和增效。综合集成是信息时代军事力量建设发展必须遵循的科学思想和指导原则。

综合集成是建设信息化军队的重要方法。综合集成是马克思主义世界观、方法论在军队信息化建设中的具体运用。综合集成不仅是现代科学思想在军事领域中的运用，更重要的是科学的世界观、方法论的体现。它告诉我们，要从社会大系统的高度把握军队信息化建设，从军队大系统的高度筹划各个子系统建设，牢固确立大系统观念。综合集成是系统科学在军队信息化建设中的创造性发展。信息技术的迅猛发展，为军队建设提供了新的物质基础。军队建设作为一个大系统，陆军、海军、空军、火箭军和战略支援部队的各种作战平台，能否组合成为高效运转的体系，各系统组合的功能是否齐全，关键是如何运用信息技术进行整合。综合集成符合信息化军队建设的本质要求。建设信息化军队是我们的一项战略任务和历史性课题，从武器装备综合配套，到建设陆、海、空、天、网、电一体化的作战体系，都要牢固确立大系统观念，科学进行多系统整合，实现作战行动的信息化、精确化。综合集成思想抓住了军队信息化建设的核心和要害，为加快我军信息化建设提供了科学的思想方法和理论指导。综合集成是科技发展与作战需求的有机结合，要打赢信息化战争，就要深入探索科技生成战斗力的新途径。运用信息技术把探测预警能力、野战适应能力、辅助决策能力与武器系统形成体系，实现武器装备建设信息化、智能化、一体化。

综合集成的核心是信息系统集成。综合集成建设的本质是运用信息技术对各种作战力量和作战要素进行融合，构成相互关联、相互支撑的一体化的作战体系。综合集成源于系统科学和信息技术，至今已发展成为处理复杂军事系统的一种新的科学方法，被广泛应用于社会、经济、科技和军事等领域。信息技术的发展能够将各种复杂的作战要素、作战单元联结成一个紧密结合、协调运行的建设体系和作战体系。信息时代，信息流支撑物质流、能量流，使军事力量建设发展的综合集成有了技术支撑。信息化战争是体系和体系的对抗，运用综合集成的方法构建一体化军事体系，已经成为军事力量建设发展的基本途径。

综合集成的目标是提高基于网络信息体系的联合作战能力。综合集成的对象是种类不同的相对独立的系统，综合集成的结果是出现一个复杂的巨系统，是比系统集成更高层次的集成。综合集成要求大力提高基于网络信息体系的联合作战能力，既要重视作战平台的性能和质量，更要重视各种作战平台和各种作战要素的一体化，切实把建设发展的重心放到系统建设上。要运用综合集成的方法，大力提高战场感知能力、指挥控制能力、战略投送能力、信息对抗能力、联合作战能力、综合保障能力和战略管理能力。

## 四、重点建设

推进重点部队、重大项目、重大工程建设，是抓主要矛盾思想在军事力量建设发展中的体现。军事力量建设发展既要按照统一的规划思路、标准规范和技术体制进行整体建设，又要突出重点，区分层次，坚持有所为有所不为，推进重点部队、关键领域优先发展。

明确发展重点，高效提升军事能力。军队建设要全面推进，但各军兵种、各类部队发展不可能齐头并进，先发展什么，后发展什么，怎么发展，要总体设计，统一规划，突出重点。新形势下军队建设发展要突出几个战略重点：

一是重要装备发展。重点发展海军、空军和火箭军、战略支援部队的装备，重点发展应急机动作战部队的装备，重点发展综合电子战系统和指挥自动化系统。通过引进吸收、挖潜改造、补缺配套、完善提高，逐步形成战略核武器与常规武器相结合，主战装备与保障装备系统配套，先进武器与一般武器相结合，高、中、低技术合理搭配的武器装备体系。二是重要方向战场建设。重大国防设施和战场建设纳入国家基础设施建设体系。国家大型民用基础设施建设要兼顾国防建设的需要，铁路、公路、港口、机场、通信等重大工程建设，充分考虑战时部队机动、武器装备调运、军事通信，以及国防动员和人民防空的需要。三是重点部队建设。重点加强海军、空军和火箭军、战略支援部队建设，适当加大重点部队的比重；应急机动作战部队、战略预备队、战备值班部队、任务部队要保证齐装、满员、全训，随时能够执行任务，切实提高信息化条件下的应急作战和海空作战能力，增强火箭军核反击能力和常规导弹的反击能力。四是人才队伍建设。信息化战争，知识成为战斗力的主导因素，敌我双方的较量更突出地表现为高素质人才的较量，军队现代化建设越发展，对高素质新型军事人才需求越大。要采取超常措施，加快培养联合作战指挥人才、信息化建设管理人才、信息技术专业人才、新装备操作和维护人才；大力培养高素质军事科研人才特别是战略型科研人才，高度关注顶尖人才和领军人才的培养。

加快发展具有战略性影响的新型军事力量。具有战略性影响的新型军事力量代表军事技术和作战方式的发展趋势，是衡量军事力量建设发展水平的重要标志。适应形势任务发展，把有限的经费集中投放到对军队现代化建设全局具有重大影响的战略性基础工程上，加快发展新型作战力量。在国防科技发展领域，重点发展那些一旦突破就能对提高我军作战能力产生重大作用的武器装备和关键技术，形成独具特色的战略优势。

实现重点建设与体系建设的有机结合。实现军队建设科学发展，既要把装备、经费、人才等资源向重点部队倾斜，又要统筹协调，处理好重点部队与其他部队发展的关系。重点部队是军事力量建设发展的先行者和探索者。加大对重点部队经费投入和政策倾斜的力度，集中资源把重点部队建设好，使其现代化水平有较快提高，为其他部队的建设提供成功经验。军事力量建设发展要以重点建设带动体系建设的发展，以重点部队建设带动全军总体建设。

## 五、科学统筹

军事力量建设发展是一个复杂的大系统，各系统要高度协调，统筹发展，确保有效提高综合能力。

科学统筹国防建设与经济建设。把经济建设搞上去和建设强大的国防，是我国现代化建设的两大战略任务，必须站在国家安全和发展战略全局的高度，统筹经济建设和国防建设，在全面建设小康社会进程中实现富国和强军的统一。必须坚持以经济建设为中心，国防建设必须服从国家经济建设的大局。保持经济的持续发展，不断增强国家的经济实力，是解决包括国防现代化在内的所有问题的基础，也是提高国际竞争力，维护国家主权、安全和核心利益的关键所在。军事力量建设发展要紧密配合国家经济建设这个大局。必须在集中力量进行经济建设的同时，努力加强国防和军队建设，使军事力量在国家财力增加的基础上不断有所发展。如果不能随着经济的发展而努力加强国防和军队建设，不断提高军事力量，一旦发生战争，就可能陷于被动，就难以有效地维护国家主权、安全和核心利益。因此，必须形成国防建设和经济建设相互促进、统筹发展的机制。始终坚持以经济建设为中心，经济建设与国防建设两头兼顾、协调发展的方针。

科学统筹军事斗争准备和军队建设。坚持军事斗争准备与军队建设统筹发展，是军事力量建设发展的根本要求。军事斗争准备既是检验军队建设的过程，更是培育和提升军事能力的过程。军事斗争任务为我军现代化建设提供了实实在在的抓手，形成了巨大的牵引力量。军事斗争准备是目标指向明确的军队现代化建设，军队现代化建设为军事斗争准备提供力量基础和潜在发展。军事斗争准备要科学统筹主要战略方向建设与其他战略方向建设。军事斗争准备为我军现代化建设提供了紧迫的作战需求，提供了明确具体的要求，也提供了实实在在的抓手。军事力量建设发展要处理好军事斗争准备与军事力量建设发展的关系，实现做好军事斗争准备与有计划按步骤进行军队现代化建设的有机统一。

科学统筹机械化与信息化建设。信息时代，军事力量建设发展关键是提高信息化水平。我军机械化建设的任务尚未完成，又要努力向信息化过渡。改革开放以来，国家大力推进国民经济和社会的信息化，为军队信息化建设提供了有利条件。我军如果按部就班地在完成机械化建设后再进行信息化建设，就会坐失良机，无法赶上发达国家军队建设的步伐；如果放弃机械化建设，把建设重点全面转向信息化，也不符合我们的国情和军情。因此，要以信息化带动机械化，以机械化促进信息化，实现机械化与信息化的复合发展。

# 第三节　军事力量建设的战略指导

贯彻新时代军事战略方针，必须紧紧围绕实现中国共产党在新时代的强军目标，以国家核心安全需求为导向，着眼建设信息化军队、打赢信息化战争，全面深化国防和军队改革，努力构建中国特色现代军事力量体系，不断提高军队应对多种安全威胁、完成多样化军事任务的能力。

## 一、构建新型军事力量体系

新型军事力量代表军事技术和作战方式的发展趋势，是对传统军事力量的创新发展，是具有鲜明的战略性、前瞻性、拓展性的军事力量，也是衡量国防和军队建设信息化水平的一个重要标志。现代战争是由庞大的人流、物流、信息流和能量流构成的开放系统，交战双方是作战体系之间的对抗，而不是单个或数个作战力量单元之间的对抗。新型军事力量建设已经从单一力量、局部力量向体系化力量发展。军事斗争是军事力量体系之间的竞争与抗衡。一个国家的军事力量体系如果科技不前瞻，结构不合理，功能不齐全，即使拥有几件先进武器，也形不成强大的作战能力。适应世界新军事革命加快发展的趋势，加快构建中国特色现代军事力量体系，是军事力量建设与发展的战略举措和当务之急。

### （一）加快发展新型军事力量

建设发展新型军事力量，关乎国家安全战略全局，影响军队建设的未来，决定军事力量体系的科技含量与军力指数。构建新型军事力量体系，必须以新型作战力量为主体，有前瞻的、战略性的、系统的新型军事力量作支撑。建设发展新型军事力量体系，涉及领域广泛，创新内容复杂，必须适应国家安全和发展利益需求，以科技进步为基础，以信息化为核心，坚持前瞻筹划，自主创新，科学发展。

突出各类新型军事力量的建设发展。把新型领域军事力量的建设发展作为构建军事力量体系的基础工程，抓住机遇，加快发展战略预警、军事航天、防空反导、信息攻防、战略投送、远海防卫等新型力量；坚持以诸军兵种高技术应急机动作战力量为主体，着力提高信息技术含量。新型领域的军事力量建设发展加快了，军队战斗力会有质的飞跃，我军的整体面貌必然会发生深刻变化。这对于有效构建新型军事力量体系，具有奠实基础与前瞻突破的重要作用。

健全新型军事力量的体系功能。高度重视各类新型军事力量之间的结构协调，功能优化。信息化战争，军事力量效能的发挥更加依赖于信息技术的应用能力，科技含量不高，功能不健全，就难以提升军事力量体系的整体效能。新型军事力量建设的初始阶段，就要科学筹划，把健全新型军事力量的体系功能作为军事力量建设发展的关键环节，把各类新型军事力量的结构布局作为构建新型军事力量体系的一个重点，从军事力量体系的基本要素着眼，既要突出重点，又要加强薄弱环节。紧紧围绕提高信息能力、打击能力、防护能力、保障能力，改进军兵种结构、官兵结构、作战部队与非作战部队的结构，提高科技含量，优化整体功能。积极探索军事力量结构优化的组织方法，使理论创新、建设实践与各级领率机关的需求协调一致。

建立新型部队的实验基地。新型部队形成战斗力，离不开实验和试验环节。为提高构建新型军事力量体系的效率，减少体系结构调整的风险，新型军兵种、新装备、新体系在全面推广之前，应由专门的部队进行综合论证和试验，通过试验进一步完善体系结构。目前，我军缺少作战理论和作战部队的综合性实验和试验基地。要针对数字化部队、信息作战部队、网络作战部队、特种作战部队、跨军种建设的部队等新型部队建设的需要，联合组建综合型实验和试验基地，为建设构建新型军事力量体系需求的新型部队提供演练环境。

### （二）强化军事力量要素的一体整合

构建新型军事力量体系，既要以战略预警力量、军事航天力量、信息攻防力量等新型军事力量要素为基础，更要注重新型军事力量各要素之间的一体整合。运用先进的科学技术和系统工程的方法，把陆、海、空、天、网、电等领域产生战斗力的各个子系统、分系统整合成一个有机的军事力量整体，使其产生"1+1>2"的整体效应。以往，由于受军事技术限制，军事力量各要素相对独立，不同战场空间的力量独立作战，相互影响不大。随着现代信息技术的快速发展及其在军事领域的运用，可以把各种复杂的军事要素、作战单元联结成一个紧密结合、协调运行的力量体系，把各个领域内的作战力量有机地联结成为一个整体。海湾战争，美军凭借先进的作战体系，把 30 多个国家的作战力量组合成一个整体，作战效能显著提高。

实现联合作战体系的力量融合。构建新型军事力量体系，要统筹侦察预警、指挥控制、武器装备、作战力量、综合保障建设，抓好各种作战力量、作战单元、作战要素的融合集成，加快构建我军信息化条件下的联合作战体系。强化整体作战观念，牢固树立军事力量体系的理念；坚决避免自行建设，重复开发，标准不统一，数据难共享等削弱军事力量体系功能的弊端。增强作战体系的实效性、适用性，大力提高信息系统对联合作战体系的支撑能力，加快基于网络信息体系的联合作战能力建设。适应国家利益拓展和打赢未来战争的需要，尽快建立起网络信息体系，加强体系作战能力建设。努力发展一个结构合理、功能齐全、反应迅速，能够充分发挥诸军兵种联合作战效能和国家战争潜力的军事力量体系。坚持攻防配合、软硬结合，科学统筹信息作战力量的协调发展。大力提高诸军种各成分、各要素、各单元、各系统的信息技术含量，全力推进基于网络信息体系的联合作战能力。

推进军事力量结构一体化。新型军事力量是对传统军事力量的创新发展，构建新型军事力量体系要依托传统军事力量的基础。适应打赢信息化战争需要，广泛吸纳先进科技成果，大力推进军事力量结构一体化。一是软硬攻击能力一体化。武器装备信息化要有新突破，缩小与发达国家军队信息化水平的差距，提高信息打击能力，形成局部信息优势，实现软硬攻击一体化。二是作战平台一体化。加强军兵种的作战平台、情报侦察系统、武器装备系统、后勤保障系统的有机结合，加快信息化、隐身化、高机动化的作战平台建设。全面提升作战能力。三是指挥系统一体化。加快指挥系统一体化进程。加强网络一体化建设，实现信息资源共享，提高互操作、高机动、高生存能力，适应局部战争和非战争军事行动的需要。四是空天攻防能力一体化。加快空天攻防一体化进程，加快发展以航天系统为核心的战略性全球侦察装备体系，增强攻防能力。

### （三）发挥中国特色军事力量优势

大力推进组织形态的改革创新。新型军事力量的建设发展，必须有相应的组织形态作依托。新型军事力量生成新质战斗力，要有相应的组织形态作支撑。军队组织形态是生成军事能力的关键环节，随着社会进步和科技创新而不断发展。任何一次军事力量体系的变革，最终是以建立全新的军事组织形态为基本标志的。当今时代，世界新军事革命加速发展，对军队组织形态产生了极为深刻的影响。军队建设由机械化向信息化转型，与军队组织形态变革密切相关。新型组织形态生成超强战斗力。信息化军队与机械化军队相比，规模明显缩小，作战能力显著提高，其根本原因是凭借组织形态的保障，单位时间里能使用的作战力量有了显著提高。加快构建新型军事力量体系，要把军队组织形态的改革创新作为强军的重头戏，奋发有为地推进组织形态现代化，加快构建中国特色现代军事力量体系。这也是逐步缩小与国际先进军事技术水平的差距，实现强军目标的必由之路。

适应新型军事力量需求提高官兵素质。构建新型军事力量体系，要从我国和我军的实际出发，全面分析各种因素，正确处理好继承与发展、平时与战时、局部与全局、当前与长远、深化改革与保持稳定的关系。借鉴外军经验，保持我军的特色和优势。以推进中国特色军事变革、提高信息化条件下作战能力为根本着眼点，大力提高官兵素质，充实高技术军种、信息化兵种和科技干部队伍，精简一般干部；充实作战部队，精简机关和服务保障单位的干部，改进干部培训模式；完善选拔、培训、晋升干部的政策制度，大力提高干部队伍的整体素质。

加强军事力量体系的政策法规建设。构建新型军事力量体系，与国际形势、周边环境、经济发展、科技水平密切相关，与武器装备的现代化程度和官兵的素质能力密切相关，是一个内外关联、涉及多方的系统工程，需有相应的政策法规作保障；缺乏相应的政策法规，即使建立了科学的军事力量结构模型，也难以落实。加强政策法规建设，是构建新型军事力量体系不可或缺的基础工程。

## 二、军事力量建设发展的战略指导

### (一)陆军建设发展战略

陆军按照机动作战、立体攻防的战略要求，实现区域防卫型向全域机动型转变，加快小型化、多能化、模块化发展步伐，适应不同地区不同任务需要，组织作战力量分类建设，构建适应联合作战要求的作战力量体系，提高精确作战、立体作战、全域作战、多能作战、持续作战能力。

### (二)海军建设发展战略

海军按照近海防御、远海护卫的战略要求，逐步实现近海防御型向近海防御与远海护卫型结合转变，构建合成、多能、高效的海上作战力量体系，提高战略威慑与反击、海上机动作战、海上联合作战、综合防御作战和综合保障能力。

### （三）空军建设发展战略

空军按照空天一体、攻防兼备的战略要求，实现国土防空型向攻防兼备型转变，构建适应信息化作战需要的空天防御力量体系，提高战略预警、空中打击、防空反导、信息对抗、空降作战、战略投送和综合保障能力。

### （四）火箭军建设发展战略

火箭军是我国战略威慑的核心力量，是我国大国地位的战略支撑，是维护国家安全的重要基石。火箭军按照核常兼备、全域慑战的战略要求，加快推进信息化转型，依靠科技进步推动武器装备自主创新，增强可信可靠的核威慑和核反击能力，加强中远程精确打击力量建设，增强战略制衡能力，完善核常兼备的力量体系。

### （五）战略支援部队建设发展战略

战略支援部队是维护国家安全的新型作战力量，是我军新质作战能力的重要增长点。战略支援部队要坚持体系融合、军民融合，努力在关键领域实现跨越发展，高标准高起点推进新型作战力量加速发展、一体发展。

### （六）武警部队建设发展战略

武警部队按照多能一体、有效维稳的战略要求，发展执勤安保、处突维稳、反恐突击、抢险救援、应急保障、空中支援力量，完善以执勤处突和反恐维稳为主体的力量体系，提高以信息化条件下执勤处突能力为核心的多样化任务能力。

### （七）重视海上军事力量

海洋关系国家长治久安和可持续发展。必须突破重陆轻海的传统思维，高度重视经略海洋、维护海权。建设与国家安全和发展利益相适应的现代海上军事力量体系，维护国家主权和海洋权益，维护战略通道和海外利益安全，参与海洋国际合作，为建设海洋强国提供战略支撑。

### （八）打好太空战

太空是国际战略竞争制高点。有关国家发展太空力量和手段，太空武器化初显端倪。中国一贯主张和平利用太空，反对太空武器化和太空军备竞赛，积极参与国际太空合作。密切跟踪掌握太空态势，应对太空安全威胁与挑战，保卫太空资产安全，服务国家经济建设和社会发展，维护太空安全。

### （九）网络空间不容忽视

网络空间是经济社会发展新支柱和国家安全新领域。网络空间的国际战略竞争日趋激烈，不少国家都在发展网络空间军事力量。中国是黑客攻击最大的受害国之一，网络基础设施安全面临严峻威胁，网络空间对军事安全影响逐步上升。加快网络空间力量建设，提高网络空间态势感知、网络防御、支援国家网络空间斗争和参与国际合作的能力，遏控网络空间重大危机，保障国家网络与信息安全，维护国家安全和社会稳定。

### （十）建设完善核力量

核力量是维护国家主权和安全的战略基石。中国始终遵守不首先使用核武器的庄严承诺，坚持自卫防御的核战略，无条件不对无核武器国家和无核武器区使用或威胁使用核武器，不与任何国家进行核军备竞赛，核力量始终维持在维护国家安全需要的最低水平。建设完善核力量体系，提高战略预警、指挥控制、导弹突防、快速反应和生存防护能力，慑止他国对中国使用或威胁使用核武器。

## 三、军事力量建设举措

### （一）加强思想政治建设

始终把思想政治建设摆在军队各项建设首位，加强和改进新时代军队政治工作，弘扬和践行社会主义核心价值观，持续培育当代革命军人核心价值观，弘扬光荣传统和优良作风，坚持党对军队绝对领导的一系列根本原则和制度，增强各级党组织创造力、凝聚力、战斗力，大力培养有灵魂、有本事、有血性、有品德的新一代革命军人，确保部队在任何时候任何情况下都坚决听从党中央、中央军委指挥，永葆人民军队的性质和宗旨。

### （二）推进现代后勤建设

深化后勤政策制度和后勤保障力量改革，优化战略后勤布势，创新保障模式，发展新型保障手段，充实战备物资储备，集成建设后勤信息系统，完善法规标准体系，精心组织供应保障，建设保障打赢现代战争的后勤、服务部队现代化建设的后勤和向信息化转型的后勤。

### （三）发展先进武器装备

坚持信息主导、体系建设；坚持自主创新、持续发展；坚持统筹兼顾、突出重点，加快武器装备更新换代，构建适应信息化战争和履行使命要求的武器装备体系。

### （四）抓好新型军事人才培养

大力实施人才战略工程，完善军事人力资源制度，深化军队院校改革，健全军队院校教育、部队训练实践、军事职业教育三位一体的新型军事人才培养体系，吸引更多优秀人才，培养和造就适应信息化战争需要的人才群体。

### （五）深入推进依法治军从严治军

着眼全面加强军队革命化现代化正规化建设，创新发展依法治军理论和实践，构建完善的中国特色军事法治体系，提高国防和军队建设法治化水平。

### （六）推动军事理论创新

坚持以党的创新理论为指导，加强作战问题研究，深入探索现代战争制胜机理，创新机动灵活的战略战术，发展新时代军队建设理论，形成与打赢未来战争相适应的先进军事理论体系。

### （七）强化战略管理

优化军委总部领导机关职能配置和机构设置，完善各军兵种领导管理体制，坚持需求牵引规划、规划主导资源配置。强化规划编制统筹协调，健全规划编制体系，构建规划管理工作机制。加强战略资源统筹监管，强化重大项目过程监管和风险控制。健全完善战略评估机制，建立健全评估体系和配套标准规范。

## 思 考 题

1. 军事力量建设的一般规律有哪些？
2. 简述军事力量的发展趋势。
3. 新形势下如何开展军事力量建设的战略指导？

# 第六章　军事危机

　　军事危机是国际间因某种利益和矛盾冲突而导致的一种特殊的社会现象。近年来，随着国际安全形势的变化，军事危机的诱因日趋复杂，危机管理与危机处置问题凸显。环顾全球便不难发现，在"9·11"事件之后，全球性的恐怖袭击事件在增多，一些地区的局势日益恶化，许多意想不到的军事危机时常会不期而至，应对军事危机已经成为包括我国在内的国际社会重点关注的现实问题。

　　军事危机是战争与和平的十字路口，如果不能有效预防和处置，就可能失控进而升级为战争，从而对我国和平发展进程产生重大影响和干扰，甚至使来之不易的改革开放成果付诸东流。因此，应深入研究探索军事危机的产生原因、特点规律，积极预防危机，努力控制危机，妥善处置危机，将军事危机带来的影响和冲击限定在可控范围之内，为国家建设和发展创造和平稳定的战略环境。

## 第一节　军事危机概述

　　冷战结束后，国际军事危机频繁发生，诱因复杂多样，突出表现为地缘政治与经济利益争夺加剧、民族宗教矛盾激化、国家统一和领土纠纷层出不穷。研究当代军事危机的内涵，探索军事危机发生、发展和转化的特点和规律，总结危机预防和处置的经验，提高我国预防和处置军事危机的能力，对于制止战争、维护世界和平具有重要的现实意义。

### 一、军事危机的基本含义

　　军事危机是一种特殊的社会状态、特殊的斗争形式，并随其所处社会发展阶段以及危机当事国的不同，表现出其特殊的内涵和特点。

#### (一)军事危机的概念

　　"危机"一词来源于古希腊，意思为"转折点"，是指病人的病情处于关键时刻，要么逐渐康复，要么进一步恶化。《现代汉语词典》将其界定为：危险的根由；严重困难的关头。由此可见，危机一般是指事物本身或与外部关系处于潜在恶性质变的一种状态。而军事危机是国际关系中的一种特殊现象和斗争形式。我国 2011 年版《军语》对军事危机的定义是：国家、国家行为体或政治集团之间可能导致武装冲突或战争的危险状态。美国学者布雷彻和威尔肯非尔德则认为，军事危机是"一种因国内外环境变化而引起的形势，这种形势在该国的决策者们看来是对基本价值的一种威胁，而决策者对此做出反应的时间有限，并有可能使国家卷入军事对抗"。一般认为，军事危机由三个因素构成：一是危机相关方的重大战略利益受到威胁；二是事态发展不确定性大，决策、反应和沟通时间紧迫；三是存在危机失控升级为战争的较大风险。因此，军事危机与军事冲突紧密相关，往往是由军事冲突发展而来，或具有其他更为复杂的国际政治、外交、经济、军事原因。

## （二）军事危机控制

军事危机控制，是指国家或政治集团为了维护其利益，针对可能发生或已经爆发的军事危机，综合运用各种手段，引导军事危机向着有利于己方利益的方向发展而实施的一系列直接与间接的处理措施，包括在政治、外交和经济手段配合下的军事手段综合运用，以及危机监测、危机预控、危机决策和危机处置等一系列活动。

随着全球军事危机的频繁爆发，军事危机的控制也越来越引起世界各国的重视。可以说，"今后战略可能不复存在，取而代之的将是危机管理"；而且，国际安全领域的危机已经对现在的"国际体系、国际权力分配，以及区域安全构成了潜在的巨大破坏力"，这也是为什么美国近年来要把危机管理作为其国家安全决策核心内容的一个重要原因。

## （三）军事危机处置

军事危机处置，实际上是从危机管理角度来看待军事危机控制。因为从广泛意义上看，危机管理包括对各种类型危机的事前、事中、事后所有方面的管理，以及预防、处置两大基本职能。军事危机处置基本属于危机管理中对一些与军事危机事件相关的事中、事后方面管理内容的处理职能范畴。通常是在危机预测与预警的基础上，根据所制定的危机处理计划进行适时的危机决策与处置，以达成危机管理的成效。

当今世界，潜在的军事危机广泛存在，军事危机控制的重要性日渐突出。

近些年与中国有关的危机事件比如：1993 年的"银河号事件"、1996 年的"台海危机"、1999 年的"炸馆事件"、2001 年的"撞机事件"、2008 年的"汶川救灾"等，以往的一些经验教训警示我们：必须认真研究军事危机及其控制理论，建立起一套科学的军事危机应对机制，以便正确地处理和调控事关我国安全及战略利益的军事危机。

很显然，军事危机的控制对国家或政治集团的战略利益至关重要。高超的军事危机控制艺术，能够把握危机控制的主动权，营造有利的安全环境，维护自身的战略利益。

## 二、军事危机的主要类型

从不同角度、不同层次、不同范围可把军事危机划分为不同的类型。

从危机性质上，可划分为传统军事危机和非传统军事危机。传统军事危机是指由领土与海洋争端、资源纠纷、民族宗教矛盾、地缘政治冲突等传统因素造成的可能引发军事对抗的危机。非传统军事危机是指在新形势下由国际恐怖主义活动、海盗袭击、大规模杀伤性武器扩散等非传统安全因素引起的军事危机。

从危机的发生机制上，可划分为偶发性军事危机和蓄意性军事危机。偶发性军事危机，是指双方都没有制造危机的意图，危机由某些难以预料或控制的突发事件、偶然因素而意外引起，这种危机失控的风险往往较小。蓄意性军事危机系有意制造，又可分为战争导向和边缘控制。战争导向的危机指危机制造方为达到某种政治目的而主动埋伏和挑起危机，相关国家或组织在危机发生之前就已经决定发动战争，危机只是借口或屏障。边缘控制指危机发起方有目的地推动对抗走向战争边缘，企图迫使对方退让，而自己并非愿意甚至不愿意危机失控。此类危机失控的风险或不确定性往往较大。

从对抗等级上，可划分为低强度军事危机、中等强度军事危机和高强度军事危机。一般意义上的突发事件通常属于低强度军事危机，也称为准危机，通常不会引起严重军事对抗，对国家关系影响较小；紧张对峙多属于中等强度军事危机，也是常见的军事危机，多表现为有计划、有预谋的军事对抗行为，对国家关系影响较大；武装冲突为高强度危机，也称为准战争，往往伴有一定强度的作战行动，凸显国家意志的博弈，战争风险大，对国家关系冲击大，影响较为深远。

此外，从爆发形式上可区分为突发性军事危机和渐发性军事危机；从参与角色上可区分为世界主要大国之间的军事危机、政治集团内部的军事危机、大国与小国之间的军事危机、传统敌对国家之间的军事危机等。

### 三、军事危机的主要特征

一般危机，具有发生的突然性、进程的紧迫性、发展的不确定性和后果的严重性等基本特征。但军事危机可能对国家的重大利益甚至核心利益构成严重威胁，极易引发国家间的武装冲突或战争，为此，其具有以下显著特征：

#### （一）战争危险性

军事危机并不一定必然地会发展为战争，特别是潜在军事危机，离战争的大门还相当远，但潜在军事危机转变为现实危机之后，双方对抗强度往往成螺旋式上升，大有爆发战争的可能，尤其是当军事危机进入高潮阶段之后，战争可能一触即发。这主要表现为：危机局势中的一方或双方加紧危机触发方向或地区的战争准备与建设，公开或秘密地进行军事外交活动，增强军事部署，直至对对方形成强大的军事压力（包括可以发现的和隐蔽的）。在危机发展过程中，一方或双方将以军事手段相威胁，并明白地向对方宣称其用武意图。对此一方或双方都可能感受到强大的军事压力。当双方的利益矛盾不能得到解决，或当一方要求另一方屈从自己的意志而不能实现时，就可能使用武力。因此，在整个军事危机期间，战争的危险一直存在着。对抗双方如履雷场一般，稍有不慎，就可能踏上地雷引起爆炸。

#### （二）综合对抗性

军事危机绝不仅仅表现于军事抗衡上，而是体现于政治、外交、经济、军事、文化等多个方面。并且，政治、外交斗争情况还往往决定着军事的发展及危机的变化。军事危机发生时，当事国一般在外交上公开指责对方，与其断绝外交关系，包括撤离使馆人员，停止各种往来等，联络有关国家孤立对方、支持己方，表现为当事国外交官员以至至国家元首，频繁地出访有关国家，建立热线通话等。在政治上揭露对方的企图，指出对方的非正义性，策划对方反对政府派对其当局的不满和反叛，煽动对方境内有关民族情绪，挑起动乱，以向对方施加政治影响和压力，同时号召本国人民做好战争准备。在经济上与对方断绝贸易与联系，暂停履行经济合同、协议，停止经济投资，冻结对方的资产，甚至联络国际有关力量对对方实行包括经济封锁在内的经济制裁等。在军事上公开或隐蔽地向危机地区调动兵力，加紧进行战争准备，声称要使用某种新型大威力武器，并炫耀夸大这种武器的作用，以对对方产生威慑作用、迫使其放弃战争企图或使其就范。

危机局势中的双方，谁的综合对抗力强，或谁在某一方面手段运用得高明，谁就可能赢得在危机斗争中的主动权，使危机按其预想的方向或目标发展。

### （三）政策依赖性

军事危机的发展变化与危机政策有着紧密的关系。在某种程度上说，危机就是危机政策的具体体现，有什么样的危机政策就会出现什么样的危机。当对抗双方采取寸步不让、针锋相对，坚决迫使对方完全屈服的政策时，危机就将沿着逐步升级、水涨船高的方向发展，以至最终只能走向战争。当某一方一味采取软弱、退让、妥协的政策时，便容易助长另一方的气焰，任之扩大其胃口，使其得寸进尺，步步紧逼，最终也难免走向战争。而当双方或某一方采取务实、灵活的政策时，就容易化解矛盾，或就危机局势中的某些问题取得较为一致的意见，在不损害根本利益的前提下达成和解协议。这种政策实际上是软硬兼施、原则性与灵活性相统一的政策。而这种政策的施行主要取决于胜负价值观。在个别问题或某些次要利益上做出让步、妥协，往往是解决危机的必要价值观念与政策。而那种非输即赢，以对方的失败作为自己所得的价值观念与政策，则最终往往导致两败俱伤、鱼死网破，"负"是危机政策的失败，"胜"也是危机政策的失误。因此，完全的非赢即输的价值观及其相应的对策，在解决军事危机中一般是不足取的。

### （四）艰难曲折性

军事危机是国家或政治集团间为争夺、保护某种战略利益并经过较长时间酝酿而发生的，它直接关系着国家或民族的生存与发展，一般不是轻而易举就可以化解的，通常要经过艰难的斗争，有时要付出血的代价、遭受巨大损失才可能产生结果。无论是胜者还是负者，在危机发展过程中，都要承担重大风险，承受巨大心理压力，进行反反复复的研究、磋商与协调，在内外、上下、左右做大量工作，特别是要在国际社会与邻国中反复进行游说、策划、求援，有时还不惜向利益攸关的国家或组织付出政治、经济代价。

然而，即便是做了大量工作之后，危机也未必按照己方设想的方向发展；或即使能够按照设想的方向发展、还可能出现反复，甚至可能功亏一篑。当危机出现柳暗花明之时，双方因在某一个具体问题上发生意见分歧，危机还可能陷入山重水复之境。有的军事危机持续数年，甚至几十年，其间或一直僵持不下，或边打边谈，或打打停停，充分体现了其复杂性和曲折性。

一些军事危机之所以有这种曲折性，主要原因在于危机局势中的双方，谁都想取得彻底胜利，不愿放弃既定目标，不愿作出某些让步和妥协；但谁又都不愿或没有能力大打、消灭对方，不能使对方屈服于自己。同时也由于危机不像战争那样日费千金，可以在代价不是太大的情况下拖下去，以待局势发生有利于己的转机。尽管有些危机，在其发展过程中，也掺杂一些冲突与战争，但就总体而言，双方仍处于危机状态，不危及其国家或全民族的生存，因而危机相对大规模战争来说更有可能久拖不决。

# 第二节　军事危机预防

有效预防军事危机，首先必须清楚其产生原因。现代军事危机的产生，是国家与国家、政治集团与政治集团之间利益矛盾影响的结果。当今国际间仍然广泛存在着各种利益冲突，如干涉与反干涉、分裂与反分裂、经济摩擦与贸易纷争、领土主权争端、历史民族恩怨等，它们都可能直接或间接地引发军事危机。

通常情况下，各个国家或政治集团总是力图以经济、政治、外交手段来解决相互间的利益矛盾，然而，当利益矛盾通过以上手段仍得不到有效解决时，一方或双方便会转而倚重使用军事斗争方式来促成利益冲突的解决，由此便形成了军事危机。

实际上，军事危机是一种高发性危机，其发生的频率不仅高于战争，而且许多危机往往还直接演变成现代局部战争。据不完全统计，"二战"以后发生的规模不等、时间长短不一的军事危机高达数百次；冷战后，军事危机的发生频率呈上升趋势，情况越来越复杂；美国"9·11"事件前后，更是军事危机的频发期，而且，海湾危机、车臣危机、科索沃危机、阿富汗危机、伊拉克危机等，都直接演变成了局部战争。

## 一、军事危机产生的原因

通过对现代国际社会上发生的一些代表性军事危机分析，可以发现，形成军事危机的主要动因包括强权扩张、领土争端、利益冲突、民族纠纷、宗教矛盾和突发事件等方面。

**（一）强权扩张**

在 21 世纪的大部分时间里，帝国主义、霸权主义、强权政治肆无忌惮，到处扩张，从而导致了一系列军事危机的发生。"二战"前，帝国主义以及殖民主义国家之间的矛盾十分突出。当时英、法等老牌帝国主义拥有较多的殖民地，而后起的更富有扩张性的日、德、美等国殖民地较少，它们不甘心落后，强烈要求重新瓜分世界，以获得更多的份额，而老牌帝国主义国家不仅不愿放弃已夺取的殖民地，还要夺取更大的地盘，于是，导致了各帝国主义国家之间、殖民地国家与帝国主义国家之间激烈的矛盾冲突，从而引发一系列的军事危机。

"二战"后，美国利用其在大战中捞取的利益以及战后所取得的地位，迅速走向了称霸世界的道路，并与以苏联为代表的一些国家之间发生了日益尖锐的矛盾。美苏双方以雅尔塔会议未曾解决的种种问题为起点，展开了一系列具有霸权争夺性质的冲突与对抗，并导致了战后一系列军事危机的发生。

20 世纪上半叶，是帝国主义进行侵略扩张最野蛮与疯狂的时期，西方列强为了掠夺更多的殖民地，到处制造紧张局势，它们对弱小国家进行讹诈和欺压，直至发动军事入侵，制造了许多军事危机。从 20 世纪 50 年代末开始，随着苏联逐步走上霸权主义道路，以美、苏为首的两大集团的霸权主义者便展开了势力范围的争夺。它们通过向某些国家提供军援与经援，在受援对象领土上建立军事基地，并以同"受保护国"缔结军事合作与同盟关系等形式，到处插手国际事务与地区问题，直接干预某些国家的内政，或发动代理人战争，直至亲自出兵等，导致了冷战时期诸多地区的动荡不安和军事危机的频发。

20 世纪 90 年代以后，随着两极格局的解体，世界步入了后冷战时期，虽然国际社会总体上在朝和平方向发展，但由于强权政治仍然存在，尤其是新干涉主义盛行，以美国为代表的超级大国和少数西方强权国家的扩张势头不减，以致军事危机仍然不断，并酿成了十余场局部战争。

21 世纪初以来，美国继续奉行全球扩张与单边主义，到处制造事端，尤其是"9·11"事件之后，美国借"反恐"之名随意动用军事力量，打击对其战略利益构成威胁的对手，并硬性划定"无赖国家"，以消灭"暴政据点"为由，动辄对一些主权国家进行军事威胁；美国还有意操控有关国家的"颜色革命"，并以种种不检点行为影响台海和东北亚安全形势，破坏地区局势的稳定，酿成了许多现实与潜在的军事危机。

## （二）领土争端

维护领土主权的完整，确定公平、合理的边界，是每个主权国家认定的基本原则。然而由于历史或现实的许多原因，世界上大部分国家都与邻国因部分领土（包括部分海疆）和边界划界不清或没有划界而存在争端。这往往是导致某些地区形势紧张，并引发军事危机的基本动因之一。

20世纪初，在帝国主义侵略扩张的铁蹄下，世界许多地区成了殖民统治者任意蹂躏与践踏之地，它们不顾殖民地国家和人民的主权利益，肆意抢夺、宰割、"租用"其领土，分划其边界，使得殖民地国家之间，以及殖民地国家与帝国主义国家之间，爆发了一系列冲突、危机与战争。

"二战"后，殖民体系虽已瓦解，但由于战前帝国主义殖民统治和许多在大战中悬而未决的问题，许多相邻国家在民族独立与维护其主权利益的过程中，爆发了一次又一次边界危机。如亚洲的印度与巴基斯坦之间，非洲地区的摩洛哥与毛里塔尼亚、阿尔及利亚之间，拉丁美洲的尼加拉瓜与洪都拉斯之间，中东地区的以色列与阿拉伯国家之间等。

冷战结束后，由于西方强权政治的介入和受历史与民族问题的困扰，一些地区形成了新的危机和动荡，甚至爆发战争。如，中东地区的阿拉伯国家同以色列之间的多起危机与战争，巴尔干地区前南联盟国家分裂过程中的几次危机与战争，以及伊拉克先后同伊朗和科威特之间的危机与战争等。

## （三）利益冲突

利益冲突主要表现为对一些事关国家重大经济和战略安全的资源的争夺与控制。由于资源是一个国家生存和发展的物质基础，而自然资源的分布十分不平衡，尤其像石油这样一些重要的战略资源，往往集中分布于一些特殊的地理区域，成为各国战略争夺的重点及国际社会之间利益构成的主要矛盾。一些强权国家为了维持其战略强势，经常将眼光投向那些资源多且开发、维护能力差的地区，并不惜采用一切手段进行资源控制与攫取。这也是中东地区几十年来一直成为"火药桶"的根本原因所在。这不仅导致了该地区1990年秋举世瞩目的海湾危机的爆发，继而又发展成海湾战争，并一直沿袭13年，发展成伊拉克危机和战争。

另外，当同一自然资源分属于不同国家时，有关国家为攫取更多的资源或企图将整个资源据为己有，也会与资源共享国家发生矛盾，从而形成危机。如，目前世界的 214 条国际河流中，就有 154 多条由 3 个以上国家共同使用，有的河流共用的国家达 12 个。在这种情况下，享用同一资源的有关国家之间便会因产生矛盾而爆发军事危机。

### （四）民族纠纷

20 世纪前半叶，西方帝国主义对世界许多民族实行殖民统治，民族矛盾主要反映在统治与反统治斗争上。"二战"以后，许多民族纷纷获得了解放，并按历史的传统、地缘关系，在同一国度内被统一起来，但也有少数的民族分属于不同的国家。这种民族的分离与聚合，是在长期战乱之后得以实现的，在休养生息的和平年代，许多民族间的矛盾和纠纷被暂时掩盖起来，但随着国际形势的发展和民族自治思潮的兴起，一些民族因历史的积怨和战后人为地分离组合所形成的矛盾便会逐渐暴露出来。尤其是冷战结束以后，由于受国际大气候的影响，一些国家的民族矛盾凸显出来，有的民族要求从统一的国家实体中分离出去，有的民族间因现实的各自的民族利益要求或因历史的积怨，矛盾日趋表面化，从而成为诱发军事危机及至局部战争的导火索。如，科索沃地区阿族与塞族的矛盾激化，以及俄罗斯前车臣地区矛盾的激化等。

### （五）宗教矛盾

不同的宗教派别为各自的信仰和利益斗争而产生的矛盾，历来是地区性军事危机的重要诱因之一，在一个国家中，不同宗教派别之间的矛盾经常会导致教派之间发生武装冲突，外部势力往往借其国内教派矛盾，干涉其内政，甚至直接向该国发动武装入侵。

值得注意的是，现代条件下宗教矛盾往往与其他矛盾，特别是民族纠纷掺杂在一起，这在中东、中亚、非洲以及苏联、前南斯拉夫等地区显得十分突出。其中，在前南地区就曾发生过波黑境内三个主要民族因宗教信仰矛盾冲突而引发的危机与战争。

一般来说，宗教矛盾与其他社会矛盾相比更难以解决。不同的宗教有不同的文化思想渊源与背景，其信仰与追求也有所不同，排异性相当强。宗教在人们之中造成的歧视具有先天性，所形成的冲突较其他冲突更难以用妥协的方式处理。因而，某一地区宗教矛盾越突出，发生军事危机的频率就越高。

### （六）突发事件

一些突发性的灾难事件，也往往会引起处于军事动荡区域中对立军事集团间或具有对立状态的不同国家与集团间的军事危机。如阿富汗危机，主要诱因就是美国的"9·11"事件，而中美间也曾因"炸馆事件"和"撞机事件"而一度酿成军事危机。可以说，在后冷战时期，这种因突发事件酿成的危机会比传统因素影响形成的危机概率更大，是需要重点关注的动因。

总而言之，诱发军事危机的原因是多样的和复杂的，就某一具体危机事件来说，既可能由单一诱因引发，也可能同时由多种诱因引发。

## 二、军事危机预防

军事危机的预防，指为防止军事危机发生而事先采取的针对性准备，包括预先评估、预先谋划、预先布局、预先行动，其核心是确保掌握先机，力求战略主动。

### （一）基本要求

高明的危机管理，不在于危机形成和爆发后的干预能力，而在于是否能避免不利危机的发生。联合国前秘书长德奎利亚尔曾提出："一盎司的预防价值相当于一磅的治疗。"为有效防范军事危机发生，应重点把握以下三条基本要求：

（1）从全局上谋划。军事危机预防的关键是重心前移，跳出危机看危机，从全局上谋划预防危机。始终围绕国家主权、安全与发展的核心利益，通过积极的对外军事交流与合作塑造良好的大国关系和周边安全环境；拓宽战略视野和渠道，加强战略布局和预置，通过寻求和扩大共同利益，增加战略筹码，为可能到来的军事危机做好政治、外交、经济、军事、文化、舆论等多方面准备。

（2）跟踪和研究危机。应注意从国家安全总体态势上密切监控潜在危机的发展变化，防止潜在危机接近或达到燃点。要关注国家安全威胁来源的多样化及其联动性，不仅要关注来自陆地、海上、太空、网络、极地以及其他全球公共领域的燃点，而且要关注经济、信息、社会等其他领域安全的燃点。要掌握足够、全面、及时、真实的情报信息，并对其进行有效的整理加工；建立成熟完备的评估系统，对危机走向进行及时预判，对重心可能前移的危机预先管理。要保持对危机的高度敏感性，善于抓住潜在或初露端倪的危机及时发出预警，周密有效预备。

（3）扎实做好针对性布局。增强应对预案的灵活性和针对性，不断改进预案。预构高效的、内外一体的危机沟通和管控渠道。建立完备的应急决策和咨询机制，重点做好国家层面的协调与合作，有效整合国际国内资源，努力消除威胁军事安全的隐患。在军事危机发生或即将发生时，进一步做好快速反应、快速沟通、快速管控的筹划计划，确立预先目标，同时做好进一步或退一步的准备。

**（二）主要措施**

军事危机的预防措施主要有战略措施、制度措施和执行措施三个层次。

（1）战略措施：指为预防危机而制定的中长期战略对策，涉及国家政治、经济、军事、外交等多个领域。主要包括：构建大国战略平衡框架，形成互惠互利、互为依存的大国安全关系；坚持睦邻友好政策，在不断加强同大多数国家关系的同时，与现实和潜在冲突国保持有效的复杂关系；构建利益攸关区域多层次安全关系，通过军援军售、联合训练、海上合作、学术和军事技术交流、区域安全合作、军控与裁军等多种方式发展和维护共同利益。

（2）制度措施：指相对和平时期为预防重大危机而构建的机构、机制、法规等一系列制度性安排。建立高效、灵巧、健全的军地和军内预防机制，将分散在决策、执行、情报、智囊等部门中的要素整合，纳入一体化运行，明确工作原则、方式、任务范围与要求，确保处理危机快速有效。加强机制化建设，明确危机处理内部各单元的权限，做到责权明晰。探讨与潜在和现实的利益冲突国建立必要的危机预防机制，如热线电话、紧急联络磋商、特使、第二轨道等，加强共同处理双边突发事件的专业性和系统性。确保在第一时间、第一地点预防和控制危机，防范危机对双边关系造成全局性的冲击。

（3）执行措施：指为应对不同类型的军事危机而采取的针对性预防动态措施，通常随着实践需求和情势变化而调整变化。主要有三个层面：一是通过有效的危机预测预警，降低或减少危机发生的突然性和意外性，使决策者有备无患、制止危机于萌芽状态的关键阶段，使处置危机居于主动地位。预测通常涉及范围较广、持续时间较长，对情况跟踪和信息积累的要求较高，需要进行经常性的研究分析。预警以预测为基础，通过各种途径不间断地掌握相关情报信息，实施实时跟踪和监测，并利用定性与定量相结合的方法进行科学分析，把对安全事态发展中相对微弱或孤立的风险信号及时识别出来，变意料之外为预料之中。预警的关键是要把握制约危机爆发或升级这一过程的各种因素和各个环节，对潜在对手的目标、实力、政策趋向、挑起危机的可能性及采取的战略、策略、具体措施等做出判断。一旦确认有可能发生危机，应及时发出预警并上报分析报告。二是拟订灵活应对的多种预案。通过对危机局势的预测分析，提前设想危机可能爆发的方式、规模、并且准备好多套应急方案，危机一旦发生，可以根据实际情况选择政策，从而缩短决策过程，提高反应速度，避免一旦事发束手无策或举措失当。应急方案要按照最坏的情况打算，不能留下盲点与死角。虽然预案想定与危机实际发生情况往往会有出入甚至出入较大，但在危机爆发时，即便是一个很粗糙的计划也能大大减轻因没有计划而带来的紧张和被动。尼克松曾指出："为战斗而进行准备的时候，我经常发现计划是无用的，但是，拟订计划是必不可少的。"因为，"在危机中抱有自信，大都依赖于在有可能作好准备的情况下做好足够的准备"。三是展开实战化演练。实战化演练是预防危机的关键一环。要按计划进行实战化演练，可采用计算机模拟、沙盘推演、角色模拟作业和情景应对训练等多种方式，使各级人员置身于危机仿真环境进行组织指挥、跨部门协同、综合保障训练。锻炼受训者危机条件下组织指挥、协调协同和心理承受能力。

# 第三节　军事危机处置

军事危机处置，指在危机发生后，国家、国家行为体或政治集团为维护其利益，综合运用各种手段，控制与引导军事危机向有利于己方的方向发展而实施的一系列活动。军事危机处置必须以维护国家根本利益为准则，调动国内外、军内外资源，最大限度地降低不利危机的发生、发展和升级，确保国家安全不受大的影响和冲击，同时，以此为基础努力转危为机，视情放大既定目标，扩展国家利益。

## 一、基本要求

军事危机处置必须遵循积极管理理念，提倡主动和灵活处置，既关注危机消极面，也关注危机积极面。力求趋利避害、危中谋机，始终掌握战略主动权。其基本要求是：

### （一）第一时间有效反应

第一时间即危机发生到做出反应的最短时间。军事危机突发性强，风险大、后果难以预料，处置危机必须做到迅速有效。一是迅速做出决策。危机发生后，反应是否及时准确，在很大程度上决定着危机处置的成败。应针对危机性质和特点，根据政治、外交斗争的需要和对手情况，尽可能早地做出正确决策，切忌犹豫不决。二是迅速采取行动。利用平时建立的制度性措施，加强与有关各方的沟通与联系，根据需要迅速展示或调整军事力量，主动配合政治、外交斗争。三是迅速做好应变准备。军事危机通常具有复杂的起因和背景，一般难以通过一次行动就奏效。在做出决策和采取必要行动之后，还要迅速有效地进行应变准备，注意多手段并用，综合影响和调控，防止危机反复或升级。

**（二）保持各方有效沟通**

军事危机处置属于战略博弈，危机各方的真实意图对危机发展变化起着决定性作用。保持有效沟通，促进相互间了解彼此意图，是防止危机升级或失控的重要前提。一是保持多渠道、多层次、多方式联系，及时准确地向对方传递信息，同时准确把握对方发出的信息，防止误读误判。要注意沟通渠道的多样化，可官民并举，制度化管道和临时管道兼用，也可借由第三方。除非发生极端情况，一般不切断沟通渠道；越是在危险时刻，越要保持有效沟通。二是把握沟通的艺术，巧妙处理隐蔽意图与沟通信息的关系。既要有必要的信息透明，又不能将信息和盘托出，应精心设计信息释放的方式、途径、时机和程度。

**（三）争取国际国内支持**

争取广泛支持，调动一切内外有利因素为我所用，是处置军事危机的重要保证。国民支持是军事危机处置的基本环节，要通过新闻发言人、媒体访谈、现身说法等多种方式，及时向民众传达有益信息，争取民众的理解、支持和理性反应，及时破解谣言，鼓舞斗志。国际社会的理解和支持也是军事危机处置的重要内容。可通过热线通报、紧急约见、派遣特使、国际媒体访谈等手段，先声夺人地解释和宣传自己的正义性，抢占国际道义的制高点，最大限度地争取国际舆论，孤立和打击对手。现代社会与媒体打交道已成为军事危机处置必须跨越的门槛，要树立别人说不如自己说、外行说不如内行说、被动地说不如主动地说的传播理念，善于引导、利用和依靠国内外媒体，不给敌对势力和别有用心者炒作、误导的空间。

**（四）寻求行动合法性**

在现代社会，依法行为已成为国际社会普遍接受的准则。军事危机高度敏感，越来越多地涉及法律问题，要确保危机处置不留后患，最好的办法是依法从事，在合法框架内处置危机，防止在法律上授人以柄。要处理好国内法与国际法的关系，依循本国法律，重点是在本国相关法律法规中找到采取军事行动的依据，在国际法与国家利益发生冲突时，坚持国家利益高于一切。善于尊重和利用国际法规，为处置军事危机找到符合自身利益的法律依据，以达到支撑自己、抑制对手的目的。国际法规通常是一把"双刃剑"，运用得当会发挥正面效用，反之则会陷入被动。此外，也应适当尊重和利用他国法律，为危机后续管理创造条件。

**（五）恰当运用军事力量**

军事危机处置说到底是实力与心理的较量，最理想的处置方式是通过政治外交手段，和平实现危机处置目标。但在现实斗争中，没有军事力量的有效配合，外交实际上很难有实质性作为。军事危机处置应高度重视军事威慑手段的运用，适度展示力量、决心和意志。在威慑不能屈敌的情况下，应采取适度的实战方式来进一步慑敌，从而取得以小战止大战或阻止危机升级的作用。但军事斗争在军事危机处置中不能唱独角戏，不能以种种借口使军事手段脱离政治、外交斗争的轨道，必须始终服从服务于政治、外交斗争大局。

## 二、处置程序

军事危机处置属于非常规程序决策，既有某些必然的普遍性程序，也有一些必要的特殊性要求。而针对不同的军事危机，处置程序也会有所不同和侧重。一般而言，军事危机处置主要包含以下程序：

**（一）搜集信息**

情报信息是军事危机处置的前提，其搜集和分析应突出三个要素：一是危机环境。包括国际战略环境、周边安全环境、国内安全环境等因素，密切关注主要大国、相关国家和潜在参与国民众对危机的关注程度和基本立场，跟踪国内外舆论动向，时刻掌握危机影响因素变化。二是危机动态。重点掌握对手的国情、社情、军情、民情，实时跟踪其决策环境的发展变化，善于从复杂多变的信息中准确捕捉有效信息，掌握对手的战略动向。三是决策者特点。包括决策圈构成，决策者的个人决策历史、决策特征、决策意图、决策好恶、决策习惯、决策意志、决策环境等，捕捉客观、理性、真实信息，善于发现一招制敌信息，不断完善危机处置方案。

**（二）判定性质**

判定性质是军事危机处置的关键环节。危机属于偶发事件还是蓄意谋划，是技术性问题还是战略性问题，属于政治问题还是军事问题等，都直接影响着危机反应的时机、方式和强度。虽然危机已经发生，相关各方的战略意图、利益关系等要素逐渐变得清晰，但仍会有大量不确定或似是而非的问题存在，对危机定性应善于拨开迷雾，看清大局，注重通过缜密的逻辑推理和细节捕捉来把握对方的真实意图，防止主观臆断，尤其避免把孤立事件看作蓄意谋划。

**（三）确定目标**

目标是军事危机处置的核心要素。一般而言，目标往往与风险密切关联，目标越高风险越大；反之目标越低则风险越小。通常人们习惯于寻求实现最优目标，但在军事危机管理实践中，圆满全胜的理想境界却很难实现。军事危机处置目标应符合下述要求：一是目标定位要清晰，不能过于笼统和抽象，在时间、节点、数量、质量等方面要尽可能地做到准确、明晰、直接、具体，防止执行者产生歧义或误解。二是目标设置要适度，刻意压缩目标可能造成目标抽象，过分增加目标可能造成目标繁杂，遇到多目标任务时注意进行分解，以便不同类型的执行者理解和把握。三是变更目标要慎重，注意把握变更的时机和方式，防止留下衔接误差，被对方作为契机利用。危机处置实践中，目标确定很难一次成型，这就要求在处置过程中必须不断加以调整和完善。当危机情势发展顺利时，可考虑及时扩展或提升目标。在原定目标实现前景不明确时，应稳定或慎重降低目标；在局势发展严重受阻时，应果断降低决策目标；在局势发展出现重大逆转、原定目标已无法实现时，应果断放弃或更改目标。

**（四）制订方案**

方案是军事危机处置的主要载体。制订方案的过程实际上也是制定预案并从中选择最佳方案的过程。方案通常具备以下要素：一是危机处置目标。这是方案构成的基础和前提，所有方案的内容必须与危机处置目标相一致，且目标必须表述得简洁、明晰、精确，力避歧义和误解。二是相关资源配置。首先是合理配置军事资源，其次是政治、经济、社会、文化、国际等各类资源。三是危机处置机制。重点是军地协调机制和处置行动的组织指挥机制。组织指挥机制通常采取新建、依托、组合、改造四种方式来实现，并规定相应职责和权限。四是后续管理事项。包括危机状态保持、危机秩序恢复、相关资源补充与调配、社会安抚，资源恢复与巩固等方面。对方案必须进行可行性论证，必须反复演练、研究、评估和调整完善。

### （五）实施和调整方案

实施方案是军事危机处置的实践环节。在实施处置方案时，要始终保持头脑冷静，既不能被来势汹汹的危机态势所震慑，也不能被瞬息万变的发展变化所迷惑，应紧紧围绕方案目标，根据危机发生发展的实际情况，及时对原始方案做出必要和适当的修正，不断贴近危机实际、在方案调整中，要尽可能简化程序。一般而言，危机强度越高、来势越猛，方案简化和删略幅度往往越大。调整目标要随着危机情势急速变化，一些事先没有预见到的新情况、新问题、新机遇可能在实施阶段出现，方案中考虑不充分的次要因素可能会上升为主要因素，从而需要对目标进行适当修正，要不断充实完善方案内容，果断剔除一些不适应新情势的内容，更改条件错位的内容，充实缺项的内容，确保内容调整与处置目标方向一致。

需要强调的是，军事危机收局也是处置的重要环节。在没有确认危机局势完全平息前，不能轻易解除对危机的警惕和应对准备，应慎重把握好收局的进程与节奏。军事危机是否真正平息不能单看表象，更要考察表面平息背后是否还有暗流涌动，如果危机在没有真正平息情况下收局，则可能产生无法预测的不利影响，后期应对可能要付出更大代价。在确需收局的时候，应把握节好节奏和力度，根据对方的意图和战略态势控制收局步骤和范围，使收局步调与危机实际变化保持平衡，确保收局过程中不出现重大反复。收局要讨价还价和进行利益交换，应注意把握分寸，防止一些善意举动被对方误判，确保在对自己最有利的情况下收局。军事危机形势瞬息万变，实践中处置程序既可以按顺序启动也可以同时启动。只要有利于军事危机的快速有效应对，程序可以灵活设置和运用，而且不拘一格。

## 三、处置方式

军事危机处置，本质上是妥协的艺术，是有关各方通过激烈博弈以求找到最佳妥协点的过程，没有妥协就没有军事危机的处置，但也必须强调，军事危机处置必须注意危中搏机、害中取利，力争在妥协基础上创造更有利的国家利益。一般而言，军事危机处置主要有以下四种常用方式：

**（一）遏止危机**

遏止危机指采取有效措施防止危机扩大、升级走向战争，并努力以和平手段化解危机，主要包括控制危机的目标、领域、范围、手段、强度、节奏等。控制目标，是给危机处置留有更大的回旋余地和机会，不是无原则退让。控制领域，是尽可能隔离危机事态，将其限制在原发领域，避免或减缓其外溢到其他领域。控制范围，是遏制危机的地缘范围扩大，要把危机限制在当事国之间，阻止外部势力卷入。当一方试图国际化时，要及时通过外交途径与对方协调立场，必要时可视情向对方发出警告，直至采取相应制裁措施。同时，还要与企图介入危机的国家发生联系，通过多种手段阻止其卷入危机。控制手段，是主要通过谈判、协商等和平方式解决危机，慎用武器禁运、经济制裁、军事封锁、最后通牒等强制性措施，避免产生连锁反应或把对手逼入墙角，从而得不偿失。在多数军事危机中，军事手段是一种配合性手段，政治、外交、经济往往扮演一线角色。控制强度，即反应强度不能低于目标，也不能超越目标。如在1962年中印边境自卫反击战中，中国军队攻入麦克马洪线以南地区引发印度政府一片混乱，毛泽东考虑到国内国际形势，毅然做出见好即收的重大战略决策，为中印边境数十年的相对稳定奠定了基础。控制节奏，是控制危机发展速度和变化起伏，避免危机走向失控边缘。

**（二）影响危机**

影响危机指针对军事危机酝酿、发生和平息的全过程，采取相应措施，对危机态势和发展进程施加影响和控制，最大限度地消除危机带来的不利因素，防止危机扩大、蔓延和升级。影响危机通常分为直接和间接方式。直接影响是作为危机介入方运用直接要素对危机发展态势施加影响；间接影响方式是作为"局外人"运用对危机发展态势施加影响，这两种方式可以同时采用，并根据环境条件的变化调整两者比重，以最大限度地增加影响效果。影响危机通常有三个前提：即不介入风险明显大于介入风险；不对相关方核心利益造成严重损害；能够承担介入危机可能带来的不确定后果。为避免军事危机处置的恶性循环，防止"上一次取胜的硕果往往就是下一次冲突的祸根"，影响危机而高度关注对危机平息后事态的影响和监控，使危机始终处于可调控状态。

## （三）利导危机

利导危机指抓住危机情势创造的机遇和条件，因势利导，顺势而为，解决正常情况下难以解决和突破的问题。利导危机的核心是转危为机、化害为利，使坏事变好事。利导危机主要有三种类型：一是危中取利。利用危机带来的混乱局面趁势采取行动，实现政治目的，避免在正常情况下采取行动可能带来的被动和风险。二是借机谋利。借助危机带来的有利条件和契机，将那些策划已久却没有机会出台的军事计划付诸实施，避免对手产生过度警觉或做出强烈反应，从而将负面效应降到最低。美国在"9·11"事件之后迅速将反恐扩大化，借机驻军中亚与中东就属于这一类型。三是转移压力。借助危机带来的非常形势形成新的关注点，借此转移政治压力，凝聚国内民心士气，形成团结稳定局面。

## （四）搁置危机

搁置危机指对危机相关方短期内难以做出实质性让步而事态失控将严重危及各方核心利益的问题，通过理智协商或制定准则，形成彼此都能接受的稳定格局或态势。搁置分为"冷搁置"和"热搁置"。"冷搁置"是将军事危机引发因素长期封冻，留待未来适当时机解决，其存在前提是相关各方都能保持冷静，不主动挑起事端，否则将自动失效；"热搁置"是将危机局势维持在一定程度，使问题始终处于"争议"状态，以达到警示国民、规制对方和提醒国际社会的目的。两种搁置方式可相互转换，当一种模式失去存在条件时，应及时启动另一种模式，或者采用其他方式管理危机。

随着经济全球化和世界范围内新军事革命不断深入，军事危机已经成为国际政治和全球治理的常态，成为调节国家利益尤其是大国关系的重要途径，其预防与处置日益呈多样化、复杂化、联动化。如何以新的理念、模式和途径预防和处置军事危机，最大限度地维护和拓展国家战略利益，是战略决策者必须优先考虑的重大命题。军事危机预防和处置既有形也无形，既有规律也无规律，必须因时、因事而异，因地、因人而变，始终保持战略主动。

# 思 考 题

1. 军事危机的基本内涵是什么？
2. 简述军事危机的主要特征。
3. 简述军事危机爆发的主要原因。

# 第七章　美国的军事战略

1775—1783 年，在原属土著印第安人的北美大地上，年轻的美利坚民族经过 8 年的独立战争，终结了英国的殖民统治。此后，在短短的 200 余年间，这里却傲立起了一个人类历史上最繁荣和强盛的国度——美利坚合众国。奇迹由何而来？独领风骚的帝国正自酿着多重危机，其能否跳出大国兴衰的"周期律"？美国的军事战略理论与实践将说明和回答这些问题。

## 第一节　美国军事战略概述

美国的军事战略作为其国家安全战略的重要组成部分，是美国在冷战后时代继续推行霸权主义和强权政治的重要工具。深入研究美国军事战略，有助于我们更加准确地借鉴并制定对策。

### (一)美国战略层次的划分

美国战略层次划分是美国战略理论与实践不断演进的结果，反映了美国战略理论研究系统化和精细化的发展趋势。美国的战略层次结构不仅具有超级大国的典型特征，而且对世界其他国家也有很大的影响。它大体由国家安全战略、国防战略、国家军事战略和战区战略(军种战略)等层级构成。

国家安全战略由白宫制定，总统负责颁布，并由国家安全委员会协调完成，主要体现在总统不定期发表的《国家安全战略》报告中，主要阐述美国的国家利益、承诺、能力以及国家力量的使用。

国防战略由国防部制定、国防部长发布，主要体现在美国国防部发表的《国防战略》报告中，阐述国防建设的战略目标及其实现手段。2005 年 3 月，美国国防部公布了首份由美国国防部长拉姆斯菲尔德签发的《美国国家防务战略》( The National Defense Strategy of the United States of America) 文件，使美国战略体系由原来的国家安全战略、国家军事战略、战区战略三个层次，演变为国家安全战略、国家防务战略、国家军事战略、战区战略四个层次，充实和完善了美国战略体系。

军事战略为机密文件，由参谋长联席会议主席编制，主要体现在《国家军事战略》报告中。战区战略和军种战略，由战区和军种制定，分别体现在各战区的工作文件、报告、作战计划和美国各军种颁布的各种文件及转型路线图中。

### (二)美国军事战略的概念

美国军事战略，也称国家军事战略，是其国家安全战略的重要组成部分，是参谋长联席会议制定、并由国防部长批准的关于如何使用军事力量实现国家政策目标的指导方针。1953 年版《美国军语辞典》指出："军事战略是运用一国武装力量，通过使用武力或以武力相威胁，达成国家政策的各项目标的艺术和科学。"(〔美〕拉塞尔·F·韦格利：《美国军事战略与政策史》，解放军出版社 1986 年版，第 3 页)美国参联会 1995 年出版的《联合出版物 JP3-0：联合作战条令》对"国家军事战略"的解释是：国家军事战略是在平时和战时配置和使用军事力量以达成国家目标的艺术和科学。该定义包含三部分内容：第一，军事战略指导和运用的特定对象是国家武装力量，主要是陆、海、空军现役人员，文职官员以及预备役人员等；第二，军事战略是为达成国家政治目的服务的，通过发挥军事能力与其他要素的作用实现国家政策目标；第三，军事战略既是反映军事活动客观规律的知识体系，又是运用武装力量达成政策目标的富有创造性的方式与方法。

关于军事战略的构成要素，美国前参谋长联席会议主席马克斯威尔·泰勒在 1981 年访问美国陆军军事学院发表演说时指出："战略总是由目标、方法和手段几个方面组成的。我们可以用一个公式来表示这一概念：战略＝目的(追求的目标)＋途径(行动方案)＋手段(实现某些目标的工具)。"他认为，人们可以根据这个公式来制订各种战略，如军事、政治、经济等战略。

原美国陆军军事学院军事战略、计划和作战系军事战略教研室主任小阿瑟·莱克上校接受了泰勒的观点，并在《军事战略的含义》一书中对军事战略重新进行了界定，"目的"可以用军事目标来表示；"途径"则是使用军事力量的各种方案，这些行动方案称作军事战略方针；"手段"指完成任务所必需的军事实力(人力、物力、财力、部队、后勤等)。为此，美军认为：军事战略＝军事目标＋军事战略方针＋军事实力。"(美国陆军军事学院：《军事战略》，军事科学出版社 1986 年版，第 4 页)

# 第二节　美国军事战略的演进

"二战"后，随着国际战略环境的变化，为达成和保持对世界的绝对"领导地位"，美国依据超群的政治、经济、军事、科技等综合国力，先后制定和推行了一系列不同于世界其他国家的军事战略。

## 一、冷战时期的军事战略

"二战"结束后不久，由于社会制度不同，意识形态迥异，国家利益相去甚远，美苏两国迅速从盟友转变为对手，两国关系进入冷战时期。为此，美国利用其在"二战"中取得的巨大力量优势，与苏联进行了长达近半个世纪的激烈较量。其目的在于对苏联及其盟友进行包围和遏制，最终瓦解苏联及其控制下的国家集团，从而获得世界霸权。在整个冷战期间，美国所采取的一以贯之的手段是威慑与遏制。同时，它也根据国内外形势的变化，对遏制战略做某些方面的微调。

### （一）杜鲁门政府：遏制战略

1945—1949 年，在对苏问题上，美国决策层产生了两种截然不同的观点。以 1943 年驻苏大使埃佛尔·哈里曼和驻苏军事特使约翰·迪纳为一派，主张对苏联采取合乎情理的政策，争取同苏联继续合作。另一派以美国驻苏顾问乔治·凯南为代表，主张调整对苏政策。最终，以凯南为代表的强硬派占了上风。

1946 年 2 月 22 日，乔治·凯南向华盛顿发了一封电报。凯南从意识形态、文化传统、社会制度、政策行为等角度系统地分析了苏联的战略企图和动机。在他看来，苏联一直敌视资本主义世界，为了追求自身利益而推行扩张政策，并将在"一切它认为合适的时机和会有好结果的地方做出努力来扩大疆界"。苏联"听不进理智的逻辑，但对武力的逻辑却十分敏感。""如果对方拥有足够的武力，并清楚地表明它准备使用武力，这几乎用不着真的动武。如果能正确地处理形势，就不需要有影响威望的摊牌。"因此，美国要把对苏政策置于对外关系的首位，且在军事上显示出坚定与强硬。从字里行间可以看出，凯南已初步阐述了遏制思想，只是还没有明确使用"遏制"一词而已。

1947 年 1 月，凯南在美国对外关系协会上发表了《苏联的思维方式及其对苏联对外政策的影响》的演讲。同年 7 月，美国《外交》杂志将其更题为《苏联行为的根源》并发表，作者署名为"X"。"X 文章"对苏联的政治特性做了更深刻的分析，进一步系统地阐述了凯南对苏遏制的思想。文章认为：对苏政策应为"长期、耐心、坚定与警觉地对苏联的扩张倾向进行遏制"；只要美国以足够的资源和力量对苏遏制 10~15 年，苏联就可能变得"温和与明智"，并最终导致苏联的"瓦解或逐渐软化"。

凯南的电报和"X 文章"对苏联的战略判断和对策建议，成了美国对苏政策的基本依据，也成了"遏制战略"产生的理论基础。

1947 年 3 月 5 日，英国前首相丘吉尔发表了关于"铁幕"的著名演说。丘吉尔呼吁美国同讲英语国家结成联盟同苏联对抗。与此同时，英国要求美国干预希腊、土耳其事务，使它们免于落入苏联之手。1947 年 3 月 12 日，杜鲁门在国会特别会议上发表了被称为"杜鲁门主义"的演说。杜鲁门认为，希、土事件不是孤立的，是世界面临严重局势的例证，美国必须给予希、土必要的援助；明确提出当前世界面临两种生活方式、两种社会制度之争，从而从意识形态上把已经开始的冷战理论化、纲领化。

至此，美国"遏制战略"的舆论与理论准备已经完成。1950 年 4 月美国国家安全委员会出台了"国家安全委员会第 68 号文件"（NSC—68 号文件）。文件系统地总结了自 1946 年以来美国对苏遏制的经验与教训，阐明了应进一步采取的政策和措施，从而成为冷战期间美国军事战略——"遏制战略"的蓝本。

遏制战略的总体企图是：控制西欧、日本，巩固美国在资本主义世界的霸主地位；遏制社会主义国家向亚、非、拉地区"扩张"；准备对苏联和其他社会主义国家进行大规模常规战争。

（1）设想打"二战"式的常规战争，以原子弹作为增强空军威力的手段。战后初期，美国垄断了原子武器，但实际上并未大量生产。当时美国认为，未来的世界战争仍然是常规战争，并估计苏联在短期内不会拥有原子武器，即使拥有，短期内也不可能掌握投掷手段，不会有相当规模的原子武器储备，美国在相当长的时期内还可以保持"原子优势"。因此，美国当时并没有把原子武器作为战争的主要武器，而是把它作为增强空军威力的手段。

（2）主张联合盟国作战，积极建立军事联盟。美国认为，要控制资本主义世界和反对社会主义阵营，单靠其本身军事力量是不够的，还必须联合盟国的武装力量，进行联合作战。美国参议员于 1948 年 6 月 11 日通过《范登堡决议案》，提出美国要在世界范围内组织"区域性和其他集体的军事联盟"。

（3）建立包围社会主义国家的军事基地网，进行前沿军事部署。战后，美国为了遏制社会主义国家，一方面继续加强控制在战争中建立的海外军事基地，另一方面霸占了一些重要军事基地，建立了一个包围社会主义国家的环球基地网，直接在接近社会主义国家的前沿部署兵力。

史实表明，从一定意义上说，美国的遏制战略取得了较大的成效：一方面，它使西方世界实现了联合，国家安全得到了保证；另一方面，它对苏联势力的扩展的确起到了某种程度的遏制作用。朝鲜战争后，美苏冷战的模式基本固化，双方的势力范围也相对稳定下来。直到越南战争后，由于美国实力严重下降，两国战略攻守态势才出现改变。

**（二）艾森豪威尔政府：大规模报复战略**

1953 年 1 月，艾森豪威尔入主白宫。面对国际战略环境发生的重大变化，艾森豪威尔政府不得不对美国战略手段的运用做出大幅度的调整。

（1）1949 年 8 月 29 日苏联引爆了第一颗原子弹。杜鲁门政府在制定遏制战略时，美国还垄断着核武器，而且认为，苏联将在较长的一段时期里，难以在核武器制造上取得突破。所以，倚仗核武器，美国足以能够遏制苏联。

（2）1949 年 10 月 1 日中华人民共和国成立。杜鲁门在制定遏制战略时，中国还处于国民党的统治之下，美国与国民党政府有着密切的关系，曾计划把中国塑造成其在远东地区的战略支柱。尽管当时中国内战已经爆发，但美国认为国民党政权不会垮台。然而，中国情势的发展极大地出乎美国意料，中国共产党领导的武装力量迅速推翻了国民党政权，建立了中华人民共和国。新中国成立后，加入了社会主义阵营，在美国构筑的遏制苏联的包围圈上撕开了一个巨大的裂口。

（3）美国在朝鲜战争中失败。美国建立的对苏包围圈，主要是依托其在欧亚大陆两端的盟国。中国国民党政权崩溃之后，美国再也不能容忍韩国政府的垮台。于是，朝鲜战争爆发不久，美国就纠集其盟友，组成所谓"联合国军"，干预朝鲜战争，在战争进入第二个年头时，失败的结局已不可逆转。

（4）世界范围内的民族解放运动风起云涌，动摇了西方国家长期主导的国际殖民体系。这些新独立或即将独立的民族国家，与西方国家都存在着深刻的矛盾。

（5）美国经济衰退。由于朝鲜战争的影响和经济发展内在规律的作用，美国陷入了战后以来首次严重的经济危机。

（6）美苏在欧洲的对抗十分激烈。1948年2月至1949年5月，在如何重建德国的问题上，美英法三国与苏联发生了严重的冲突，引发了第一次柏林危机。其后，德国被一分为二，美、英、法三个占领区合并建立了联邦德国，苏占区则成立了民主德国。德国的分裂表明，美苏在欧洲的对抗加剧，矛盾难以调和。

面对上述变化，艾森豪威尔政府认为，如果通过常规战争与苏联进行较量，美国不仅将要付出难以承受的代价，而且几乎不可能取得胜利，朝鲜战争已证明了这一点。为了既能减少经济压力，又能赢得对苏优势，美国决定采取新的军事战略，即"大规模报复"战略。该战略总的企图是：依仗核优势和强大的空军力量，推行"核威胁"政策。

（1）侧重准备打"闪电"式的核大战。"大规模报复"战略改变了杜鲁门政府侧重准备打常规战争的设想，认为美苏之间如果发生战争，就是全面核大战。主张依仗核优势侧重准备打"闪电"式的核大战。明确提出以核武器和战略空军为中心制定备战计划和战争计划。强调在战争初期用战略核武器实施先发制人的突然袭击，在军事上和心理上给敌以有力的打击，速战取胜。

（2）爆发局部战争时，当事国应当担负主要作战任务，美军仅提供海、空军等少量常规力量支援，并以核武器进行威胁。其实质是尽量避免直接卷入局部战争，而以核威胁推行"战争边缘"政策。

（3）扩充海外军事基地，建立对社会主义国家的"核军事包围圈"。为了推行"大规模报复"战略，除发展导弹、核武器和战略轰炸机外，美国还通过建立区域性联盟和签订双边条约，在社会主义国家周围增建战略轰炸机和中程导弹基地。通过建立这些基地，进一步构成对社会主义国家的"核军事包围"。

（4）在发展战略报复力量的同时，加强美国的防御能力，建立国家战略预备队以应对可能发生的紧急状态，并从国外撤回部分驻军，以增强本土作战力量。

### （三）肯尼迪—约翰逊政府：灵活反应战略

20世纪50年代，民族民主革命运动蓬勃发展。1954年，美国支持的法国侵略印度支那战争失败；1958年，黎巴嫩人民爆发反对美国和夏蒙政府的武装起义；1959年，老挝人民进行了抗美爱国战争。这说明核武器不能解决一切问题，"大规模报复"不能消除局部地区的"骚动"，更不能制止民族民主革命运动。另一方面，由于苏联已拥有氢弹和远程轰炸机，美苏双方可以用核武器互相袭击对方领土，"大规模报复"实际上难以推行。

有鉴于此，到了肯尼迪时期，美国政府立即改弦易辙，以"灵活反应"战略取代"大规模报复"战略。该战略的总的企图是：以核力量为"盾"，以常规部队为"剑"，准备进行各种类型的战争，实行战争逐步升级，侧重进行特种战争和局部战争。

（1）准备打各种类型的战争。"灵活反应"战略从美国称霸世界的全球战略出发，根据当时国际斗争形势的特点，把战争样式分为核大战、有限战争和特种战争三种。该战略要求建立一支"多样化的"军事力量，以便在任何时间和地点，用适当的武器和部队打任何样式的战争。既能打核战争，又能打常规战争；既能打正规战争，又能打特种战争（非正规战争）。在战争指导上，美国强调"逐步升级"，尽可能把战争限制在较低水平上。

（2）准备同时打"两个半战争"。肯尼迪、约翰逊两届政府在战争准备方面设想打"两个半战争"，即准备同时进行三场战争——在欧洲和亚洲各打一场规模较大的战争，同时在亚、非、拉地区打一场规模较小的战争。

（3）采取"相互确保摧毁"的核战略方针。1964 年约翰逊政府修订了核战略方针，采纳了国防部长麦克纳马拉提出的"相互确保摧毁"的核战略方针。这一方针主张侧重打城市目标。在核报复力量规模方面，要求建立一支打城市目标的"第二打击力量"，即在遭到苏联核袭击后仍能通过还击，一举摧毁苏联 20% ~ 25% 的人口和 50% 的核力量，遏制苏联对美国发动核战争。

**（四）尼克松—福特—卡特政府：现实威慑战略**

1961 年开始的侵越战争打乱了美国的扩张计划，使其在战略上严重失衡，驻欧洲地区的兵力明显削弱。反之，苏联利用美国的困境，加紧争夺欧洲，积极对中东、非洲进行经济渗透和军事扩张。与此同时，美国国内出现了空前未有的政治、经济和社会危机。尼克松政府上台后，在对美国实力和所处的国际环境进行全面评估后，决定采取新的战略，即"现实威慑"战略。该战略的总体企图是：在战略上做一些必要的"收缩"，调整全球军事部署，充实军事实力，重点加强欧洲地区，力图扭转被动处境。此战略由尼克松政府制定，后来的福特和卡特政府继续推行，从而使之成为美国整个 20 世纪 70 年代的军事战略。

（1）重视战区核战争。20 世纪 70 年代，美国把战争样式区分为四种，即战略核战争、战区核战争、战区常规战争和小于战区规模的局部战争。该时期美国侧重准备打常规战争的同时，重视准备打战区核战争，认为常规战争有可能导致战区核战争。

（2）主张打"一个半战争"。尼克松政府上台后，一方面由于美国要同时打"两个半战争"已经力不从心，另一方面鉴于中苏矛盾激化，认为中苏两国联合起来同时在欧亚两个战场同美国打大规模战争已不可能，于是放弃了打"两个半战争"的设想，提出打"一个半战争"，即准备在欧洲或亚洲打一场打仗，同时在其他地区打一场小仗。

（3）核战略方针由优先"打击城市"改为优先"打击军事目标"。随着美苏战略核力量的发展，尤其是战略核武器精度的提高，1974年尼克松政府的国防部长施莱辛格提出采用"打击军事目标"为主的方针，主张用进攻性战略核武器首先摧毁苏联战略核武器基地等主要军事目标。1979年卡特政府的国防部长布朗又提出以"打击军事目标"为主的"抵消战略"。这一战略的目的是增加核战略的灵活性，使之具有多种选择，从而遏制苏联，使其不敢对美国或对美国有重大利益的国家和地区实施核突击。

### （五）里根政府：新灵活反应战略

20世纪70年代，是美国战后以来各方面发展的低谷时期，也是军事战略上"守拙"的10年。其后的尼克松、福特、卡特三任总统的"卧薪尝胆"，逐渐改变了美国的衰退之势。1981年里根入主白宫后，提出了"以实力求和平"的口号。经过4年的扩军备战，美国军事实力明显增强。第二任期开始后，里根政府继续推行对苏强硬的军事政策，并明确提出了"新灵活反应"战略。

"新灵活反应"战略是美国精英们倾心制定的，其基本指导思想是：通过加强实战能力和全球军事部署，有效地推行威慑战略，形成"不战而屈人之兵"的态势；在战争指导上，强调灵活使用军事力量，在不放松核战争准备的前提下，侧重准备打常规战争，尤其是低强度战争。其最终的目标就是通过明暗两手，彻底摧垮苏联。

（1）推行"多层次威慑"方针，提高威慑效果。里根政府的威慑战略不仅强调在和平时期或战前用强大的威慑力量遏止敌人的进攻，而且强调在战时采取"多层次威慑"方针，迫使敌方在有利于美国的情况下停战。其设想是：第一步为前沿防御，主要由部署在海外地区的前沿防御部队和部署在本土的快速增援部队顶住和挫败敌方的进攻；第二步为"升级威慑"，即一旦前沿防御失败，美国将使战争升级，增加对手的损失，从而迫使对手停战；第三步为"全面报复"，如升级仍不能奏效，则对敌要害目标进行报复性打击，从而迫使敌停战。"多层次威慑"集中体现了"逐步升级"和"灵活反应"的战略思想。

（2）加强战略防御系统，以"确保生存"理论代替"相互确保摧毁"理论。里根政府主张以1982年丹尼尔·格雷厄姆在"高边疆"研究报告中提出的"确保生存"理论逐步取代"相互确保摧毁"理论。其主要考虑是：美国现行"相互确保摧毁"核战略并不能建立可靠的威慑，从长远来看，先进的反导弹防御系统是更有效的威慑手段；美苏处于核均势，美国单纯依靠加强进攻性战略核武器已经难以打破这种局面，如在反弹道导弹系统上取得优势，就可取得对苏战略力量的优势，进而取得军事上的总优势。1983年3月23日，里根发表了西方称为"星球大战"（即"战略防御计划"）的讲话，宣布准备建立以太空定向能武器为主的多层综合反弹道导弹体系。此项计划由于经费昂贵，技术难度大，在推行中遇到重重困难。

（3）准备同苏联打长期战争，对苏采取灵活反击的方针。里根政府认为，未来美苏常规战争不可能在几周内结束，因此，美国的战略计划应建立在与苏联打一场长期常规战争的基础之上，主张对苏联采取在多条战线上灵活反击的方针。为了夺取主动权，美军不仅要把战争推向苏联力量薄弱和要害地区，而且必须加强进攻性，先于苏联做出反应。

综上所述，在整个冷战时期，美国的军事战略都聚焦于同苏联打和怎么打的问题上，对于世界上其他地区发生的战争或冲突关注不足。从实践上看，"遏制"战略的目标过于庞大，与美国所拥有的手段极不相匹配；"大规模报复"战略过于刻板，使美国无法打仗；"灵活反应"战略强调打各种战争特别是有限战争，但手段的运用却"灵活"不足；"现实威慑"战略虽然区分了战争类型，提出打赢有限战争的方法，但在实施中却面临诸多难以克服的困难。里根政府在总结各届前任经验教训的基础上，提出了针对性更强的"新灵活反应"战略，使美国在与苏联争夺霸权的过程中重新获取了主动。

## 二、冷战后时期的军事战略

20世纪80年代末90年代初，国际形势发生了重大变化。美苏关系趋向缓和；东欧局势剧变，华约解散；德国实现统一；苏联解体。面对雅尔塔体制崩溃后的这一全新国际战略环境，美国逐步调整其军事战略。冷战结束以来，美国的军事战略经历了如下几次大的调整。

## （一）老布什政府：地区防务战略

1989 年老布什政府上台后，根据变化了国际战略环境，对美国所面临的安全威胁做出了新的判断：地区性紧张局势和冲突、庞大的苏联核武库管理不当及大规模杀伤性武器和导弹扩散、俄罗斯不稳定的政治前景以及恐怖主义、毒品走私和低强度冲突。为此，布什政府逐步调整了美国的军事战略。1990 年 8 月，布什在阿斯彭学会的讲话中提出将美国防御计划重点从对付苏联全球性挑战转向对付地区性冲突的战略构想。海湾战争的爆发加速了美国这一战略转变。1992 年 2 月美国国防部长切尼在向美国会提交的《1993 财政年度国防报告》中，正式将这一新的军事战略定名为"地区防务"战略。

该战略要求确保冷战结束后美国享有的安全环境，提出以"战略核威慑与战略防御""前沿存在""危机反应""重建部队"作为其四个要素，同时强调调整联盟战略。由此不难看出，无论是从内涵还是从目标指向和手段选择看，该战略与冷战时期相比，都有了重大的改变。

（1）强调威胁的复杂多元。冷战结束后，原先两大阵营的战略对抗消失了。俄罗斯由于需要时间稳住阵脚，在相当长一个时期内无暇顾及与美国进行战略空间的争夺。为了防止俄罗斯东山再起，美国推动北约和欧盟不断东扩，因而在短短几年的时间里，北约就把几乎所有的东欧国家纳入其战略轨道。东欧的局势虽然迅速稳定下来，但美国所面临的威胁却变得更加复杂：一是核威胁增长了。冷战时期，核领域的对抗主要发生于美苏之间，相对而言，管控较易。但苏联解体后，分散在其各加盟共和国的核设施和技术人员就有流失的风险。这样，拥核的国家就可能变多，美国面临的核威胁将大为增长。二是地区性冲突上升。在两极格局下，为了维护全球战略的稳定，美苏之间虽然不时地为对方制造麻烦，但在必要的时候，往往采取约束与合作的政策，将地区冲突控制在一定程度和范围内。但苏联解体后，长期被抑制的地区矛盾日益激化，进而引发地区性冲突。三是苏东国家变革的风险。苏联解体和东欧国家的剧变，导致许多国家社会制度的变革重建，一旦失败，必然造成新的动荡与混乱，对美国主导的国际秩序形成冲击。地区性冲突的上升和民主改革的可能失败所造成的国际社会的失序，不可避免地影响到美国的经济发展和国家安全。

（2）注重手段的重新构建。为了维护其主导的国际秩序，填补苏联解体后形成的战略真空，美国在战略手段方面进行了改变：一是继续实施战略威慑。由于核武器依然是威慑"其他核国家"和"敌对不负责任的国家"获得和使用核武器的"可靠报复力量"，美国依然强调把核武器作为保护自身安全和履行对盟友义务的终极支柱。二是大力加强战略防御。鉴于导弹扩散成为重要的威胁，美国将继续推进"导弹防御计划"，研发和部署反导系统。三是增强军事力量前沿存在。由于美国在世界上许多关键地区都拥有重要利益甚至核心利益，同时还要履行对盟友安全的承诺，应对地区性危机，美国在军事上需要保持足够的前沿存在。四是全面重组军事力量。由于面临的对手发生了变化，美国应对威胁的方式也要有所改变，因而必须重组军事力量。

（3）提出"基本力量"概念。基本力量是指为满足不断发展的国防需求所必需的力量结构。美国所谋求的这种"基本力量"结构主要是用来应对地区性突发事件的，但一旦出现了全球性威胁，它也能为重建军事力量做好准备。"基本军事力量"主要包含战略部队、大西洋部队、太平洋部队和应急部队四个部分。战略部队是运用战略威慑或战略防御手段捍卫美国利益的部队；大西洋部队是履行美国对欧洲、中东和西南亚地区"所承担义务"的部队，主要为重型部队；太平洋部队是履行美国对太平洋地区包括东南亚地区"所承担义务"的部队；应急部队是为应对突发事件而提供反应能力的部队，基本上由快速部署的现役部队编成。大西洋和太平洋部队在危机时都可得到驻在本土的危机反应部队的支援。

（4）强调军控的灵活运用。军备控制一直是美国限制对手、保持或增加自身军事优势的重要手段。老布什政府对于军备控制极为重视，着力推动苏联国家变化的进程朝着有利于自己的方向发展，并同时减轻经济负担。老布什政府时期，美国在军控谈判的诸多领域都取得了重大进展。

综上所述，面对国际战略环境和自身面临威胁的变化，老布什政府制定了以维护地区安全为主要特征的军事战略。此后，美国按照自己的意志对一些地区秩序进行了塑造，导致诸多局部战争的爆发。

### （二）克林顿政府第一任期：灵活与选择参与战略

1993 年克林顿执政后，美国政府重新评估了国际安全环境，认为世界"已从长期的两极秩序过渡到了更不稳定的多极世界"，这既给美国的国家利益和价值观"带来了充满希望的机遇，同时也造成了各种各样的挑战"。美国必须利用这一战略机遇，有所为和有所不为，以应对挑战。1995 年 2 月，美国参谋长联席会议主席沙利卡什维利提交了美国《国家军事战略报告》。该报告以"参与和扩展战略"为依据，提出了"灵活与选择参与"军事战略。

该战略的核心思想是：根据冷战后对付地区危机、冲突和制止大规模杀伤性武器扩散的需要，进一步调整美国的战略指导思想和战备重点，扩大美国在全世界的势力范围，维护美国军事强国和唯一超级大国地位，力图建立"以美国为主导的世界新秩序"。

（1）美国面临的四种威胁。克林顿政府认为，冷战后的国际安全环境更为复杂，更难以把握。今后美国要着重对付"威胁美国全球利益"的四种威胁：一是核武器等大规模杀伤性武器造成的危险，包括核、生、化武器及其投射系统的扩散引起的威胁，以及俄罗斯、乌克兰等独联体国家仍保留大量核武器的威胁。二是地区冲突爆发的威胁，它不仅包括与美国敌对的国家发动的攻击，也包括由于种族、部族或宗教仇恨引起的小规模国内冲突。三是难民潮、国际犯罪、特别是毒品走私、恐怖主义活动等跨国危险。四是"新型民主国家"倒退的危险。克林顿政府认为，这四种威胁包括对美国国家安全的现实威胁，也包括潜在威胁，强调对付这四种威胁是新时期美国制定军事战略的基本依据。

（2）"预防性"为首的防务三原则。克林顿政府称，为了对付冷战后的威胁，美国将积极参与有关美国安全的国际政治、经济和军事事务。认为在当今更加复杂和更加不确定的国际安全环境下，美国需对付的威胁不仅是战争、冲突，而且包括和平时期的各种挑战。据此，美国国防部提出对付冷战后威胁的"预防、威慑和击败"三原则。防务的第一个环节是防止出现威胁；第二个环节是慑止所出现的威胁；第三个环节是在预防和威慑未能奏效时，运用军事力量击败对美国安全所构成的威胁。

（3）美国要达成的军事目标。面对上述威胁，美国在军事上要达到什么样的目标呢？该战略强调："我们军事战略的基本目标一直是固定不变的，即捍卫我们的国家及利益，同时完整地保持美国的基本价值观。"但是，根据情况的变化，美国军事战略所追求的具体目标却是灵活变化的。在新的国际环境下，美国军事战略的目标就是促进稳定和挫败侵略。所谓"促进稳定"，就是促进有利于美国的长期战略稳定，创造"使民主制度得以维护并向世界扩展"的条件。所谓"挫败侵略"，就是指"准备在对美国的利益或盟国造成威胁的波斯湾地区、东北亚以及其他地区立即做出反应""一旦战争发生，我们的军队在盟友军队的配合下，必须能够击败任何现实的和潜在对手，并创造有利于长期解决问题的决定性条件。"

（4）美军的基本战略任务。该战略报告为美军确定了三大基本任务，即和平时期的参与、实行威慑和防止冲突、投入战争并取得胜利。"和平时期的参与"任务主要包括与外军的接触、对国外的援助、安全的防范、人道主义行动、反毒品和反恐怖主义、参加国际维和行动。"实行威慑和防止冲突"任务主要包括核威慑、建立联盟、危机反应、军备控制、建立信任措施和实施制裁。"投入战争并取得胜利"任务就是为维护美国的重大利益，当其他手段失去效用后，美军必须在目标明确的情况下，运用决定性的力量，通过与盟友的合作，打赢各种类型的战争，最后赢得和平。

（5）调整军队的规模态势。在尼克松时期，美国为军队提出的计划是"一个半战争"。冷战结束后，由于失去了苏联这个主要对手，美国又提出了打赢两场几乎同时发生的大规模地区冲突，并要求通过快速反应作战来完成。为保证这一计划的实施，美国决定对军队的部署态势和兵力规模应进行调整。为此，美军要在总体规模减小的条件下，着力提高军事人员的素质、加强应对危机的准备、提升作战所需的各种能力、实现军事装备现代化、保持部队结构的平衡。

实际上，美国所推行的"灵活与选择参与"的军事战略，与老布什时期的"地区防务性"战略并无实质上的差异，主要指向都着眼于地区性的冲突，只是在手段运用上，后者更加强调灵活性和选择性，而不是对所有的威胁或挑战都采取同样的措施。换言之，美国要根据威胁的性质和利益的轻重，来决定军事资源的投入与运用。

### （三）克林顿政府第二任期：塑造、反应和准备战略

1997年克林顿连任美国总统后，美国政府于当年5月发表了国防部《四年防务审查报告》及总统《新世纪国家安全战略》报告。根据这两份报告，美国参联会主席沙利卡什维利又于同年8月提交了《国家军事战略报告》。该报告明确提出美国将推行"塑造、反应和准备"战略。

该战略对"灵活与选择参与"战略做了调整，进一步充实和发展了"积极参与"和"预防为首"的防务思想。它强调采取多方面措施塑造有利于美国的国际安全环境；主张不仅要对付近期的现实威胁，还要为对付较远期的不确定的重大威胁做准备；突出以"打赢两场几乎同时发生的大规模战区战争"为重点，兼顾应付其他危机和冲突。同时，该战略报告还对美国所处的战略机遇、承

担的使命、达到的目标以及运用的手段和建设的要求等做出了清晰的规定。

（1）美国的战略机遇。该战略认为，美国正处于相对和平的时期，全球性战争的威胁已大大降低，与其相匹敌的对手短期内尚不会出现。在安全领域面临的主要挑战是：地区冲突、大规模杀伤性武器的扩散、跨越国境和难以预测的非传统型威胁等。这些威胁对美国来说只是局部性的影响，无须全力加以应对。也就是说，美国的安全压力大为减轻，可以抽出身来塑造其所预期的世界。这对美国而言，是一个不可多得的战略机遇期，必须紧紧地抓住。

（2）美军的主要使命。该战略为美军确立了两项主要使命：一是"进行和赢得国家的战争"，即为美国打仗并获得胜利；二是"捍卫国家的利益"，即随时准备使用力量捍卫国家的生死攸关的利益、适当保护国家重要利益、必要时卷入人道主义利益的行动。从这些使命可以看出，美军在武力使用上带有强烈的进取倾向，只要是为了美国利益，就可以使用武力。

（3）美军的战略目标。"塑造、反应和准备"战略为美军所确立的目标与"灵活与选择参与"战略基本相同，但在具体内容上却有所差异。"促进和平与稳定"，是指在全球和关键地区塑造和维护美国安全环境，"确保任何关键地区不被敌视美国的力量所控制，并确保对美国最重要地区的稳定与和平"。"挫败对手"，就是指"在发生武装冲突的情况下，美国武装部队将努力摧毁敌手威胁美国利益所凭借的力量或瓦解敌手威胁美国的意志。这将从军事上为赢得和平创造条件"。

（4）战略运用的方式。该战略认为，美军必须以"塑造、反应和准备"这三种方式实现国家的政策目标。所谓"塑造"，是指"塑造国际环境"，即美国军队运用其固有的威慑性并通过和平时期的军事参与，塑造有利于美国的国际环境；所谓"反应"，是指"对各种危机做出反应"，包括从慑止侵略、打赢大规模地区战争到同时实施数个较小规模的应急行动；所谓"准备"，是指"针对不确定性的未来预做准备"，即为保证未来有效履行使命的能力，美军必须保持与美国全球领导地位相匹敌的力量优势。美军要塑造现实，应对不测，着眼未来，保持主动。

（5）用兵的基本原则。尽管在里根政府时期，国防部长温伯格已为美国海外用兵制定了六条原则，但克林顿政府认为，在历史条件发生重大变化的条件下，必须有所改进。为此，"塑造、反应和准备"战略为美国对外用兵规定了四条基本原则：一是必须审慎决策，要在战前进行周密的规划，提出明确并可以实现的军事目标；二是必须联合作战，要根据军事目标，综合运用各军种的特点与优长，组成联合部队展开行动；三是必须缔结联盟，要尽一切可能，争取与传统盟国或临时盟友组成多国联盟部队，实施联合作战；四是必须着眼战后安排，要确定最终目标，以便提前为从战争过渡到和平做好准备。

（6）美军建设的要求。在规定了军队的使命之后，该战略还提出了美军建设的总体要求。总的目标是：能够胜任多种任务，既可以从任务的一个阶段迅速转入下一个阶段，也可以从一个任务转向另一个任务；既能单独地执行作战任务，也能迅速与盟友组成联军实施一体作战。总的任务是：保卫美国本土、保持有效的海外存在、实施各种应急行动、打赢两场几乎同时发生的大规模地区性战争。总的能力是：能够实施战略威慑、决定性行动、特种作战以及其他各种类型的作战行动。总的战略保障是：拥有充足的高素质人员、足够的预备队、健全的情报体系、全球性指挥与控制体系、全面的各种作战行动地域的控制权、强大的战略机动能力等。

"塑造、反应和准备"军事战略的本质，就是通过建设和运用美国的军事力量，塑造对美国有利的国际环境，对各种危机或突发事件做出反应，并做好实施未来战争的准备。

## 三、"9·11"事件后的军事战略

2001年9月11日，美国遭受了历史上最为严重的恐怖主义袭击。美国政府迅速做出反应，政府宣布进入战争状态，在全球范围内展开打击恐怖主义的战争。为了适应这一需求，美国政府制定了"先发制人"的安全与军事战略。2009年奥巴马政府上台后，针对反恐战争和金融危机所带来的困境，着手调整军事战略，结束在伊拉克和阿富汗的战争行动，把战略重心转向亚太，试图继续维护美国世界领导的地位。2017年特朗普执政后，又对美国的军事战略进行检讨，以贯彻其"美国优先"的政策。

### （一）小布什政府：先发制人战略

小布什竞选总统期间和上台初期，是美国历史上实力最强的时期。然而，"9·11"事件彻底击毁了美国本土"绝对安全"的神话。之后，美国打着反恐的旗号，发动了阿富汗战争和伊拉克战争。2002年9月，小布什政府在其第一份国家安全战略报告中正式提出了"先发制人"的对外用兵原则，主张在全球范围内对恐怖分子和支持恐怖分子的国家实施"先发制人"的打击。在这一国家安全战略指导下，小布什政府于 2004 年发布了第一份军事战略报告，明确提出了"先发制人"的军事战略。该报告通过对美国战略环境的判断，确立了美国国防的战略目标，制定了军事战略的基本原则，规划了军事力量的建设、制定了美军的作战构想等。

（1）战略环境的判断。美国政府认为，冷战时代已经结束，21 世纪的安全环境具有了新的特点：一是"地理距离所提供的保护正在消失"，美国在地理上所享有的优越条件已不能成为确保美国安全的重要因素；二是美国所面临挑战的特征是"突然性和不确定性"，传统的应对手段已经失去效力；三是极端主义与技术，特别是核、生、化技术的结合，已成为美国所面临的最严重的威胁；四是美国面临的主要现实威胁是恐怖主义、失败国家和"邪恶轴心国家"，潜在威胁是"出现针对美国及其盟国的新敌对军事联盟，且其中一个或数个成员拥有大规模杀伤性武器及其投掷手段"，或者"重新出现一个与美国实力相当的竞争对手"；五是在太空空间和计算机领域的技术进步使美国的军事优势受到严重削弱，从绝对安全变为绝对不安全。

（2）战略目标。2004 年，美国发布的国防战略报告提出了四大国防战略目标，即美国免于被直接攻击；保护战略通道和维持全球的自由行动权；建立有利于维持世界秩序的安全环境；加强联盟与伙伴关系以应对共同挑战。据此，同年制定的《国家军事战略》报告确定了三大战略目标，即保卫美国、预防冲突和突然袭击、战胜敌人。保卫美国是美军的首要任务。美军将通过海外的军事行动、国土防御计划的制定与实施，以及对政府机构的支持，来确保美国不受直接攻击。因此，美军应采取积极的"全纵深防御"战略。为了预防冲突和突然袭击，美军主张通过采取慑止侵略和胁迫性的行动。美军要时刻做好准备，一旦威慑失败，就要果断使用武力，并能取得决定性的胜利。

（3）战略原则。2004 年的《国家军事战略》报告提出了军事战略的四大原则。一是灵活性，即美军在地理上分散、作战环境复杂的情况下，进行快速部署、展开、维持以及再部署的能力；二是决定性，即要求指挥官要彻底击败敌人，控制局势并取得明确的结果；三是一体化，即要求指挥官把军事行动和其他国内外力量的运用有机结合起来，以提供集中统一的力量；四是作战能力提升，即美军的建设要基于能力，即将来与敌人怎样作战而不是基于与具体的敌人作战。

（4）力量建设。经过两年多的反恐战争实践，美国在《国家军事战略》的报告中提出了"基于能力"的建军模式。一是把"基于能力"的建军模式明确为

"1—4—2—1"型。"1"，即美军要保护美国本土；"4"，即海外四个地区（欧洲、东北亚、东亚沿海地区和中东/西南亚）威慑敌对行动；"2"，即在同时发生的两场战争中迅速击败敌人；"1"，即至少在其中一场战争中取得决定性胜利。按照这一要求，美军要通过转型来实现战斗力的提高。二是指明加强联合部队建设的措施，如基于模块化、任务式的要求进行体制编制调整；实现跨机构一体化和信息共享；加快作为网络中心战技术基础的"全球信息栅格"的建设，确保获取信息优势和决策优势；加快实施全球军事部署的调整，既能增强打赢"反恐"战争的能力，又能加强美国的伙伴网络，为美国扩展战略纵深服务；通过加强和改进联合职业军事教育来开发联合军事领导能力等。

（5）作战构想。对于美军未来如何作战，美国《国家军事战略》报告提出了具体的构想：一是"全谱优势"，即在所有军事行动中，美军都能单独地或者与多国及跨机构进行协同，击败对手，并控制局势；二是构想倡议，即美国武装力量必须通过跨机构合作和国际合作以保持对其他任何国家的军事优势，从而保护美国及打赢反恐战争。

总体来看，"先发制人"充分体现了小布什政府在军事战略上的进攻性、冒险性、单边性、霸权性以及随意性。事实充分表明，该战略的实施，使一些国家或极端势力，不得不以其人之道还治其人之身，从而使得美国不仅不能消除威胁，反而使其面临的威胁更加复杂，也使其从战争走向战争。因此，小布什在任的 8 年，也是美国进行各种所谓"反恐战争"的 8 年。

**（二）奥巴马政府的军事战略**

2009 年，奥巴马政府上台后，对美国过去 8 年从事的战争进行了全面的审视。2010 年 2 月和 5 月，美国先后发布《四年防务审查报告》和《国家安全战略》报告，确立了美国军事战略调整的指导方针。2011 年 2 月，奥巴马政府发布了第一份《美国国家军事战略》报告。报告明确了美国面临的战略环境与挑战；阐述了美国军事战略的主要目标；明确了美国的战略重点和利益关注点；强调了大国合作的重要性；指明了美军应发展的核心能力等。

（1）美国的战略环境。报告认为，"当今世界，产生重大影响的国家和非国家行为体越来越多，权力分配的不断变化表明世界正朝着'多结点'格局转变，而此种转变主要是通过基于外交、军事和经济力量等利益驱动的、不断变化的联盟来实现的，而不是相互敌对阵营在安全上全力竞争造成的。一些全球性和地区性国家通过显示民族主义和极度自信来挑战我们盟友的耐力和美国的领导地位。亚洲地区出现两个全球性的力量和一批具有重要影响的地区性力量。中东地区也崛起了一些影响力较大的国家。亚洲和中东地区形势的发展对地区性的稳定构成了严峻的挑战"。复杂多变的国际形势，错综复杂的多样化威胁，使得作为全球唯一超级大国的美国，必须对所处的战略环境进行分析，维护其战略空间。

一是人口增长带来的压力。报告称，到2025年，地球上的总人口将增加约12亿。人口的增长和城市化的发展将造成水源紧缺和管理困难。难以预见的全球气候变化的影响与不断增加的沿海地区人口中心相结合，将使一些弱小或发展中国家应对自然灾害的能力受到挑战，人口数量的变化及其带来的后果将引发诸多矛盾与危机，从而使国家间发生冲突的可能性不断加大。

二是经济繁荣与安全困境。在可以预见的未来，美国在经济和军事方面仍将是世界上最为强大的国家，但庞大的债务将给其国家安全带来风险。亚洲国家占有世界财富的比重有所上升。中国长达数十年的经济增长为其军力扩张和利益拓展提供了条件。亚洲其他国家也由于经济的发展大大增强军事能力。尽管由于一些成员国削减国防支出而影响它们对集体安全的贡献，北约仍将是世界上最强大的军事联盟。由于国有公司控制的碳氢资源的份额不断增长，长期的能源紧缺与领土争端交织在一起，能源国家之间的关系将增大地缘政治的影响，造成安全上的难题。

三是大规模杀伤性武器的扩散。在大规模杀伤性武器扩散与核恐怖主义方面，国家和非国家行为体之间的相互联结是最危险的行为。朝鲜的核力量和政权的交替将对于地区安全和国际社会的不扩散努力带来威胁；中东地区伊朗获得核武器的努力将加剧该地区国家间军力的竞赛，从而可能引发地区性冲突。拥有核武器或核能技术的国家增多，由于管理水平落后，将加剧冲突的危险和增加向非国家行为体扩散核武器的可能。

四是全球共同和互联领域受到威胁。所有国家共享的海域、空域、太空以及网络空间都已成为不同行为体的攻击对象，逐渐成为国家间对决的战场。一些国家或非国家行为体千方百计提升自身反介入和区域拒止能力，在互联网和太空领域也不断地制造麻烦。作为军事大国，美国通过全球公共领域投送力量的能力将面临挑战。

五是非国家行为体作用增大。国家支持的以及其他非国家行为体通过利用先进技术大大扩展了它们的能力和活动范围，使威慑变得更加复杂。它们利用技术手段，在全球范围内协调和从事各种活动，传播极端思想，向美国及其盟友发动攻击。那些政府管理不力、腐败严重的失败国家往往被非国家行为体用做庇护所，引发冲突和破坏稳定。恐怖主义、犯罪网络和海盗行径践踏国际法律、激起国际冲突，挑战国家的应对能力。

（2）美国的战略目标。根据美国国家安全战略报告和四年防务评估报告中所确立的四项主要国家利益，奥巴马政府的军事战略确立了如下几个目标：

一是反暴力极端主义。美国人民、领土和生活方式的安全是美国的核心利益，国际极端势力使用和试图使用暴力手段加以破坏。美国绝对不退缩，与各种极端势力，特别是把暴力方式奉为圭臬的极端势力进行坚决的斗争。因此，美国一直在南中亚地区与"基地"组织进行战争。这场战争的战略目标是瓦解、摧毁和击败"基地"组织及其分支机构。

二是威慑和击败侵略。预防战争与打赢战争一样重要。稳定与安全的环境是世界繁荣和相互联系顺畅的保证。美国致力于建立一个无核的安全世界。但在核武器还存在的情况下，美国必须保持强大的核力量，慑止敌人对美国及其盟国的核进攻。当然，在维持威慑水平的同时，美国将减少核武器的数量，并降低其地位与作用。美国武装力量的核心任务是为美国作战并取胜。因此，美国武装力量必须拥有击败敌人侵略的能力。为达成该目的，美国联合部队应具备抗击反介入和区域拒止的能力。在太空和网络领域，美国应有保持行动自由的能力。

三是加强国际和地区稳定。作为一个全球性国家，美国的国家利益与国际体系的安全与稳定密不可分。长期以来，美国一直致力于维护其主导的国际秩序。它深知，作为一个体系，任何地区出现动荡或发生战争都会对其产生巨大的冲击，甚至导致整个体系的坍塌。为加强国际和地区的安全与稳定，美国必须使其军事力量实现全球性部署，但要在重点地区集中力量。

（3）美国的战略重心。报告中明确提出了美国的战略重点和利益关注点将越来越多地集中在亚太地区。奥巴马政府认为，随着地缘政治的改变，"二战"以来美国一直把欧洲作为战略重点的做法已经不合时宜。尽管欧洲的地位依然十分重要，但亚太地区对美国安全与繁荣的影响日益增大，从而使美国不得不将更多的战略资源投向亚太地区。之所以如此，一方面是由于欧洲安全形势相对稳定，另一方面则是中国及一些亚太国家"占有世界财富的份额大增"。当然，随着战略重心的转移，美国的军事力量会越来越多地部署和运用在亚太地区。

（4）必要的大国合作。报告强调了大国合作的必要性和重要性，尤其是与中国的合作。报告认为，一方面要致力于与中国建立积极的、合作的、全面的关系，欢迎中国发挥负责任的领导作用，因而寻求与中国深化军事关系、拓展双方互利互惠的领域、增进理解、减少误解、防止误判，同时通过与中国在打击海盗、维护朝鲜半岛的稳定和防止大规模杀伤性武器扩散等方面的合作以增加共同利益。另一方面，要密切关注中国的军事发展，以及这些发展对台湾海峡两岸军力平衡的影响，同时关注中国军事现代化的程度、战略意图及其在太空空间、网络空间、黄海、东海、南海等领域的自我宣示。

（5）美军的核心能力。报告认为，为应对日益多样化的挑战，美军必须加强核心能力的建设。一是培养素质全面的指挥人才。报告认为，能够在多国环境中跨部门指挥作战、具备过硬军事素质的指挥人员才能担负起组建精良部队的任务。指挥人员必须拥有灵活变通、反应机敏和适应性强等素质。为此，报告更倾向于把军队建设与美国社会价值观联系起来，通过保障军人福利和完善人事制度等措施维护美国的价值观、进一步优化美军人员结构、提高军事人才的能力与素质。二是要在各领域保持绝对优势。报告认为，美军要在陆、海、空、天以及网络空间确保执行多样化军事任务的能力，保持遏制对手的对称与非对称能力，加强联合部队向各领域投送力量并安全利用任何领域的能力。三是战备水平的重要性。报告指出，战备能够提供并整合作战司令执行任务所需的各种军事能力，这仍然是重中之重。因此，要重点开展重新配置装备、重新组建作战单位的工作，加强前沿存在，加大参与力度。同时，还要探索更为有效的评估方法，在对联合部队和其他部队的战备水平进行评估时，强调"联合"能力和"联合"概念，不仅要不断升级美军装备，加大科技投入，还要对军事单位进行不断调整，加大部队的"参与度"，提升战场能力。

2015 年，奥巴马政府发表了其任上第二份军事战略报告，其核心内容与第一份战略报告相比，并无太大的变化。相比于小布什政府的军事战略，奥巴马政府军事战略的最大改变就是美国重新把与传统大国的博弈作为战略筹划的重心。

**（三）特朗普政府的军事战略**

2017 年初，特朗普入主白宫。他把竞选时提出的"美国优先"的纲领付诸实施。2017 年底和 2018 年初，美国先后发表了《国家安全战略报告》《国防战略报告》《核态势评估报告》。这些报告的主基调与冷战以来美国所发表的相关报告相比，发生了重大的变化。

（1）美国认为，它长期以来所奉行的对外政策已导致自身的利益受损。自"二战"结束以来，美国为了称霸世界，在世界各地驻军，承担了众多的安全义务。特朗普上台后，就要求盟友承担更多的责任，增大军费开支，减少美国所担负的驻军费用的份额。美国不仅要求日本和韩国提高支付其驻军的费用比例，而且要求北约国家将军费开支增加到国民生产总值的2%～4%。

（2）美国感到，在处理地区性事务中，它总是被"欺骗"，付出的代价大，得到的回报少，如朝核问题。特朗普认为，美国与朝鲜就核问题纠缠数年，其结果就是使其成为一个拥有核武器的国家，他表示，这种状况不能再继续下去了。为此，特朗普上台后，随即对朝鲜采取"极限施压"政策，利用美国的超强实力与国际影响力，对朝鲜实施全方位的高压、威吓、惩罚和孤立，以迫使朝鲜求和。一方面，他要求美军做好"打"的准备，试图以武力解决朝核问题；另一方面，他又同意与朝鲜领导人进行谈判，尝试以可操作性的手段迫使朝鲜知难而退。2018年6月12日，"特金会"在新加坡举行。在随后发表的声明中，朝鲜承诺推动半岛无核化进程，美国则对朝鲜的安全提供保证，从而使得朝核问题以及朝鲜半岛局势大为缓和。然而2019年2月28日河内第二次"金特会"无果而终，表明半岛无核化进程不会一蹴而就。对于伊朗核协议，特朗普也认为极不合理，因为伊朗会利用协议的缺陷研制核武器。因此，在经过一番评估之后，美国决定退出伊朗核协议，并重新对伊朗实施经济制裁。

（3）美国认定，中国是其唯一的全球性战略竞争对手。无论是在国家安全战略报告还是军事战略报告中，美国都直言不讳地突出这一点。《国防战略报告》指出，中国和俄罗斯企图塑造符合其威权模式的世界，操控他国经济、外交和安全决策。中国利用军事现代化，迫使邻国重新确立符合中国利益的印太地区秩序。俄罗斯试图操控周边国家的政治、经济和外交决策，其目的于瓦解北大西洋公约组织，并按照自己的喜好改变欧洲和中东地区的安全结构。报告还特别强调，"中国作为美国的战略竞争对手，利用掠夺性经济威胁邻国，同时在南中国海推行军事化。"

（4）美国决意，坚定地实现国防目标，即捍卫国土，使其免于被攻击；在全球和关键地区，维持联合力量的军事优势；慑止敌人，使其不敢侵犯美国的核心利益；建立跨部门合作机制，提升美国的影响和利益；在印太地区、欧洲、中东和西半球，保持有利于美国的区域均势；保护盟友免遭侵犯，鼓励伙伴反抗压迫，公平分担共同防御责任；劝止、阻止和慑止国家或非国家行为体获取、扩散和使用大规模杀伤性武器；阻止恐怖分子主导或支持的在针对美国本土、公民、盟友和伙伴的域外活动；确保公域的开放与自由；在改革国防部思维、文化和管理体系的同时，以一定经济适用性和速度，持续取得效果；建立一流的 21 世纪国家安全的创新基础，有效支持国防部行动，具备维护安全、解决问题的能力。

（5）美国计划，通过外交、信息、经济、金融、情报、执法、军事等国家权力多元素的无缝整合，建立一个更致命的军事力量、更强大的联盟和伙伴关系、更先进的技术创新体系，以获得更具有决定性和持续的军事优势。在与对手进行竞争的同时，美国还将继续向竞争者和对手开放合作的机会，但必须基于实力地位并立足于国家利益之上。如果合作失败，美国将准备好捍卫美国人民、价值观和利益。为此，美国将采取如下措施：一是保持战略可预见性和行动不可预测性。美国将把战略重点从打击区域对手转向遏制或打败长期的战略竞争者。美国将与盟友实施力量一体化，表明致力于遏制侵略的决心，但在动态力量部署、军事姿态和行动上必须让对手无法预测；二是推进跨机构整合。要与战略对手进行竞争，美国全面利用国家权力，因而国防部将协助国务院、财政部、司法部、能源部、国土安全部、商务部、国际开发署以及情报部门、执法部门等，与它们确定并建立伙伴关系，以解决经济、技术、信息领域的脆弱性；三是反强迫和颠覆。在低烈强度武装冲突的竞争中，所谓修正主义强国和流氓政权正在利用腐败、掠夺性经济行为、宣传、政治颠覆、代理人以及军事威胁或使用武力改变当地事实，所以美国将与盟友和合作伙伴一道来确保共同的利益，抵制这种威胁；四是培养竞争意识。为了在新出现的安全环境中取得成功，美国国防部和联合部队将不得不在思想性、机动性、伙伴性、创造性方面超越修正主义的国家、流氓政权、恐怖分子以及其他威胁行为者。不仅如此，美国还要建立更致命的联合部队，并重建军备；加强联盟，并吸引新的合作伙伴；改革国防部的业务做法，提高业绩和承受能力。

总之，特朗普上台后，对于美国传统的所谓"政治正确"做了相当大的修正，更加注重自身利益的发展，更加强调以"硬"的方式解决国家间的各种矛盾，更加强化军事力量在美国维护国际地位和推行对外政策中的作用。

# 第三节　美国军事战略的特点

综观美国的军事战略史，除了通过抵御来自内（外）部对其核心价值和生死攸关利益构成的挑战，保证国家的相对安全等共性外，美国的军事战略理论与实践还体现出显著的个性特征。

## 一、战略思维的绝对性和极端性

由于受极端利己主义和形而上学思想方法的影响，美国的军事战略思维表现出超乎寻常的绝对性和极端性。

### （一）美国的利益至高无上

从建国伊始，美国的军事战略及其实施就带有显著的利益烙印。无论是国内的西部迁移，还是对外的势力扩张，时刻都体现着美国利益至高无上的战略思维。这种思维的长期积淀，使得美国人在内政方面表现为，极力"追求物质生活"。"其正在变成全国性的和居于统治地位的爱好。人心所向的这股巨流，正把所有的人卷进它的狂涛。"历史证明，谁要是妨碍美国人对利益的攫取，就会自食其果。老布什辉煌地赢得了海湾战争，但因经济政策严重失误而伤害了美国人的利益，其最终被赶出了白宫。在对外政策方面，美国利益至高无上的战略思维表现为，美国的主权和安全不容侵犯和限制，而其他国家的利益可以随意侵犯和限制；国际机制必须服从并服务于美国的国家利益，否则就应该被修改或废除。小布什政府退出《反导条约》、拒签《京都协定书》等行为充分表明了这一点。

### （二）美国的制度无比优越

美国的制度无比优越这一战略思维来源于美国的"民族优越感"和"天赋使命感"，其不仅是美国战略决策者的思维模式，也是美国普通民众普遍存在的心理特征。为此，美国人一直以"上帝的选民"自居，并认为，具有"个性主动和创造性"等特征的白种盎格鲁—撒克逊种族属于世界上最优秀的人群；他们的思想、价值观念和社会制度也是最优越的；盎格鲁—撒克逊人具有传播基督文明、征服落后民族和文明的使命，该使命是上帝赋予的。

"二战"后，尤其是冷战后，美国的"民族优越感"和"天赋使命感"更为强烈。在国家安全理论和军事战略上主要体现为：一是宣传和推广美国的价值观和社会制度，欲想以美国的价值观和社会制度改造世界其他国家，凡不接受或不遵守美国价值观和社会制度的国家，则会遭受美国的反对和制裁；二是确保美国领土、主权等各种利益的绝对安全。小布什政府军事战略宣称的"美国要在没有威胁的国际和国内环境下生活"的"绝对安全"思想，就是这一战略思维的最好印证；三是追求美国在世界上的"领导地位"。这一思维在战后美国历届政府的军事战略报告中可以说是俯首皆是。

## 二、战略目标的扩张性和霸权性

翻开美国历届政府的军事战略文献，不难看出，随着综合国力的逐步增强，美国的军事战略目标日益显示出扩张性和霸权性。

### （一）确保军事实力

确保军事实力，历来是美国军事战略的重要目标。从印第安战争到"二战"，从南北战争到联军进攻作战，两个世纪的美国史，实质上就是一部200余年的战争史。这不仅标志着美国历史上的血腥殖民，而且使美利坚民族形成了崇尚武力的观念。"二战"的爆发，为美国扩充军力提供了绝佳的机遇，其凭借强大的经济和科技优势，迅速建成了世界上最强大的海空军，并率先拥有了核武器，从而使其谋求世界军事霸主的战略目标得以实现。"二战"后，美国依仗强大的综合实力，组建了形式多样的军事同盟，并与苏联集团进行了"以军事实力较量为主要特征的"全球争夺。期间，美国历届政府的军事战略理论均认为，"不断增强军事实力，维持美国的绝对军事优势"是"遏制战略"的主要目标之一，也是遏制政策"必不可少的后盾"。冷战后，为使美国"在全球发挥领导作用"，"参与和扩展"战略将"用做好战斗准备的军事力量，可靠地维护我国的安全"作为其"三大基本目标"之一。布什政府的军事战略也提出了美国谋求的军事实力不能只对某些敌人占有优势，而是必须对任何敌人（包括任何种类、拥有任何手段、单干或结伙、现实和潜在的敌人）占有优势。着眼如此高的军事力量建设目标，可以说是人类史上史无前例的。

### （二）伺机扩张利益

美国的历史是一部扩展史，只要有利可图，美国就会不遗余力地进行利益扩张。美国战略目标的扩张性始自于其建国初期。独立之初，美国的建国之父们认为，领土扩张能够使美国强大，欧洲人就不敢欺负美国，新生政权才能巩固。经过南北战争和工业革命后，美国面对欧洲列强对世界的瓜分，担心如果不向海外扩张，就会沦为二流国家。其后，美国经过了19世纪向亚太地区的扩张、"一战"后向欧洲的扩张、"二战"后向全世界的扩张几个阶段。同时，美国的扩张与科学技术的发展紧密相连。随着富尔顿蒸汽船的发明，美国开始向海洋扩张，马汉的海权战略是美国海上扩张的典型代表。以后，随着飞机的发明和杜黑制空权理论的出现，美国开始对太空发生兴趣，威廉·米切尔的空权战略便是空中扩张的典型代表。随着太空技术的发展，美国又把扩张的领域延伸到了太空，冷战中，里根政府提出了"星球大战"计划，冷战后，小布什坚持建立国家导弹防御系统（National Missile Defence，NMD）、战区导弹防御系统（Theater Missile Defence，TMD）和组建太空部队，便是具体的表现。

### （三）维护领导地位

维护领导地位，是美国军事战略的最大目标。美国谋求世界领导地位有着深远的历史根源。早在建国尚未100年之时，美国就提出了"建立世界性帝国"的目标。"一战"结束前夕，为取代英国成为世界霸主，美国提出了控制战后世界秩序的"十四点"纲领——"世界和平纲领"。"二战"后，随着综合国力的迅速增强，美国谋求"领导世界"的战略目标日趋明确。战争还未结束，美国就积极筹划建立以美元为中心的国际金融体系、建立由美国为首的西方国家控制的联合国，其目的在于建立以美国为领导的战后世界新秩序。同时，杜鲁门公开宣称，美国"已取得了世界的领导地位""胜利已使美国人民有经常而迫切的必要来领导世界"，并要为巩固这个地位而努力。

冷战期间，美国历届政府都将维护美国在世界的领导地位作为其军事战略的主要目标。即便在深陷越战泥潭时期，尼克松依然坚持"美国将承担我们业已承担的条约义务"。里根也强调，不管具体政策会怎样调整、改变，"指导美国保持在当今世界中的领导地位的"目标不会变。

冷战后，美国谋求并维护世界领导地位的野心急剧膨胀。"灵活与选择参与"战略指出，苏联垮台后，美国应抓住"单极时刻"前所未有的机遇，确立美国的"绝对霸权地位"和"美国治下的和平"。美国必须"在全球发挥领导作用"，这种"领导作用从来没有像现在这么重要"，只有发挥领导作用，美国才能变得"更加安全和更加繁荣昌盛"。布什政府进一步指出，美国必须"阻止发达工业国家挑战美国的领导地位，甚至不能让他们有发挥更大的地区或全球性作用的野心""美国的政治领袖地位应该高于联合国""即将来临的新世纪的挑战就是要维护并加强美国强权之下的世界和平"。"9·11"事件进一步刺激了美国称霸世界的欲望。为此，布什政府相继采取了追求军事上的绝对安全、组建反恐联盟、强化和维护国际机制等一系列战略举措，以维护美国的世界领导地位。

### 三、战略手段的暴力性和侵略性

长期以来，由于一直奉行强硬的以军事力量为重点的实力政策，美国在推行其军事战略的过程中，表现出显著的暴力性和侵略性。

#### （一）信奉"森林法则"，极度崇尚武力

老罗斯福的军事战略认为，伟大国家的目标，需通过国家权力的增长来实现。社会达尔文主义所论述的"森林法则"和"弱肉强食"现象，在国际社会比在国内社会表现得更加突出和明显。因此，国家为捍卫自己的利益必须增强国力。一个尚武的和富有扩张性的民族才是有希望的民族。"遏制战略"也认为，在无政府的国际社会，社会行动的法则至今主要是"森林法则"，只有国家实力地位处于绝对优势，美国的安全才能有保障，否则，将会被欺负或被淘汰。冷战后，美国拥有"无与伦比"的军事实力。然而，"森林法则"引发的"危机感"，使得美国的战略家们依然在追求"压倒性"的军事实力。克林顿与布什政府军事战略中的"准备""基于能力"及"绝对安全"等均体现着这一思想。为此，近年来美国一直维持着绝对优势的军费投入，2004财年的国防预算高达4005亿美元(不含为伊拉克和阿富汗战争追加的预算)，相当于其后的15~20个最大的国防支出国的军费总和。

#### （二）四处寻找对手，实施"遏制战略"

强烈的"危机感"使美国人始终感到自己处于不安全状态之中。成为北美实力最强大的国家时如此；"二战"后综合国力处于世界第一的地位时如此；冷战后成世界唯一超级大国时依然如此。上述思维，使得美国人四处寻找对手并加以"遏制""威慑""先发制人"打击。

美国在建国后的相当长一段时间内，将欧洲列强作为主要对手加以防范；"二战"后，美国迅速地撕裂了美苏在战争中建立的友情，对苏联实施了长达40余年的"遏制"战略；冷战后，"灵活与选择参与"战略不仅依然将俄罗斯作为潜在对手，而且还将"和平崛起"的中国作为其最主要的战略对手。"9·11"事件后，在加强对中、俄遏制和威慑的同时，美国还将朝鲜等"无赖

国家"作为主要威胁和进行"先发制人"打击的主要对象。

### （三）侵犯别国主权，践踏国际法则

在美国战略策者的思维中，实现军事战略目标的决定性因素是实力，而非国际舆论和国际法。因此，肆意践踏国际法则，不断侵犯别国主权等劣迹必然与美国军事战略及其实施过程形影相随。冷战期间，美国一面运用多种手段围堵、遏制及"和平演变"苏联与中国，一面对亲苏国家进行文攻武吓，直至派兵进行军事干涉。40 余年间，美国共对外用兵 300 多次，1948 年 5 月至 1967 年 10 月 1 日，美国仅对拉丁美洲实施的军事干涉就达 39 次。冷战后，美国不仅在战略上继续保持了积极进攻的态势，而且在战役战术上表现出了更强的暴力性和侵略性。其以"人权高于主权"等理论为借口，更加频繁地和肆无忌惮地践踏国际法，侵犯别国主权，并不断对外动用武力。如果说，1991 年 50 多万美国大兵在波斯湾地区掀起"沙漠风暴"、挥舞"沙漠军刀"是"替天行道"的话，那么 1999 年的"联盟力量"行动显然没有什么正义而言。78天的野蛮轰炸无疑是对南联盟主权的粗暴侵犯，是对国际法的公然践踏。"9·11"事件引发的阿富汗战争尘埃未定，美国即置全球反战巨浪于不顾，悍然军事占领伊拉克。对萨达姆家族及伊拉克统治集团斩尽杀绝等行为，进一步暴露了美国推行军事战略时的暴力性和侵略性。

## 四、战略行为的扩张性和单边性

战略行为的扩张性和单边性是美国军事战略理论及其实践过程中的又一重要特点。

### （一）安全必须扩张

独立之初，美国人即认为，要想保卫并扩展独立战争的原则和共和制，唯一的办法是扩张领土。在此思想引导下，美国维护国家安全的主要行为就是贪婪地进行领土扩张。1801—1893 年，美国的领土急速扩张了 4 倍。后来美国又吞并了夏威夷和关岛等地。领土的不断扩张，使美国深刻地感受到扩张对保持其安全和强大的重要性。马汉海权战略的出现，进一步诱发了美国海外扩张的欲望和行动。此后，美国全面加强了在海外的经济、政治、军事和文化等利益的扩张。"一战"后，威尔逊企图用建立国联组织的办法实现美国的世界扩张；"二战"后，为扩张美国的势力范围，美国与苏联进行了全领域、全方位的激烈较量；冷战后，美国战略行为的扩张性更加显著。"参与和

扩展"战略明确表示，美国要用公众外交、国际援助、军事活动、军控等多种手段，"营造"有利于美国的最佳"国际安全环境"，以扩展美国利益。布什政府也表示，只有将美国的领导扩张至全球每个角落，才能确保美国的"绝对安全"。总之，200余年的美国军事战略理论和实践的历史一直贯穿着这样一种思维：扩张才能强大→强大才能安全→安全必须扩张。

### （二）扩张必然单边

尽管国际组织、国际机制及国际联盟等字眼一直标识在美国军事战略理论的文献中，但为扩张并维护自身的战略利益与目标，美国的战略行为总是表现出极端的单边性。早在拿破仑战争期间，美国因不愿受制于英国，独自发表了门罗宣言；"一战"后，为摆脱欧洲列强的影响，美国拒绝参加国联；"二战"前及战争前期，美国一直不愿意加入任何联盟并承担义务，直到自身的利益受到日本的侵害时，才加入反战联盟；冷战期间，美国的安全战略理论完全从本国的利益出发，从不顾及别国的利益，即便是盟国也是如此。从中美秘密建交而盟国一无所知便可见一斑。

冷战后，美国战略行为的单边性发展到了极致。美国认为，单边主义是与冷战后单极霸权的国际格局相协调的；其实质就是，我们不允许其他国家阻止我们追求美国和自由世界的基本利益；美国的行为不应受任何国际法规的约束，所有现行的国际条约和机制都是实现美国利益的工具，否则，美国将毫不犹豫地废弃这些条约，退出这些机制。拒签《京都议定书》和《全面禁止核试验条约》；退出《反弹道导弹条约》；反对建立国际刑事法庭；绕开联合国发动伊拉克战争等，又在美国军事战略理论和实践史上增添了新的单边主义劣迹。

### 五、战略运用的威慑性和实战性

从美国对军事战略这一概念的界定可以看出：美国的军事战略不仅重视战时武装力量的使用，同时也十分重视和平时期的武力威慑，它是军事威慑与军事打击的结合体，具有鲜明的威慑性与实战性。

战后50余年的时间内，美国历届政府的军事战略均贯穿着威慑和实战这一思想。杜鲁门政府推行"遏制战略"时期，美国对苏联等社会主义国家实行"核武器轰炸"和军事包围的遏制与威慑政策。当新中国和朝鲜民主主义人民共和国相继成立，宣告"遏制"战略破产时，美国运用"实战"手段，发动了侵朝战争。艾森豪威尔政府时期，美国一面倚仗其核优势积极推行"大规模报复"核威慑战略，一面运用"实战"手段对第三世界国家进行军事干涉。冷战期间美国各届政府推行的军事战略均是如此。

冷战后，大规模战争爆发的可能性减少，地区危机和冲突不断。为维护美国的"全球利益"，美国在"威慑"和"实战"方面采用的手段更加灵活多样：在干涉地区危机时，往往打着"维护地区和平与稳定""保护民主与人权"等旗号向对手施加压力；实行贸易禁运和封锁，使对手在经济上遭受打击；在对方部分区域建立"禁飞区"或"安全区"，使其丧失部分军事行动自由，从而削弱对手。

综上所述，依仗超强的综合实力，美国军事战略理论和实践显示出强烈的霸权性、极端性、侵略性、扩张性、单边性以及威慑性和实战性等个性特征。然而，霸权与扩张必然导致衰落，这是历史铁的规律！英国战略思想家利德尔·哈特曾经十分明确地指出：一个国家扩张力量到了筋疲力尽的程度，就会使其政策破产，使其丧失前途。由战争引起的自身枯竭而灭亡的国家比任何被外国侵略者灭亡的国家要多。

# 第八章　俄罗斯的军事战略

俄罗斯是一个神奇而独特的国度。奇特之处，不仅仅在于其拥有独一无二的地大物博和众多民族，更在于其拥有个性鲜明的发展逻辑和曲折历史。无论是基辅罗斯还是沙皇俄国，无论是苏维埃联邦还是俄罗斯联邦，基辅、彼得堡、莫斯科爆出的突然往往总是出乎世人的意料。"奇特"与"意外"不仅相拥着俄罗斯民族的兴衰历程，而且引发着世人关于俄罗斯国家军事战略得失的无尽思索。

## 第一节　俄罗斯军事战略概述

俄罗斯军事战略理论，继承和发展了沙皇俄国和苏联的军事战略理论，同时也吸收了世界各国准备和进行战争的经验，在实践中形成了一套完整、独特的学术体系。

### （一）军事战略的概念

俄罗斯战略体系继承于苏联，划分为国家安全构想、国防政策、军事学说、军事战略四个层次。国家安全构想是国家正式采用的关于运用现有资源和潜力确保个人、社会和国家安全在政治、经济、军事、精神生活、文化和科学、生态、信息等各种活动领域免受内外威胁的一整套观点，是俄联邦解决安全问题的最高纲领和基本依据。国防政策是国家、政党或其他社会政治机构涉及建立军事组织、准备和使用武力保卫国家和战略利益的政策和观点，是国家总政策的有机组成部分。军事学说是国家在某个时期对未来战争的本质、目的和性质，以及国家和军队进行战争准备与实施的基本思想和观点。

军事战略，是军事艺术的组成部分和最高领域，是关于现代战争性质和以军事手段防止战争的途径、关于国家和武装力量对于抗击侵略的准备、关于进行整个战争和战略规模军事行动的方法和样式的科学知识体系，也是国家领导和最高军事领导在防止战争、做好战争准备以及在实施军事行动时对国家和武装力量进行领导，以抗击和歼灭入侵者的实践活动领域。总之，俄罗斯军事战略是国家军事活动的理论与实践。也就是说，整个军事战略是有关现代战争特点、以军事手段防止战争的途径、国家的防御准备以及实施整个战争或战略规模的军事行动方法和样式的科学知识体系，也是最高军政领导防止战争、组织国家和武装力量备战并领导武装力量作战的实践活动领域。

俄罗斯军事战略概念及其内涵与西方国家有很大区别。俄罗斯不使用西方的"国家战略""大战略""国家安全战略"等概念。俄认为，美、英等国使用以上术语，把军事战略的某些重要内容纳入了"大战略""国家战略"之中，从而把军事战略的内容搞得很贫乏。俄罗斯对军事战略概念的解释，在涉及的领域比西方国家更宽泛，不仅指军事问题，还要考虑政治、经济和科技等方面的因素，并以数学、物理学、化学、控制论和其他科学的现代成就为根据。然而，俄罗斯在战略的运用范围方面却又仅限于战争，比西方国家广义的战略、"国家战略"和"大战略"的内涵更为狭窄。因此，俄罗斯对"军事战略"的定义，则是介于美国"国家安全战略"和"军事战略"之间的一个军事术语。

**(二)军事战略的研究对象**

俄军认为，在现代条件下，军事战略的研究对象主要是有关武装斗争、战略规模的军事行动、武装力量建设和国家战争准备等纯军事性问题。具体而言，军事战略理论和实践主要包括八个方面：一是现代战争的可能特点，首先是战略内容，以及用军事手段预防战争的方法；二是武装力量在战争和战略性战役中抗击进攻和粉碎侵略者的任务，以及完成任务所需的手段；三是准备和实施战争和战略性战役的方法、样式和条件；四是制定在战争和战略性战役中使用武装力量和各军种的战略计划；五是武装力量行动的战略(战役)、精神心理、技术和后勤保障等原则；六是武装力量在平时和战时的领导；七是制定武装力量建设以及经济、备战和战场准备的要求与建议；八是预想敌方的战略观点及其进行战争的经济和军事能力，以及发动和实施战争与战略性战役的方法。

根据军事战略的研究对象与活动范畴，其内容包括实践方面和理论方面，即最高军政领导在防止战争、国家和武装力量备战、准备和实施战略性战役和行动方面的组织指挥活动以及这些方面的系统知识。俄军认为，军事战略的内容不是永恒不变的，并非在一切条件下都能适用。它随着本国和预想敌国的社会政治、经济和军事领域的变化而变化，以及新型武器在武装力量中推广使用而发生变化。因此，应使某些战略原则失去意义或具有新的内容。

与此同时，随着新理论的产生和实际任务的改变，就要探索最合理的解决这些问题的新途径。

## 第二节　俄罗斯军事战略的演进

俄罗斯军事战略的萌芽可以追溯到 14 世纪沙皇俄国形成时期，可以说俄罗斯军事战略的形成和发展过程就是沙皇俄国侵略扩张的过程。为此，从广义上看，俄罗斯军事战略可分为沙皇俄国时代、苏联时代和俄联邦时代三个大的阶段。在此，仅追溯"二战"后苏联时代和俄联邦时代军事战略的演进历程。

### 一、战后苏联的军事战略

"二战"结束后，世界军事政治力量格局发生了深刻的变化，形成了两个在政治、经济、意识形态以及军事上严重对立的社会体系和分别以苏联、美国为首的两大阵营。两大阵营之间以及围绕两大阵营的各国展开了游走于"热战"边缘的"冷战"。与此同时，核技术、导弹技术、半导体电子技术、太空技术和新型材料与结构等新军事技术的迅猛发展，推动了战争形态和作战形式的演进，并对军事战略产生了巨大影响。从 20 世纪 40 年代中期至苏联解体，苏联的军事战略经历了四个不同的发展阶段，并在每个阶段形成了具体的战略方针。

#### （一）斯大林晚期的军事战略

"二战"后，苏联进入了新的和平建设时期。其面临的主要任务是：在国内，尽快将战时经济转入和平建设轨道，恢复和发展国民经济；在国际上，巩固在战争中取得的大片领土以及其他政治、经济权益。同时，随着冷战形势的进一步发展，苏联在借鉴卫国战争经验教训的基础上，提出了"积极防御"的军事战略。战前，预有准备地做好各种准备，但不发动进攻，一旦遭到敌人进攻，则首先实施战略防御，并积极采取各种措施，确保防御的稳定性，其后随即转入战略反攻和战略进攻，夺取战争的胜利。该战略主要包括以下三方面的内容：

（1）战争准备上，建立和加强积极防御的物质技术基础，尤其是投入巨大的人力、物力研制核武器及其运载工具，最终打破美国的核垄断。以此为基础，准备在欧洲打一场大规模的常规战争。

（2）军事建设上，在强调以陆军为主的同时，重视大力发展海军、空军和其他军（兵）种，组建国土防空军和空降兵。目的在于改变对美的军事劣势状态。

（3）作战思想上，在强调战略防御的同时，仍然把战略进攻作为进行战争的主要方法。

### （二）赫鲁晓夫时期的军事战略

赫鲁晓夫上台后，随着形势的发展变化，苏联的内外政策进行了重大的调整。经济方面，由于贯彻粗放式经营和优先发展重工业的方针，国民经济获得了迅速的发展，综合国力进一步增强；外交方面，起初推行"和平共处"路线，力图避免与以美国为首的西方集团发生战争，但由于美国推行"大规模报复"战略等原因，苏联的"和平共处"战略基本上未取得明显成效；军事方面，尽管苏联开始在数量和质量上追赶美国，但美国仍拥有对苏核优势。在此背景下，苏联开始围绕核武器出现后战争的性质、特点以及作战方法等问题展开广泛讨论，从而逐步形成了"火箭核战争"战略。

在对战争性质的认识上，认为就政治实质来讲，未来战争将是两大敌对社会体系之间决定性的武装冲突；就规模来讲，未来战争将具有世界大战的性质，任何局部战争都会蔓延为世界大战；就特点来讲，未来战争将首先是火箭核战争，战争初期的意义大大提高。

在军事建设问题上，强调核武器首先决定军队建设的方向，将战略核武器的发展置于首要地位。为此，苏联大力发展火箭核武器，优先发展战略火箭军，并对各军兵种实行全面的核改造，以改变对美的核劣势为战略目标。

在作战思想上，摒弃了传统的建立在常规战争基础上的作战理论，提出了全新的火箭核战争理论，强调实施战略进攻，在战争初期以火箭核突击达成速战速决。

### （三）勃列日涅夫时期的军事战略

在勃列日涅夫执政的 18 年间，苏联形成了以"积极进攻"为主要特点的军事战略。

在对战争性质的认识上，认为未来战争仍然以火箭核战争为主要形式，但战争除具有时间短暂的特点外，在一定条件下也可能持久。同时，苏联认为，由于核战争手段的发展，这种战争将不会有胜负；随着世界形势和军事技术的发展，在一定条件下也可能爆发使用有限威力核武器的战争或只使用常规武器的局部战争。

在军事建设问题上，继续把发展战略核力量作为军队建设的重点，同时强调把发展核武器与完善常规武器有机地结合起来，协调、均衡地发展所有军种和兵种。

在作战思想上，提出了全新的火箭核战争理论。强调实施先发制人的、突然的、毁灭性的打击，一举瘫痪敌方防御体系和战争能力，以连续的战役突破取得具有决定性的成果，达成速战速决的目的。

### （四）戈尔巴乔夫时期的军事战略

戈尔巴乔夫执政后，提出了一系列通过改革使苏联摆脱困境的所谓的"新思维"。其强调"全人类的价值"高于一切，实现"国家关系非意识形态化"和各国对自己命运的自决。根据这些原则，苏联制定了"防御性"军事战略。

在战争准备上，认为鉴于现代战争的巨大破坏力，在未来的全球性核冲突和世界大战中没有胜利者。为此，苏联放弃了打赢核战争的目标，但仍强调保持强大的核威慑能力，以防止核战争，同时十分重视以强大的核力量做后盾的高技术新型常规战争。

在军事建设问题上，提出武装力量建设应服从经济建设的需要，将"合理够用""质量建军"原则作为根本指导方针。在大幅度裁减军备，进行军队结构"防御性"改组的同时，积极发展新型武器装备。

在作战思想上，否定了先发制人、突然袭击的作战方法，确定了防御战役和战斗是基本的作战行动方法，并把"非进攻性防御"作为军事行动的基本类型。

戈尔巴乔夫的"新思维"直接影响了苏联的军事政策和军事战略方针。1987 年制定的军事学说明确提出了"五不"原则，即：第一，苏联在任何条件下都不首先发起军事行动，也不首先使用核武器；第二，苏联武装力量不制定、不掌握、不使用任何旨在对敌实施突然袭击或先发制人突击的行动；第三，在战争过程中苏联武装力量不对大城市、文化中心，也不对一系列其他民用目标实施预有计划的突击，只要敌人不采取类似的行动；第四，主要通过回击行动，多半是防御和反攻行动来抗击侵略；第五，不规定、在许多情况下干脆排除俄武装力量从战役一开始就展开大规模进攻战役的可能性。这使苏联末期的军事战略彻底成为"纯防御性"军事战略。

1991 年 7 月，"华约"正式解散，1991 年 12 月 25 日苏联宣告解体，苏联军事战略作为一个历史阶段也随之宣告完结。

## 二、俄联邦时代的军事战略

从国家独立之日算起，经过近 30 年的发展，在继承苏联军事战略共性规律、军事历史传统和民族文化精神的基础上，俄罗斯形成了一套与以往略有不同的军事战略理论体系。该理论体系建立在另一种价值观和政治制度基础之上，打破了马克思列宁关于战争与军队学说的"限制"，形成了以新的战争经验、地缘政治理论和国家关系现实为依据的战争观和安全观。

### （一）叶利钦时期的军事战略

从总体上来讲，叶利钦执政时期，俄罗斯实行了"攻防结合"与"现实遏制"的军事战略。

1991 年 12 月 26 日俄罗斯正式独立，叶利钦从即日起至 1999 年底任俄联邦总统。在他就任总统的初期，俄罗斯军事战略出现了俄罗斯（苏联）战略史上从未有过的急剧变化。他根据变化了的国际战略环境和新的国家战略目标，确立了新形势下关于预防、准备和进行战争的一系列观点。与此同时，在军事战略的基本性质上，保留乃至强化了苏联后期的"纯防御"思想，在承认戈尔巴乔夫时期"五不"原则的基础上，又追加了"三不"原则，即：俄罗斯不把任何国家视为自己的敌人；不把任何奉行不同政治制度的国家、任何邻国包括任何从苏联分离出去的国家视为潜在敌人；不对任何国家使用武装力量和其他军队，除非当俄联邦及其公民、领土、武装力量或盟友遭到武装进攻时需要进行独立或集体自卫。以此为依据，在战争准备上，强调既准备打核战争也准备打新型常规战争，但以准备打常规战争为主；在力量建设上，坚持质量建军思想，走军队小规模化和职业化的道路；在军队职能上，取消军队对内职能，承诺军队在任何时候和任何情况下都不用来对付民众，不用来解决联盟内部问题和民族间冲突。这一时期的军事战略，因其主动放弃了一切战略主动权，极大地限制了俄武装力量作为战略手段的运用，在 1992 年至 1993 年间受到了国内各有关方面的严厉批判，被斥责为"国家在未来战争中被预先注定了必然失败的死亡战略"。

此后，随着国内政局的逐步稳定，叶利钦很快放弃了"纯防御性"军事战略，于 1993 年批准了俄罗斯建国后首部军事学说——《俄联邦军事学说的基本原则》，提出了"攻防兼备"的军事战略。该战略首先在核政策方面作出了大幅度的调整，放弃了不首先使用核武器的承诺，提出核武器可用于实施回击、回击—迎击和先发制人的突击。

在对未来战争的判断方面认为，尽管核大战和大规模常规战争爆发的可能性大为降低，但不可否认，当今世界依然存在着较高程度的军事对抗和深刻矛盾，突发军事冲突的可能性依然存在，因此，国家集团之间不能完全排除爆发大规模的全面战争、有限战争和地区战争，个别国家之间还有可能爆发局部战争，甚至存在着爆发国内战争的可能性。局部战争和武装冲突是当前最有可能爆发的战争。还认为，在现代战争中，武器装备作用范围广泛，参战军事组织众多，从常备军到非正规军和民众都有可能参战，而且任何局部战争都可能带来巨大的物质损耗和精神、政治损耗，以及双方武装力量和居民的大量伤亡。因此，预防任何形式、任何规模、任何类型的战争是俄罗斯军事战略的优先任务。同时表示，假如战争和冲突不可避免，俄罗斯将从"防御足够"原则出发，将自己的主要行动限制在防卫范围，既采取防御性行动，也采取进攻性行动，尽最大努力、在最短的时间内、以最小的损失结束战争。

在武装力量建设上，坚持"合理、足够防御"原则，主张既合理限制军队编制数量，又使部队拥有强大的战斗力和快速的机动力，能在各种战争和武装冲突中，在各种条件下，与任何敌人作战。建军目标是"用途多样、结构严整，既能整建制使用又能部分使用，既能集中使用又能分散使用，并随时做好迅速使用的准备"。在用兵原则上，首次突破了不使用军队来预防或镇压国内动乱的用兵方针。在武器装备方面，将致力于研究和生产高效的军队指挥与武器控制系统、通信系统、侦察系统、导弹袭击预警系统、无线电电子战系统、高精度机动常规毁伤兵器及其保障系统。特别重视将战略武器系统保持在较高水平上，提高单兵技术装备的科技含量。

然而，俄罗斯在独立初期，国内政治生活十分混乱，最高领导层对国家安全保障方式的认识存在严重分歧，对昔日的主要敌人美国和北约抱有不切实际的幻想并缺乏长期性的应对政策，因此很难合理分析和预测军事威胁以及确定军事威胁的可能发展趋势，从而导致既定的一整套军事战略方针难以落到实处。与此同时，就在首部军事学说颁布的那年夏季，北约推出了"东扩战略"，并于 1995 年 9 月正式通过了《北约东扩可能性研究报告》。针对北约对俄战略空间的挤压，俄罗斯国防部于 1995 年 10 月制定了《对付俄罗斯国家安全主要外来威胁的战略构想》，重新把北约确定为俄的主要外部威胁和潜在敌人，并提出"用武力对抗北约是俄面临的一项紧迫任务"。这在冷战结束后是第一次。其后，叶利钦在1996年的《总统国情咨文》中，把"攻防结合"的军事战略调整为"现实遏制"战略，其具体表述为："俄罗斯不追求在武器和武装力量的数量上与其他大国保持均势，而是奉行以使用自己的武装力量坚决反击侵略为基础的'现实遏制'战略。"这是俄罗斯首次提到"现实遏制"的战略思想，这一思想在2000年版和2010年版军事学说中得到进一步充实与完善。

**（二）普京第一、第二任期的军事战略**

2000年普京当选俄罗斯联邦总统。上任不久，普京就批准了俄罗斯联邦第二版军事学说。该学说的草案发表于叶利钦执政末期的1999年。同年，俄罗斯与以美国为首的北约的关系急剧恶化。首先是北约通过接纳波兰、匈牙利和捷克的正式加入，完成了首轮东扩；接着以美国为首的北约绕过联合国发动了科索沃战争；后来美国又宣布退出反导条约，决定在东欧部署导弹防御系统。在此背景下制定的第二版军事学说，全盘吸收了叶利钦提出的"现实遏制"战略思想。为了达成"现实遏制"的目的和效果，新战略要求俄武装力量必须具备三种能力，即有效遏制对俄罗斯和集体安全组织成员国的核袭击威胁的能力，有效遏制外国或国家集团使用常规武器对俄罗斯及其盟国大规模入侵的能力，有效实施地区战争、局部战争和维和行动的能力。

2002年俄罗斯发表了《2010年前国家军事建设的政策基础》文件，该文件将"现实遏制"战略进一步表述为"以核遏制为依托的战略机动性"战略，并将此作为2010年前组织国防的基础。俄罗斯国防部在2003年10月发布的《俄联邦武装力量发展的紧迫任务》文件中正式采纳了这一新战略，该文件成为俄罗斯全面转向"以核遏制为依托的战略机动性"战略的发端。

该战略在确保发挥军事战略遏制功能的基础上，强化了战略的反制功能。所谓"以核遏制为依托"，就是"在俄联邦国家安全面临危急局势时，可以使用核武器回击大规模常规入侵"，并"保留实施'先发制人'核突击的权力"。所谓"机动性"，就是通过建设精干、高效、具有高度机动性的常备部队和实施快速的战略机动，确保打赢周边地区发生的武装冲突和局部战争，必要时不惜采取"先发制人"的行动。

该战略的提出主要基于以下两个判断：其一，进入新世纪以后，军事力量在保障国家安全中的地位和作用明显上升；其二，俄罗斯所面临的威胁性质发生了变化，除传统的内外威胁外，出现了兼具内外威胁特征的跨境威胁，即"形式上表现为内部而实质是外部的威胁"。这类威胁有：在境外建立、武装和训练武装组织以便投送到俄罗斯及其盟国境内活动；对俄罗斯及其盟国采取敌对的信息行动；国际恐怖组织的活动；得到境外直接或间接支持的分离主义、民族主义和宗教极端主义组织，旨在破坏俄罗斯宪法制度、威胁俄罗斯领土完整和公民安全的活动；跨境犯罪；可能在俄罗斯境内进行运输或利用俄罗斯境中转的毒品交易。透过俄罗斯所罗列的种种跨境威胁不难看出，俄罗斯的主要忧虑是在俄罗斯境内及其周边继续爆发类似某些独联体国家那样的"颜色革命"和有组织的大规模恐怖事件。

基于"形势趋于严峻"的判断，俄罗斯提出了"先发制人"的用兵方针，强调突出核战略的遏制功能和发展同时应付两场武装冲突或局部战争的战略能力。俄罗斯突然提出"先发制人"的用兵方针，在某种程度上是对北约和美国在阿富汗、伊拉克"反恐战争"中运用"先发制人"战略的一种反应式回应。而强化"核战略遏制功能"的目的则在于，防止核武器从遏制手段重新变成实战手段、防止核扩散。至于"同时打赢两场武装冲突或局部战争"的构想，主要基于在高加索和中亚方向有可能同时爆发冲突，在俄罗斯西部、南部或东部方向有可能同时爆发局部战争。按"同时打两场战争"的思路规划战略能力的发展，在俄罗斯军事战略史上尚属首次，它至少说明两点，一是俄罗斯对安全形势的判断过于严峻；二是俄罗斯建军思路不再以军事力量而是以国家安全需求为出发点。但"同时打两场战争"的目标被俄罗斯军界有些人认为不切实际而遭到激烈批评，因此后来俄罗斯很少再提"同时应付两场战争"。

### （三）梅德韦杰夫时期的军事战略

2008 年 5 月 7 日，梅德韦杰夫就任俄罗斯联邦总统。经过俄格战争和俄军"新面貌"改革，俄罗斯对军事战略进行了大幅调整，形成了"现实遏制下的灵活反应"战略，其主要思想反映在 2009—2010 年先后发表的《2020 年前俄罗斯国家安全战略》、2010 年版《俄联邦军事学说》和《俄国防法修正案》等文件中。该战略集叶利钦时期和普京第一任期军事战略之大成，对"现实遏制""以核遏制为依托的战略机动性"战略进行了充实完善，基本精神可概括为以下六个方面。

（1）在威胁判断上，认为外部威胁大于内部威胁，将美国和北约视为俄的主要战略对手。俄罗斯认为，尽管当前爆发针对俄的大规模战争和核战争的可能性降低，但俄面临的军事安全威胁依然严峻。

俄罗斯在 2010 年版《俄联邦军事学说》中明确指出，俄面临的外部威胁大于内部威胁。外部威胁主要表现在：第一，北约谋求全球性职能，不断东扩并将军事机器推向俄边界。"北约新战略构想"明确指出，北约可以在全球范围内采取军事行动。自北约于 1993 年提出东扩计划以来，东扩步伐不断加快。1999—2008 年已接纳了 12 个中东欧国家正式加入北约，它还计划将位于俄家门口的乌克兰和格鲁吉亚拉入北约。俄罗斯认为，北约的这种推进及其宣称的全球性职能对俄构成了直接威胁，它不仅使俄失去了昔日的盟友、使俄西部边境直接暴露在北约面前，而且一旦俄与北约新成员发生冲突，北约很有可能介入。第二，美国加紧建立和部署战略导弹防御系统和精确制导武器系统，加快太空军事化的步伐。2007 年以来，美国已与波兰、捷克就在东欧建立反导系统问题达成协议。根据相关协议，美国将在波兰建立导弹发射装置并部署拦截导弹，在捷克建立雷达系统。由于金融危机等原因，美国虽暂停了这一计划，但这并不意味着美放弃了对俄罗斯实施反导压制、抵消俄罗斯导弹威力的想法。今后一旦时机成熟，该计划将重启。进入 2010 年后，美国与罗马尼亚又达成了在罗境内部署导弹拦截装置的协议。紧随其后，保加利亚也表示希望加入美国的欧洲反导系统。俄罗斯心知肚明，美国欧洲反导系统一旦建成，俄罗斯全境将被笼罩在美国的反导大伞之下，其所依仗的导弹攻击威力将大打折扣。第三，恐怖主义、极端主义和分离主义势力在俄罗斯毗邻地区有蔓延之势，国际安全形势恶化，有些国家企图干扰破坏俄罗斯的国家和军事指挥系统，在境外组织和训练针对俄罗斯的非法武装等。俄罗斯认为，在这些威胁的背后均可发现美国和北约的影子。例如格鲁吉亚，就是靠美国及一些欧洲国家为其提供武器装备并帮助训练发展起来，进而受美国怂恿向俄罗斯公开挑衅的国家。在俄格战争中格鲁吉亚失利后，重新得到了美国和北约的支持，装备水平和训练水平迅速恢复。北约与格鲁吉亚还举行了代号为"合作长弓-09"的军事演习。俄罗斯将这些举动视为十分现实的威胁。

（2）在战争准备上，以准备打局部战争和武装冲突为主。俄罗斯认为，当前尽管全球意识形态对抗减弱、多极化进程加快，但国际军事政治形势依然严峻。全球化导致国家间矛盾加剧，现存的国际安全架构和机制不能确保所有国家拥有平等安全，武力解决地区冲突的趋势依然存在，军事力量在捍卫国家利益方面的作用显著提升。

俄罗斯通过研究美国和北约 20 世纪 90 年代以来发动的几场战争得出结论，未来战争将以局部战争和武装冲突为基本形态，其主要特点是：综合使用军事手段和非军事手段，密集使用以新物理原理为基础的、与核武器等效的武器和军事技术装备系统，扩大军队及兵器在空中和太空领域的使用规模，加强信息对抗的作用，缩短准备实施军事行动的时间，通过从绝对垂直的指挥体系向全球自动化网络指挥体系过渡来提高军队和武器系统的指挥效率，在对抗双方领土上建立常设军事行动区，速战速决，有选择地毁伤目标且毁伤程度高，军队和火力机动快等。基于上述认识，俄罗斯决定在确保核遏制潜力的前提下，重点做好打局部战争和武装冲突的准备，所采取的主要作战形式将是战略方向上跨军种联合作战。要求做到，在遭敌突然袭击的情况下，俄军能迅速组织各军(兵)种部队实施联合作战，海空军以及防空、战略导弹部队负责抗击敌空中袭击和导弹突击，组织近海防御作战，力求拒敌于海上；陆军在海空军配合下实施抗登陆战役和边境地区防御战役，抗击外敌入侵。

(3)在兵力部署上，以西部、南部、东部为主要战略方向。2010 年俄军根据所面临的威胁对战略方向进行了重大调整，以原来的六大军区为基础组建了西、南、东、中四大军区，并建立了相应的联合战略司令部，明确了各自的作战任务。其中，西部军区，基于美国和北约空天袭击能力和反导能力增强，俄罗斯面临遭受海空封锁和空天一体战略袭击的威胁，主要部署了空天防御力量和战略进攻力量；南部军区，因存在再次爆发中低强度武装冲突的危险和实施反恐行动或维和行动的需要，重点部署了机动灵活的山地部队和空降部队；东部军区，由于美国"重返亚太地区"以及俄日南千岛群岛领土之争再度升温，则部署了强大的海上和陆上作战力量；中部军区作为战略预备队，随时准备支援其他军区，并兼顾中亚方向。

俄罗斯核力量的部署继续保持西重东轻的传统态势。其中，作为俄罗斯战略进攻力量的战略导弹兵和远程航空兵，由于打击距离基本不受限制，因而采取了全境部署、分散配置的方式，但重心在西部。俄罗斯战略核潜艇主要编配在北方舰队和太平洋舰队，2010 年还分别组建了北方舰队潜艇战役司令部和太平洋舰队潜艇战役司令部。俄罗斯战略防御力量中的反导系统则部署在莫斯科周围地区。莫斯科地区的防空由新组建的空天防御兵司令部负责。

(4)在战略遏制上，核遏制与非核遏制、军事与非军事手段并举。苏联解体后，俄罗斯与美国及其盟国相比，军队的常规作战力量明显处于劣势。在此情况下，核武器成为俄罗斯保障国家安全、确保大国地位、遏制外来入侵的最重要战略手段，它可以在平时防止出现对俄罗斯及其盟国的武力压迫和侵略，在战时防止侵略升级，最终以俄罗斯能接受的条件停止军事行动，或使敌遭受应有的损失。由于认识到核武器所具有的不可替代的战略遏制作用，俄罗斯新出台的军事战略进一步降低了核武器的使用门槛，宣称："不仅可在核战争和大规模常规战争中使用核武器，而且可在受到任何形式的常规武器侵略使国家生存受到威胁时使用""核武器不仅用于保障国家安全，而且也可在盟国生存受到威胁时使用"。与此同时，俄罗斯还放弃了以有核与无核来区分打击对象的原则，转而以军事冲突的性质来衡量是否使用核武器，从而使核武器的威慑效能达到了最大化。

除核武器外，空天防御力量被俄罗斯视为保障国家安全的另一个有效战略遏制手段。俄罗斯认为，在强大的核遏制下，直接针对俄罗斯的大规模地面入侵威胁基本可以排除，但从空天抵消俄罗斯二次核打击能力，先发制人对俄罗斯实施"解除武装式"打击的威胁有加剧之势。俄罗斯在空天领域的对抗中一旦失手，所面临的核打击和大规模地面入侵威胁将急剧上升。基于这一判断，俄罗斯于2006年4月制定了《国家空天防御构想》，准备建立统一的国家空天防御系统，将分散在各部门和各军(兵)种的侦察和预警力量、防空力量、反导力量和太空防御力量及资源整合起来，改变国家空天防御分散配置、无人统管的危险局面，从而提高国家的总体战略遏制能力。

此外，俄罗斯还准备根据国家安全的需要，综合运用军事和非军事手段以应对各种威胁与挑战，使之同样起到战略遏制的作用。俄罗斯认为，如果军事和非军事手段运用得当，一整套相互关联的政治、外交、经济、军事和信息措施，也能够遏制、降低和防止某个国家或国家集团的威胁和侵略行动。为此，俄罗斯将致力于发展经济能力和高技术国防工业，不断为武装力量提供现代化的武器和军事技术装备，在全社会树立国防意识，使全民都支持国防建设，让青年做好服役准备，开展积极的政治、外交和信息活动，避免与美国进行消耗性对峙和开展新的军备竞赛，与美国在核裁军、增强军事互信、防大规模杀伤性武器扩散和反恐领域加强合作，力求达到，一方面通过和平的政治手段来防止和解决冲突，另一方面使用军事手段来巩固政治、外交、经济、信息行动的成果。

(5)在力量建设上，军队由大战动员型转向常备机动型。俄罗斯新军事战略要求"军队的结构、编成和数量既要与当前和未来的任务相一致，又要符合国家的经济实力"。基于所面临的现实军事威胁和俄罗斯现有经济状况，不允许其维持一支数量庞大的军队的客观现实，俄罗斯认为，军队当前的主要任务不是应付大战，而是应付中小规模、中低强度的局部战争或武装冲突。由于这类军事冲突具有速战速决、毁伤目标程度高、兵力和火力机动快等特点，俄罗斯当局要求军队要彻底摒弃"二战"以来形成的、为应对大规模战争而建立起来的重型军队，实现由"大战动员型军队"向"常备机动型军队"的转型。俄军宣布已完成的"武装力量新面貌"改革，其目的就是通过对俄军指挥体制、部队编制、人员结构、后勤和院校体制的全面改革，实现指挥体制扁平化、网络化，部队编制小型化、模块化，人员结构合理化，武器装备现代化，后勤保障社会化和一体化的目标，并最终提升灵活应对中小规模武装冲突的能力。为了配合军队转型和当代战争的需要，俄军将给武装力量装备现代化的武器装备，优先改造已有的战略导弹系统并加紧研制新型战略导弹、现代化太空设备、太空监视系统和反卫星系统，以及情报侦察保障和战斗指挥系统、超音速武器和未来航空（包括无人驾驶）系统和其他空天防御设备，落实造舰计划，打造统一的联合作战平台，建立高精度武器和情报侦察保障系统。

（6）加强联盟战略，积极组建独联体范围内的军事同盟。俄罗斯历来将联盟战略视为军事战略的重要组成部分。在兵力对比"敌强我弱"的情况下，建立军事同盟是借重外部力量壮大自己、转弱为强的重要途径。俄罗斯作为独联体地区的头号地区大国，通过与独联体国家的结盟，不仅能够防止美国和北约对其在独联体势力范围的挤压和渗透，缓解地缘政治压力，而且可以确保其在独联体地区的控制力，借重盟友的力量，共同应对独联体空间的军事安全威胁。目前，俄罗斯与该地区国家之间已形成了三个层面的盟友关系，即：俄白联盟、集体安全条约组织、独立国家联合体。目前，俄罗斯正进一步从这三个层面入手，积极运作，试图与集体安全条约组织成员国结成更加紧密而可靠的军事同盟。

首先，俄罗斯向盟国进一步明确了俄方对其的保护义务。2010年版《俄联邦军事学说》前所未有地明确宣布："对集体安全条约组织成员国的武装袭击均被视为对俄罗斯的侵略行为。如果白俄罗斯遭受侵略，俄方将同白俄罗斯并肩作战，共同回击；如果集体安全组织其他成员国遭受侵略，俄方将根据集体安全条约履行其保护成员国的义务。"俄罗斯关于在集体安全条约组织中所承担义务的定位，显然与北约成员国之间的义务如出一辙，这说明，俄罗斯正在努力将集体安全条约组织打造成北约及以往华约那样的军事同盟。

其次，加紧推进集体安全条约组织内部的军事一体化，包括建立独联体统一的防空系统、统一的边防体系。集体安全条约组织在俄新国家安全构想中被定性为"国家间用于抵御军事政治性和军事战略性地区挑战和威胁的主要工具"。为进一步突出该组织的军事性质，在俄罗斯的大力推动下，集体安全条约组织理事会于 2009 年 6 月 14 日正式签署了组建"集体高效反应部队"的相关协议。该部队建成伊始，即于 2009 年 10 月在哈萨克斯坦举行了"协作—2009"联合演习。通过俄罗斯积极筹划，在该组织框架内于 2012 年底前建成了"集体应对紧急状态体系"。此外，还在多边或双边框架内以无偿或租赁的方式使用集体安全条约组织其他成员国境内的军事设施，从而巩固了俄罗斯在独联体地区的长期军事存在。

第三，以俄白联盟国家为依托，全面推进俄白的一体化建设。俄白联盟成立之初的基本定位就是政治、经济、军事、文化等方面的全方位联合，同时两国各自保留主权、独立和领土完整。

为了推动安全和军事领域的合作，俄白两国签订了一系列军事合作条约和协议，规定两国要制定共同的军事政策，成立联合部队，建立联合指挥和保障机构，确定统一的军事计划，共同使用军事基础设施，建立统一的地区防空体系。2009 年 2 月，俄白在莫斯科签署了建立统一地区防空系统协议。俄白统一地区防空系统的建立，使俄罗斯的防空区域向西推进上百千米，利用白俄境内的防空设施俄罗斯可以对欧洲机场起飞的飞机进行有效监控，使其西部边境空情监视能力大幅提高，这无论是对于俄罗斯，还是对于整个俄白联盟国家的空防安全，都具有重要意义。

今后，俄罗斯将根据已签署的《2015 年前独联体成员国军事合作构想》分层次在俄白联盟、集体安全条约组织和独联体框架开展军事合作，以进一步发展伙伴关系，巩固共同安全。

**（四）普京再任以来的军事战略**

2012 年 5 月，普京再次入主克里姆林宫。按照普京的指示要求，俄罗斯国防部和总参谋部开始有序纠偏"新面貌"军事改革前期的一些过激措施，实战化精打细磨"斯拉夫战车"的每一个螺丝钉。随着"新面貌"改革主体阶段的结束，俄罗斯的整体军事实力也得到了大幅提升，从而为制定和实施更为积极的军事战略提供了必要的力量保障。

2014 年 5 月 12—16 日，普京在索契亲自主持召开系列专题会议，对军队装备建设进行总结，并强调指出，"发展壮大'三位一体'战略核力量是武装力量优先发展方向"，要求国防部和军工企业通力合作，持续加快陆基"亚尔斯"、海基"圆锤"洲际弹道导弹及其"北风之神"级战略导弹核潜艇的建设和列装进度，全面提升体系化战略遏制能力。其后不久，随着美国及欧洲制裁力度的不断加大，俄罗斯决定以纲领性文件形式对新时期的军事战略进行调整完善。自此，俄罗斯开始起草新版《军事学说》。2014年9月10日，俄罗斯国防部副部长鲍里索夫在就制定《2016—2025年国家武器纲要》举行的研讨会上透露，俄罗斯不会轻易改变《军事学说》的性质，未来可能建立自己的"全球快速打击系统"，但将依据防御性《军事学说》制定。12月19日，普京总统在国防部扩大会议上指出："美国建立梯次化的反导防御系统，北约在欧洲尤其是东欧的活动不断增加，俄罗斯的周边安全形势不会因此变得更为简单……我们将始终如一地捍卫自己的主权利益，但制定中的《军事学说》仍将保持防御性质。"12月26日，普京正式批准独立建国后的第四版《军事学说》，对新时期俄罗斯的军事战略进行了全面阐述。该版《军事学说》从酝酿起草到正式颁布仅用了不到1年的时间，反映了俄罗斯对乌克兰危机以来国际国内安全形势急剧变化的深度忧虑，同时也为国家和军队统筹运用安全领域战略资源、有效应对多样化威胁和挑战提供了决策依据。在保持防御基调的前提下，新的军事战略方针更加注重战略遏制与攻势手段的综合运用，外向性和进攻性日益凸显，并开始具备更为丰富的时代内涵和现实特征，其核心思想已经由"现实遏制"逐步转入"积极遏制"。

（1）在威胁判断上，俄罗斯认为，国家当前面临的外部战略压力持续加大，美国和北约仍是俄罗斯首要外部威胁，除北约东扩、美国部署反导系统和推行太空军事化外，俄罗斯还面临美国加紧构建"全球快速打击系统"、信息攻击与舆论煽动，以及跨境极端恐怖主义活动、非法武器及毒品流通、谍报渗透及反俄勾连等多样化威胁。西方国家企图"扰乱俄罗斯政治稳定""改变青年公民传统价值观""激化宗教与种族矛盾"也已经成为国家面临的重要内部安全威胁。

（2）在战争观上，俄罗斯认为，现代战争已经成为"综合运用军事、政治、经济、信息及其他非传统手段"实施的体系性攻防对抗，"民众和平抗议及特种作战力量"地位作用大幅上升，战场空间持续拓展，从陆、海、空天和信息领域对敌施加"全纵深打击"已成为战场制胜的关键因素。同时，"非对称""非接触"作战比重加大，非法武装和私人组织广泛参与军事行动，以及外部政治势力的财政援助和间接控制均已经成为现代战争的重要内容。混合用兵、联合作战、体系对抗、全维攻防已经成为现代战争的主要特征，远程精确打击及信息心理战等作战样式的广泛运用，正在深刻地改变着现代战争的进程。

（3）在军事政策上，一方面，明确提出"非核遏制"概念，认为在持续强化战略威慑体系效能，确保能够在必要时实施有效的核遏制的同时，强调要通过加大空天防御、精确打击、信息安全、电子对抗、民防动员、战备保障等多领域的力量建设，另一方面，认为应该更加积极主动地捍卫国家战略利益，拓展武力运用范围，即俄罗斯可依据既定决心"坚决、综合"用兵，为维护国家和公民利益可"灵活机动"境外用兵，为"平息国际恐怖主义"军队可以遂行跨境打击作战任务。此外，继续深化联盟战略，以白俄罗斯和阿布哈兹、南奥塞梯为"主要合作对象"，以集安组织、上海合作组织、"金砖四国"合作机制为依托，不断深化跨国、跨领域安全合作，坚定捍卫俄罗斯在独联体地区的核心战略利益。同时倡议构建俄罗斯—北约"联合反导体系"和联合国关于太空安全的管理规范，以及欧洲对话新机制和亚太地区安全新模式，以期通过展示姿态、主动对话、完善机制，谋求实现周边安全环境逐步改善。

（4）在军队建设上，继续深化联合作战指挥体制改革，组建国家防务指挥中心及战区、军（兵）种地区性防务指挥中心，持续完善战区联合作战指挥体制结构编成；以空天、极地、远洋、网络四大战场空间建设为重点，组建空天军、北方舰队联合战略司令部，强化海外军事存在，扩大远洋战略支点体系，筹建网络战司令部，加大新型作战力量建设力度，积极抢占军事战略制高点；有序推动诸军（兵）种新型主战装备和军事技术器材研发列装进程，以指挥自动化、侦察预警、战略核威慑、空天防御、新物理原理武器、高精度打击兵器、无人化装备为重点，加快推动军队技术形态全面转型；全面确立战备突击检查和跨军（兵）种战略联合演习常态化机制，按照"与实战接轨"原则不断提升武装力量体系性作战能力；进一步加大作战理论建设力度，对信息—火力联合毁伤、特种作战、网络空间作战理论进行创新，对国土防空、远洋作战、精确打击等战役战术理论进行补充完善，同时探索完善民防动员、军地协同方式方法，不断提升理论研究的广度与深度。

新的"积极遏制"军事战略表明，俄罗斯对美国和北约继续奉行冷战思维、以软硬两手持续"遏俄弱俄"的战略图谋及方式方法有了更为清醒的理性认知，同时也为俄罗斯采取更积极有效的应对举措，以及全面提升军队建设与运用水平提供了决策依据，并为俄罗斯的大国复兴与"强军梦想"提供了有力的战略支撑。

# 第三节 俄罗斯军事战略的特点

由于自身具有的特殊历史过程、国际国内战略环境及其特殊的大国地位，俄罗斯军事战略自然会表现出鲜明的个性特征。

## 一、巩固和维护大国地位

自从俄罗斯帝国诞生以来，俄罗斯人从未放弃自己的大国、强国意识，这种意识深深地扎根于俄罗斯人的心中。苏联解体后，尽管俄罗斯的综合国力明显下降，但在俄罗斯传统观念中，俄罗斯过去是、今后仍然是一个世界大国，将在国际政治中起明显感觉得到的作用，俄罗斯应该是世界的一极。俄罗斯从立国之初的实践中深刻地认识到，对此稍有动摇，就会沦为二流国家，其安全利益就会受到严重损失。客观上俄罗斯也有力量成为当今世界的重要一极。尼克松在《超越和平》一书中指出："俄罗斯拥有再次成为大国的潜力。它拥有丰富的文化、骄傲的历史、深厚的学术传统、丰富的自然资源以及能够忍受艰难困苦作出巨大牺牲的人民……"同时，俄罗斯还继承了苏联强大的军事力量尤其是大量的科技人才，虽然目前有一些困难，但终将复兴。1998 年俄罗斯国家安全构想明确指出：俄罗斯对外战略目标是"巩固其作为正在形成的多极世界中有影响的中心之一的地位"。因此，阻挠俄罗斯成为这样一个"中心""降低俄联邦在解决重大国际问题时及在国际组织中的作用""从总体上削弱俄罗斯在欧洲、中东、北高加索和中亚的地位"是俄罗斯面临的主要外部威胁。由此不难看出，综合各种手段，巩固和维护大国地位始终是俄军事战略的根本目标和核心。

## 二、战略目标的确定趋于现实

由于受自身实力下降的影响，同时，也随着对苏联时期的历史教训和世界多极化趋势的认识不断深刻，俄罗斯军事战略进行了一系列调整。其中一个显著的变化在于，其安全目标与苏联争霸全球的目标相比大大降低。这首先表现在战略思想上，俄罗斯彻底放下了"大国"身份。普京曾指出：俄罗斯"不属于代表着当代世界最高经济和社会发展水平的国家""俄罗斯正处于其数百年来最困难的一个历史时期""俄罗斯近 200~300 年来首次真正面临沦为世界二流国家，抑或是三流国家的危险"。受这一思想指导，俄罗斯军事战略目标的确立日趋现实。在全球层面，俄罗斯已不再谋求建立霸权或某种势力范围，而是致力于确立同其他大国的平等地位；在地区层面，俄罗斯对势力范围思想做了大幅调整，其已不再企图重新恢复从前那种集团盟主的地位，而是把尺度定在同其他大国共同发挥主导作用上；在次地区层面，俄罗斯已不再像苏联对待华约国家那样以强权确立家长地位，而是利用自身影响和独联体国家的客观需求，确立"天然领导"地位。

需要指出的是，俄罗斯军事战略目标的上述调整并非是无原则的彻底退缩，而是务实性和原则性良好结合的必然结果。俄罗斯坚守领土不可侵犯原则，对美国反恐顾问进入格鲁吉亚做出强烈反应；对隐藏在番吉西山谷的车臣匪徒实施空袭；对科索沃战争及伊拉克战争的强烈反对等行动充分表明，俄罗斯现行军事战略目标是防中有"攻"，是以失换"得"。

### 三、战略手段的运用强调"遏制"

1993 年 11 月，俄罗斯安全会议通过了其独立后的第一部军事学说《俄罗斯军事学说的基本原则》。该文件放弃了苏联时期的"三不"原则，即不首先使用核武器，不首先使用军事力量，不越过边界作战。但该学说同时也规定，俄罗斯首先把核武器视为遏制侵略的政治手段，而不是把它首先作为实施军事行动的手段，并保证不对《不扩散核武器条约》参加国和无核国家使用核武器。

自 1995 年北约推行东扩政策以后，俄罗斯对西方的认识发生了重大的变化。1996 年 6 月，叶利钦在《总统国情咨文》中宣布，"俄罗斯奉行现实遏制战略原则"。1998 年 7 月，俄联邦安全会议通过了俄罗斯战略核力量发展规划和加强核力量建设的决定。1999 年 4 月科索沃战争期间，叶利钦又主持修订了核武器发展和使用政策。2000 年 4 月，普京批准了俄罗斯《2000 年军事学说》，正式推出核"现实遏制"战略。

2010 年 2 月 5 日，俄罗斯正式颁布了第三版《军事学说》，对未来一段时期国家军事战略进行了全面阐述，同时也是对新形势下"现实遏制"军事战略理论体系的全面补充与发展完善。

2014 年 12 月 26 日，普京正式批准第四版《军事学说》，对新时期俄罗斯的军事战略进行了全面阐述。在保持防御基调的前提下，新的军事战略方针更加注重战略遏制与攻势手段的综合运用，外向性和进攻性日益凸显，并开始具备更为丰富的时代内涵和现实特征，其核心思想已经由"现实遏制"逐步转入"积极遏制"。

总之，俄罗斯的军事战略，尤其是当前的军事战略不仅具有防御性的一面，也具有进攻性的一面；不仅蕴含着传统军事战略的许多特点，也体现了适应未来战争的新特点，其最终目的在于维护俄联邦的国家利益。

# 第九章  日本的军事战略

日本是一个具有悠久军事传统的国家。自 1868 年明治维新由封建幕藩制走向资本主义近代化国家以来，日本作为亚洲最早实现资本主义的国家，走过了一条"没有间断地从战争走向战争"到最后战败投降，从被占领的满目疮痍的废墟上挣扎到一路成为世界第三经济大国的艰辛之路。在日本沧桑巨变中起重要作用的，就是其国家目标及实现目标的军事战略。

## 第一节  日本军事战略概述

日本军事战略经历了一个从无到有，从虚到实，以及理论体系和理论层次逐渐明朗的过程。战略层次划分、军事战略内涵及其构成要素都具有鲜明的日本特色。日本的战略体系大致划分为四个层次：第一层次是国家战略，居于战略体系的最高地位。日本现行国家战略目标是实现对世界具有影响力的"政治大国"。第二层次是国家安全战略，包括与国家安全相关的各种战略。日本现行国家安全战略是"多层次合作安全保障战略"。第三层次是军事战略，理论上包括军种战略、联盟战略，它为国家战略和国家安全战略服务。日本现行军事战略的名称虽仍称为"专守防卫"，但实质是"动态防卫"。第四层次是作战战略，是为达成作战目的运用武装力量的方略。日本现行作战战略可以概括为"境外歼敌"。

### (一) 军事战略的概念

对于军事战略的概念，不同国家有不同的解释。仅就日本军事战略的概念而言，日本防卫研究所编写的《判定国防政策的过程和用语体系》将军事战略界定为："军事战略是有关军事力量的运用及计划"。日本认为，军事战略主要是指用兵的方针和策略，它只是一门指挥艺术，即指挥作战的思想方法。

军事战略的内涵是随着时代发展而不断充实和完善的。日本的一些著名军事理论家也对军事战略进行了概括。例如，小山内宏在《现代战略论》中称：军事战略就是通过运用军事力量或以武力为后盾，来推行国家对外政策而运用军事力量的方针和策略。原田捻久在《未来国防论》一书中作了更进一步的解释。他认为，军事战略虽是用兵的方法策略，但也可视为对军队的运用构想，即以用兵纲领为对象。他们对军事战略的界定虽然有着不同的解释，但共同点是，军事战略是运用军事力量达成国家战略目标的方针和策略。奥宫正武在《现代战略论再考》中认为，军事战略就是以武力或行使武力为后盾，为达成或确保国家目标运用国家军事力量的科学及技术。

目前，日本把指导军事活动的方针统称为"防卫战略"。"防卫战略"主要由四部分构成，即《国防基本方针》《防卫计划大纲》《陆海空防卫警备计划》（不公开）和《日美防卫合作指导方针》。《国防基本方针》属于军事领域的最高层次，表明日本的政略方针和国防政策。《防卫计划大纲》则是指导军事活动的纲领性文件，表明日本的军事战略方针和军事力量的规模、作用等。《陆海空防卫警备计划》则是具体的陆海空作战战略和作战计划。《日美防卫合作指导方针》则是日美双边军事合作的纲要，表明日美军事合作的方针和具体合作事项。

**（二）军事战略的构成要素**

关于军事战略的构成要素，日本著名军事评论家原田捻久把军事战略的要素归纳为："由情报搜集所获得的敌国军情，我方战力，友军战力及企图，对我军所负使命的了解程度，进行形势判断以制定完成使命的策略方法，根据形势判断所建立的作战构想等。"原田捻久将军事战略的要素以及要素包含的内容作了详细概括。他认为，军事战略的要素包括情报、威胁、假想敌国、己方能力、盟军和友邦、使命和任务、形势判断、作战构想八要素。结合日本官方和理论界对军事战略要素的理解，概括地讲，日本的军事战略也由三个基本要素构成：军事战略目标、军事战略方针和军事实力。军事战略目标，是指通过军事行动和利用军事实力完成的特定使命或任务，如慑止侵略、保护交通线等。军事战略方针，是指在分析战略态势的基础上确定的军事行动方案，包括做出的各种选择，如实施前沿防御、炫耀武力和提供安全援助等。军事实力包括战斗部队、战斗支援部队和战斗勤务支援部队，是达成战略目标的基本手段。

# 第二节　日本军事战略的演进

自 1868 年明治维新而成为近代国家以来，日本经历了前后两个不同的时代，即 1945 年以前的近 80 年为对外侵略扩张的军国主义时代，1945 年后的 70 余年为和平建设时代。伴随着 150 多年的历史变迁，日本的国家军事战略也随之处于不断的发展变化之中。

## 一、"二战"前的日本军事战略

明治维新后，随着日本军队的发展壮大与侵略扩张政策的逐步推行，日本军事战略也随之产生。至"二战"前，日本的军事战略总体上分为两个时期。

### (一)攻势战略的确立时期

攻势战略的确立时期时间为 1895—1931 年。在此期间，随着日本进入帝国主义阶段，工业实力也不断上升，对外侵略扩张的军国主义思想逐渐滋长。日本在羽翼渐丰的情况下，先后多次发动对外侵略扩张战争。1874 年，日本以武力侵犯中国台湾。1879 年，吞并琉球。1894 年，发动侵略中国的中日甲午战争，强迫清政府签订马关条约，霸占了中国的台湾、澎湖列岛等岛屿，并勒索巨额赔款。1900 年，参加八国联军出兵中国。1904 年与俄国在中国东北进行了日俄战争，严重破坏了中国的领土主权，给中国人民造成了深重的灾难和巨大的损失。此后，日本从俄国手中接收其在中国"南满"(中国东北南部)的一切政治经济权益，并割取了库页岛南半部。1910 年 8 月 22 日，日军包围朝鲜王宫，逼迫朝鲜国王签订《日韩合并条约》，正式吞并朝鲜。从此，日本建立起包括中国台湾、朝鲜在内的庞大殖民帝国，实际上成为亚洲最强大的军事帝国主义国家。1914 年 7 月 28 日，"一战"爆发。已成为世界强国的日本，为巩固其在东亚的地位和扩大对中国的侵略及重新瓜分东南亚、太平洋殖民地，参加了这次大战。大战期间，日本攫取了德国在中国山东半岛的全部权益，并对中国提出旨在灭亡中国的所谓"二十一条"要求。1918 年 8 月 2 日，日本宣布"出兵西伯利亚"，图谋在东西伯利亚建立反苏傀儡政权，并乘机侵入"北满"(中国东北北部)和蒙古。1928 年 5 月 3 日，在中国制造"济南惨案"。1928 年 6 月 4 日，日本关东军在中国东北制造"皇姑屯事件"，炸死军阀张作霖。1929 年，资本主义世界爆发空前经济大危机，日本法西斯势力急剧膨胀，企图以发动大规模侵略战争寻找出路。在此时期，日本的军事政策经历了北守南进阶段(1895—1904 年)、由守转进阶段(1904—1905 年)、攻势战略阶段(1905—1918 年)以及攻势战略的发展(1918—1931 年)等几个阶段。

### （二）全面扩张战略的推行时期

全面扩张战略的推行时期时间为 1931—1945 年。在此期间，日本在军力不断得到扩充的情况下、侵略野心急剧膨胀，最终走上了谋求霸权主义的道路。1931 年 9 月 18 日，日本制造"九·一八"事变，侵占了中国东北三省，并建立了"满洲国"傀儡政权。其后，日本开始成为远东战争策源地，也是日本实现国家法西斯化的新起点。1933 年 3 月，日本宣布退出国联。1936 年 11 月，日德签订《反对共产国际协定》，走上发动大规模侵略战争的道路。1937 年 7 月 7 日，"七·七"卢沟桥事变揭开了日本全面侵华战争的序幕。1940 年 9 月 27 日，德、意、日在柏林签订《德意日三国同盟条约》，结成了柏林—东京—罗马轴心。1940 年 10 月 21 日，法西斯统治的组织机构"大政翼赞会"成立，标志着日本国防国家体制、即法西斯体制的最终形成。1941 年 12 月 8 日，日军突然偷袭珍珠港，挑起了太平洋战争。在这一时期，为满足战争需要，日本几乎倾尽国力用于扩军备战。然而，由于其所进行的是侵略战争，其国小力弱，军事战略扩张目标与实力存在不可弥合的差距，最终在以中国为主战场的抗日力量的打击下，战败投降。日本法西斯妄图建立庞大的大日本殖民帝国的迷梦彻底破灭。

## 二、"二战"后的日本军事战略

"二战"后，由于长期处于美国的占领和支配，日本的军队发展和军事战略不仅受到战后新宪法及国内外舆论的制约，而且深受美国的影响。在此前提下，依据不断变化的国际国内环境，日本的军事战略也随之进行了相应的调适。

### （一）战后初期的军事战略

战后初期，日本的政治、经济均受美国的控制与支配。美国对日采取"非军事化政策"，解除了日本的武装。1946 年，在美国占领军的主持下，日本当局通过了《日本国宪法》。该宪法对约束日本的军事政策，限制其军备发展，防止军国主义复活，起到了一定的积极作用，但它未能彻底阻止日本重建军队和逐步发展军事力量的步伐。1947 年后，为推行对社会主义国家进行的"遏制战略"，美国修正了对日政策，并于 1950 年开始积极武装日本。为配合美国"包围封锁"苏、中等国家的战略目标，日本顺水推舟，开始进行军事力量建设。1951 年日美缔结军事同盟条约；1954 年日本以"自卫"名义重新组建军队；1957 年日本提出《国防基本方针》，并开始实施第一次防卫力量发展计划。

1. 主张"集体防卫"，与美国在军事上结盟

"二战"后至 20 世纪 50 年代初，美国利用单独占领日本的有利条件，将日本作为远东地区遏制苏联的重要前沿阵地。日本政府则认为，远东地区形势面临着严重的危机，世界上任何一个国家均不能仅依靠本国力量保卫自己，集体防卫已成为全球共识，日本虽可独立维护国内治安，但无力应付外来侵略，因此必须寻求"他国的保护"。在各自战略需求的牵引下，1951 年 9 月 8 日美日在旧金山签署了《日美安全保障条约》。条约规定，美国"在日本国内及周围驻扎武装力量"，以"防止对日本的武装进攻"；日本则在满足美军驻屯条件的同时，"逐渐增加承担其对直接和间接侵略的自卫责任"。

2. 重建军队，以苏、中、朝为敌

朝鲜战争结束后，在美国的默许下，日本加快了重建军队的步伐。1952 年 4 月，日本组建海上警备队；8 月成立保安厅；10 月警察预备队改变为保安队。1954 年 6 月，日本颁布了《防卫厅设置法》和《自卫队法》，7 月保安队改编为陆上自卫队，海上警备队改编为海上自卫队，同时组建航空自卫队。完成军队重建后，日本认为，国际形势发生了新的变化，美苏两国均力避直接交战；核技术的迅速发展使得核战争爆发的可能性减少；尽管不能排除发生大战的可能性，但局部战争将是主要的作战形式；远东将成为继欧洲、中东之后世界的第三战场，苏、中、朝三国可能进攻日本。上述国家将首先夺取日本本土及其周边的制空、制海权，轰炸要地，布设水雷，使用潜艇实施破交作战，破坏日本的战争能力，尔后相机实施登陆、空降作战。基于上述判断，日军提出：陆军要能短期抵抗来自北海道或朝鲜半岛的入侵之敌；海军要能实施"内航线和某种程度外航线"的护航；空军要能暂时顶住入侵的空中之敌，除此之外，将依靠美军来援。

1957 年，日本出台了《国防基本方针》，并制定了战后日本第一次防卫力量发展计划。方针规定："按照国力、国情，在自卫所需最小限度内逐步发展有效的防卫力量""以同美国的安全保障体制为基础对付外来侵略"，并提出了陆军 3 年和海、空军 5 年的建军目标。该方针为日本战后军事战略勾勒了基本轮廓。第一次防卫力量发展计划的逐步落实，为日本军事力量的进一步扩充奠定了坚实的基础。

### （二）60 年代的军事战略

20 世纪 60 年代，随着日本经济的迅速恢复和发展。日本国内主张"在军事上发挥自主性"的呼声日益强烈，加之美国在收缩驻日常规兵力后，也要求日本增强自主防卫能力，使得日本的军事战略调整进入了扩充时期。

**1. 提出"日美共同防卫"，减少对美依赖**

战后初期，由于日本不具备有效的军事力量，美日签署了《日美安全保障条约》。随着日本军事力量的重建和军事实力的逐步增强，日美两国于 1960 年 1 月正式签署了《日美共同合作与安全保障条约》。条约强调指出，当日本的安全受到威胁时，日美双方将"协商"采取行动，共同进行防卫。具体分工是：核大战、大规模战争及常规战争的战略进攻依靠美国，短期防御作战和中、小规模战争由日本独立遂行。显然，该条约的签署，标志着日本从此"由一个受保护的国家变成了一个与人共同防卫的国家"，其在防务问题上逐步减少了对美国的依赖。

**2. 明确主要作战对象，逐步扩充军备**

20 世纪 60 年代后，美国在远东推行"遏制中国，牵制苏联"的战略，苏联也缓和了对日关系。为此，日本的主要作战对象也由重视苏联转为重视中、朝。同时，日本注重强调"防卫力量是国力的主要因素，是战争的遏制力量"，并按照"依据国力和国情渐进建军"的原则，实施了第二、第三次防卫力量发展计划。这两次计划的指导思想是：充实已有的"骨干防卫力量"，训练能够打现代战争的指挥官和技术骨干，提高武器装备的现代化水平，为有效遂行使用常规武器的局部战争做好准备。两次计划的出台和实施，不仅极大地加强了日本的海、空力量，而且全面地扩充了日本的军事力量。

### （三）70 年代的军事战略

经过十余年的高速增长，20 世纪 60 年代末，日本的国民生产总值跃居世界第二位。同时，美国政府为推行"现实威慑战略"，调整了全球军事部署。而苏联则扩充军事实力，积极向外扩张，成为日本的主要威胁。为此，70 年代，日本为适应国际国内形势的变化，确立了"专守防卫"军事战略，并在继续坚持日美安保体制的同时，强调加强"自主防卫"；主要作战对象再度转为苏联；在军队建设方面，提出了建设一支能应付小规模军事入侵的"基础防卫力量"。

## 1. 确立"专守防卫"战略

1970 年 10 月，日本在《防卫白皮书》中正式提出"专守防卫"军事战略，基本内容是：在不断发展经济、扩充国家实力的同时，建设一支最小限度的自卫防卫力量；着重发展高性能常规武器，不拥有对别国构成威胁的战略性进攻武器；不对对方实施先发制人的攻击，只在受到武装侵略时才进行有限的武装自卫；防御作战只限定在日本领空、领海及周边海域；既不允许攻击对方基地，也不允许深入对方领土实施战略侦察和反攻；对小规模局部入侵，依靠自身力量排除，对中等规模以上的战争，依靠美军支援。

20 世纪 70 年代后期，随着日本军事力量的发展和国际形势的变化，日本对"专守防卫"战略进行了相应的调整。1976 年制定的《防卫计划大纲》以及 1978 年制定的《日美防务合作指导方针》充分反映了这一调整的内容：一是在军队建设上确定了"质重于量"的方针，加速推进武器装备现代化，在不进行大规模军备扩充的前提下，着重提高质量。二是扩大了防卫范围，将"周边海域"的范围由过去的"太平洋一侧 300 海里、九州以西 200 海里、日本海 100 海里和远洋航线 500 海里"改为"周边数百海里和远洋航线 1000 海里"。以海军为代表的日本军事力量开始由近海走向远洋。三是在作战指导思想上开始强调"遏制防卫"和"防患于未然"，由消极防御向积极防御转变。四是进一步强调"自主防卫"，从依赖美国军事保护、等待美军援助转向着眼于独自粉碎外敌小规模入侵。五是进一步明确了日美军事分工，即美国负责提供核威慑、战略进攻以及其他有关的作战支援，日本承担本土防御、防空、海峡封锁以及关岛以西、菲律宾以北海域的反潜护航作战。

## 2. 以苏联为主要作战对象

20 世纪 60 年代末以后，中苏关系恶化，同时美中、日中关系趋于改善，而苏联对日军事威胁日趋加剧。为此，日本的战略防御重心转向苏联。该时期，日本提出了依据"侵略意图"和"侵略能力"确定主要作战对象的理论。1976 年制定的《防卫计划大纲》以及 1978 年制定的《日美防务合作指导方针》均明确认为，只有在既具有意图又具备能力的情况下，才会构成威胁。日本军方经过对周边国家情况的具体分析，认为"中国、朝鲜能力有限，对日本构不成直接威胁"，而"苏联对日本既有侵略能力又有侵略意图"，因此，日本再度将苏联作为主要作战对象而加以防范。

### 3. 加强日美安全保障体制

日本认为，由于国际形势动荡不定，在相当长的一个时期内，维护日美军事同盟，是保卫日本安全"最现实、最安全的方法"。1970 年 6 月，日美两国宣布无限期自动延长《日美安全保障条约》。同年，日美设立安全保障协商委员会，两国的外交和防务首脑为委员，商讨重大防务问题，协调两国政策。1975 年 8 月，为加强两国防务首脑间的联系和磋商，日美决定两国的防卫厅长官和国防部长每年举行一次会谈。次年 7 月，双方又成立了由防务界首脑参加的"防务合作小组委员会"，下设作战、情报和后勤保障三个分会，从而建立了日美联合作战体制。1978 年 11 月，日美双方通过了"日美防务合作指导方针"，规定了双方为预防对日武装入侵所应采取的对策、双方在日本遭受武力进攻时的行动，并要求两国在远东地区发生影响日本安全的事态时进行合作。"日美防务合作指导方针"的制定，标志着日美军事合作得到了全面的充实和加强。

### 4. 建设一支少而精的"基础防卫力量"

20 世纪 70 年代中期，日本提出了建立"和平时期防卫力量"的构想。1976 年 10 月的《防卫计划大纲》提出了旨在应付"小规模侵略事态"的"基础防卫力量构想"。构想的基本含义是平时保持少而精的一线兵力，战时再迅速扩充。为此，日军强调要"充实和提高质量""改变武器装备的落后局面，尽快适应外国的技术水平"，"对部队进行全面的教育训练，保持一批优秀的技术骨干"，以"适应战时扩充的需要"。这一时期，日本完成了第四次防卫力量发展计划和《防卫计划大纲》前三年的指标，武器装备在数量未增的情况下，其现代化程度明显提高。

## （四）80 年代的军事战略

20 世纪 70 年代后期，美苏军事力量对比发生了很大的变化，在全球争霸中，美守苏攻的战略态势日益明显。在亚太地区，苏联对日本的威胁进一步增大。为此，日本提出了"综合安全保障战略"，主张以政治、军事、经济、外交和文化等综合力量遏制和排除军事与非军事威胁和侵略，其核心是充实防卫力量。在这一国家安全战略的指导下，日本的军事战略作出了相应的调整。

### 1. 确立了"海上击破"的战略方针

进入 20 世纪 80 年代后，面对苏联的严重威胁，日本宣布将作为"西方一员"承担西太平洋防务。在作战指导上，1983 年版《防卫白皮书》首次正式提出了"海上击破"的战略方针。主要内容是：在公海上阻击、歼灭来犯之敌，修正了以往以本土为重点的"刺猬防御战略"。依据该方针，陆、海、空三军均调整了各自的战略。陆军改"内陆持久反击"为"歼敌于水际滩头"战略；海军改"近岸歼敌"为"海上歼敌"战略，强调夺取远海制海权和制空权；空军改"本土防空"为"以海岸线作为本土防空的最后防线"的"广域防空"和"海上防空"战略，强调"早期预警、快速反应、海上拦截、海空决战"。

2. 改革现行防卫体制和三军编制

为贯彻新的军事战略，日本对其防卫体制和三军编制进行全面的改革。1985 年 10 月，日本防卫厅内部设置了"业务、运营自主监察委员会"，1986 年 5 月又将该委员会升格为"防卫改革委员会"，下设"业务监察小组委员会""海上防空体制研究会"和"陆上防卫态势研究会"。上述各机构负责全面研究海上防空和陆上防卫的各种问题，以落实 1986 年 1 月出台的 7 大类 32 项改革措施。重点是提高部队作战效能，适应未来战争的需要。主要内容包括：强化参谋长联席会议的权力；改善通信网络，设立以首相为首长的中央司令部，提高快速反应能力；改善后勤保障体制，合并三军同类机构；新设空军预备役，扩充三军预备役实力等。同时，将防卫厅的防卫力量发展计划改为政府正式建军计划，并使军费突破国民生产总值 1% 的限额，在经费上为军事战略的调整和防卫体制的改革提供保障。

3. 提出了"前方早期处置战略"

经过两次重大调整，"专守防卫"战略的内涵发生了重大的变化，从而发展成为一种新的战略体系，即日本所说的"前方早期处置战略"。基本内容包括：以苏联为主要作战对象，以朝鲜为次要作战对象；以美国的战略威慑力量为后盾，以日本高质量的军事力量为主力；以西太平洋的广阔空间为战场；以一道(北海道)、两线(东南、西南远洋航线)、三海峡(宗谷、津轻、对马)为防御重点；以海空决战为主要作战样式。主要特征是"北攻南封"，即在确保以北海道为重点的领土安全的同时，保证日本谋求资源、能源和占领海外市场，并向太平洋的广阔空间发展。该军事战略从整体上看是防御性的，但从具体内容讲，则十分重视常规军备的遏制与威慑效果，重视战略机动能力和远洋作战能力的建设与发展，重视积极的攻势防御作战。

### (五)90 年代的军事战略

冷战后，随着国际国内发生的变化，日本将争做"政治大国"作为国家的战略目标，加紧推行以"立足亚太，加强日美欧协调，积极参与构筑国际新秩序"为基本思路的外交方针。同时，由于 40 多年的发展，日本的军事力量得到了较大的发展。为此，进入 20 世纪 90 年代后，日本对其军事战略进行进一步的调整，形成世纪之交的新军事战略。

1. 强调"多元威胁"，建立全方位防御体系

冷战后，日本对"威胁"的判断有了较大的改变，由 20 世纪 80 年代苏联转向强调以朝、俄、中为主要对象的"多元威胁"。其中，将所谓的中国和朝鲜的"威胁"摆在了相对重要的位置。

关于朝鲜，日本认为，一是朝鲜不稳定的政治、经济形势和加强军备的动向使朝鲜半岛的局势动荡不安，加大了"半岛有事"的可能性。如此，可能涉及日本的事态是：大量难民涌入，海外日侨紧急避难，水雷漂浮到日本周边海域等，同时还要防止局势扩大并进而影响到日本的安全；二是朝鲜发展弹道导弹对日本构成了现实威胁，因此必须严加防范。关于中国，1996 年版《防卫白皮书》首次公开地将中国列为日本防范对象。日本认为，"鉴于中国正推行核武器及海、空军的现代化，其海洋活动范围正在扩大，加之在台湾周边举行军事演习造成台湾海峡的局势紧张"，因此，对中国"必须予以密切关注"。关于俄罗斯，日本认为，尽管俄罗斯远东地区军队的规模自 1990 年以来正逐步缩小，但其"部分装备仍在更新"，且俄罗斯在该地区仍部署有洲际弹道导弹、战略轰炸机及核动力潜艇等战略核力量以及逆火式中程轰炸机等武器。鉴于此，日本认为，就军事实力而言，远东地区的俄军仍然是日本最主要的对手和防范对象。

基于上述"威胁"，日本采取了一系列措施，建立全方位的防御体系。一是调整兵力部署。改由过去单纯侧重北方转变为北西并重。重点提高反导、快速反应和机动作战等能力。海、空军的兵力部署在注重均衡部署的同时，重点加强西部及西南部地区的力量。二是与美国合作研制战区导弹防御系统，确立日本在亚洲的军事优势。1995 年日美安保体制重新定位。1998 年 2 月，日美就联合研制战区导弹防御系统的可行性进行研究。1998 年 9 月，日本正式与美国签署联合声明，宣布两国联合开发研制战区导弹防御系统。三是加强情报搜集与整理能力。主要措施包括：在参谋长联席会议下设立情报本部，

将以往分散于各军种的情报机构集中使用，以便提高情报搜集分析能力；决定于 2002 年前后发射 4 颗情报侦察卫星。

2. 建立新型日美军事关系，为发展军事力量提供条件

1996 年 4 月，日美发表的《日美安全保障联合宣言》为确立冷战后日本的军事战略调整奠定了基础，同时也为日本面向 21 世纪发展军事力量提供了条件。为保证日美新型军事合作关系的顺利发展，日本采取了以下措施：

（1）加强与美政策协商和情报交换。日美两国间在各个级别就安保政策的协商一直十分密切。除正常的外交渠道，还有两国首脑间、军事最高首脑间、防卫事务人员间以及民间人士间的会晤与交流等。同时，日本防卫厅也十分重视在日美安保体制下与美国国防部间的情报交换。

（2）修改《日美防务合作指导方针》。1996 年 4 月《日美安全保障联合宣言》发表后，日美防务合作小组委员会即开始着手修改《日美防务合作指导方针》。1997 年 9 月，新的《日美防务合作指导方针》出台。新《方针》的核心内容是日美联合应付"周边事态"，包括三个方面的 40 项具体内容。

（3）出台新指针相关法。1999 年 4 月和 5 月，日本分别通过了新"指针"相关法，其中包括《周边事态法》《自卫队法部分修订》《日美相互提供物资与劳务修订协定》。主要内容是：应付"周边事态"的基本原则、定义、基本计划、行动内容、有关行政机构的应对措施及自卫队的武器使用等。

（4）确保美军顺利驻留。主要措施是：增加对驻日美军的保障经费；调整、合并、缩减驻日美军设施、确保驻日美军稳定使用设施和基地等。

3. 改造"专守防卫"内容，突出积极主动的战略原则

为适应冷战后的安全形势，日本采取了一系列措施改造"专守防卫"战略，突出积极主动的战略原则。

（1）扩大解释行使"自卫权"的地理范围。为突破"专守防卫"战略对日本军事行动范围的限制，日本先后提出了"前方阻止""海上击破"等战略原则，强调要在日本本土以外尽可能远的"前方"歼灭敌人。

（2）重点加强远程投送和海、空进攻能力。根据以往的"专守防卫"原则，"自卫队"不得发展和装备进攻性的战略武器。然而，20 世纪 90 年代日本列装的"宙斯盾"驱逐舰等武器装备均具有较强的进攻能力。这些武器装备的列装无疑是日军的活动范围进一步扩大，从而大大超出了"自卫队最小限度"。

（3）军事力量走出国门。《自卫队法》规定，日本自卫队的任务仅限于自

卫。但海湾战争中，日本派出扫雷部队前往波斯湾。1992 年又通过了《国际紧急救援队派遣法部分修订》和《联合国维持和平行动合作法》等。上述文件的通过，为日本向柬埔寨、莫桑比克、卢旺达等派遣部队提供了依据，从而使得日本实现海外派兵成为既成事实。

另外，新的军事战略进一步扩大了日本军事力量的职能范围，使其军事力量由内向型的"自卫队"向内外结合型的"国防军"过渡。新的军事战略同时还强调要加强质量建军，要求建设一支"合理、高效、精干"的军事力量。

## 三、新世纪的日本军事战略

"9·11"事件以后，日本借机制定和修改了相关法律，挟国际反恐怖之势，突破了向海外派遣作战部队的禁区；加快编制调整和装备更新步伐，全面提高自卫队整体作战实力；依托日美军事同盟，急欲发挥全球性军事作用。上述动向，使得日本以加速实现由"内向型"向"外向型"的转变为核心内容的新世纪军事战略逐渐浮出水面。

### (一)"主动遏制"军事战略

采用"主动遏制"军事战略的时间为 2001—2010 年。"9·11"事件发生后，日本相继出台了《反恐特别措施法》《伊拉克重建支援特别措施法》《武力攻击事态法》，并于 2004 年底出台了《2005 年度后的防卫计划大纲》(简称"04 大纲")，启动日美"2+2"安全磋商机制，制定日美"共同战略目标"，完成了冷战后的第二次军事战略调整，其主要特点是"主动遏制"色彩明显加强。

#### 1. 应对"新型威胁和多种事态"

"04 大纲"指出，"9·11"事件发生后，国际恐怖组织等非国家主体的恐怖活动成为国际安全的主要威胁，日本的安全环境面临着"新型威胁及多种事态"，即大规模杀伤性武器和弹道导弹的进一步扩散、国际恐怖组织活动等"新型威胁"及影响和平与安全的"多种事态"。其中重点提到朝鲜的大规模杀伤性武器、弹道导弹及特种部队等威胁，以及中国的核武器、导弹、海空军现代化建设及海洋活动范围扩大等动向，重点应对朝鲜半岛和台湾海峡等周边地区未来可能发生的冲突。该战略表明，日本把朝、中作为其周边最大的潜在威胁。

#### 2. 通过三种途径实现两大安全战略目标

"04 大纲"提出了要通过日本自身的努力、与盟国的合作以及与国际社会的合作，实现日本的两大安全战略目标："防止威胁直接波及日本"和"改善国际安全环境，避免威胁波及日本"。即日本的军事战略目标已不仅仅满足于确保日本本土安全，还要通过积极参与国际安全合作，主动遏制潜在的威胁，创造有利于日本的外部安全环境，实现间接保卫日本安全的目标。这明显突破了只限于本土防卫的"专守防卫"原则，从根本上改变了"专守防卫"被动防御性质，而转向"主动遏制"战略。2003 年 6 月通过的《武力攻击事态法》也是日本实施"主动遏制"战略的一个标志，其中提出，当出现"预测武力攻击事态"，即未遭到武力攻击但预测将发生武力攻击时，将发布防卫招集命令或防卫出动待机命令，以为防卫出动做准备。这意味把自卫队行使武力的时机从遭到武力攻击后提前到武力攻击发生前，突破了"仅在遭到武力攻击后才进行必要最小限度的自卫"的原则，体现了"主动遏制"的战略思想。

3. "多能、弹性、有效"的建军方针

"04 大纲"指出，将继承"基础防卫力量构想"的有效部分，建设一支"多能、弹性、有效"的防卫力量。《中期防卫力量发展计划（2005—2010 年度）》按照"04 大纲"精神提出了自卫队今后建设的基本方针：为有效应对新威胁和多种事态，同时积极主动地参与旨在改善国际安全环境的国际和平合作活动，将在确保用以防备正规侵略的基础力量的同时，有效发展快速、机动、弹性和多目的且以高技术力量和情报能力为支柱的"多能、弹性、有效"的防卫力量。

4. 调整自卫队的三大任务

根据国际和周边安全形势的新发展，"04 大纲"对自卫队的三大任务进行了调整，即有效应对新型威胁及多种事态，包括弹道导弹攻击、游击队及特种部队的攻击、军事入侵岛屿、侵犯领空及领海、大规模灾害等；防止正规侵略日本；自主、积极地致力于改善国际安全保障环境。此点表明，日本军事战略的重点是主动应对其周边地区可能发生的各种威胁和事态。

5. 建立面向全球的日美同盟关系

"04 大纲"强调，要进一步提高日美两国对新安全形势下战略目标的共识，加强情报交流，加强日美在周边事态中的合作以及在弹道导弹防御系统中的合作，强化日美安保体制。2005 年美日"2+2"安全磋商委员会发表联合声明，确立包括台湾问题在内的 12 项亚太地区战略目标和 7 项全球共同战略目标。2006 年日美两国首脑发表《面向新世纪的日美同盟》联合声明，强调日美共同的价值观和共同利益是两国在地区乃至全球范围内进行双边合作的基础，把日美同盟合作的范围由日本周边地区扩大到全球范围，合作领域由安全领域扩展到政治、经济等领域，建立起全领域、全球范围内合作的新型日美同盟合作关系。

**（二）"动态威慑"的军事战略**

采用"动态威慑"的军事战略的时间为 2011—2013 年。2009 年 10 月，日本民主党取代自民党组成联合执政党。经过一年多的酝酿，日本菅直人政府于 2010 年 12 月底出台了《2011 年度以后的防卫计划大纲》（简称"10 大纲"），确立了日本新时期的安全战略和军事战略。

1. 提出"多层次合作"安全保障战略，明确将通过四种手段实现三大安全战略目标

三大目标是：确保日本和平与安全；营造更加稳定的亚太安全环境和改善国际安全保障环境；为世界和平、稳定与人类安全做贡献。

四种手段是：日本自身的努力；与盟国的合作；亚太地区合作；全球合作。即综合运用外交力量、军事力量等各种力量，努力发挥日本自身的作用，并在同盟国、地区和国际三个层次上，与美国及伙伴国开展多层次合作，以确保本国安全，实现其国家安全利益。与"04 大纲"相比，其安全战略目标更加拓展，手段更加多元。特别是，欲构建由日、美、韩、澳、印、东盟等组成的亚太地区多边安全合作体系，与中、俄抗衡。

2. 提出"机动防卫力量构想"，实行"动态威慑"军事战略

"10 大纲"明确提出，今后要彻底放弃以往注重"存在性静态威慑"的"基础防卫力量"构想，而要建设一支注重"实效性动态威慑"的"机动防卫力量"，使其能够更加有效遏制和应对各种事态、进一步稳定亚太地区安全保障环境、能动地改善全球安全保障环境。"机动防卫力量"强调军事力量要具备"五性两力"：快反性、机动性、灵活性、持续性、多用性和高技术能力及情报能力，即更加注重军事力量运用的快速机动性，侦察监视活动的持续性，任务能力的多样性，武器装备的高技术性，情报的支撑性和行动参与的主动性。目的是通过机动运用、动态威慑，主动作为，更加有效地遏制和应对各种事态，特别是强调确保远离本土的离岛及周边海空域的安全，其军事战略的"主动遏制"色彩进一步加强。

### 3. 赋予自卫队三大职能，要求具备七种态势

"10 大纲"赋予自卫队三大职能，即：实施有效威慑和应对各种事态；进一步稳定亚太地区安全环境；改善全球安全环境。在实施有效威慑和应对方面，要求自卫队具备七种态势：确保周边海空域安全；应对岛屿地区攻击；应对网络攻击；应对游击队及特种部队攻击；应对弹道导弹攻击；应对复合事态；应对大规模或特殊灾害等。由于"10 大纲"彻底放弃重在应对小规模军事入侵的"基础防卫力量构想"，自卫队职能中取消了"防止正规侵略日本"一项，强调其首要职能是有效威慑和应对各种事态。与"04 大纲"相比，其第一职能增加了"威慑"，具体任务增加了"应对网络攻击"和"应对复合事态"（多种事态连续或同时发生）。同时拓展了其参与地区和国际安全事务的职能。

### 4. 重点加强西南方向的军事部署，确保西南岛屿的安全

"10 大纲"对军事部署方式也做出了相应的调整。主要是改变以往的部队均衡部署方式，军事重心进一步向西南方向转移，重点加强西南地区的警戒监视、防空、反导、运输、指挥通信等能力建设。目的在于加强对西南岛屿的防御，为与我国武力争夺钓鱼岛做准备，同时加强对我国海军舰机活动的监视，牵制中国海军突破第一岛链。

从"10 大纲"看，日本更加强调中国军事现代化建设和海洋活动对其构成的威胁，其假想敌依次为中、朝、俄。

### （三）"联合机动防卫"的军事战略

时间为 2014 年至今。2013 年 12 月 17 日，日本政府制定《2014 年度以后的防卫计划大纲》（简称"13 大纲"）和《中期防卫力量发展计划（2014—2018 年度)》（"新中期防"），提出了"联合机动防卫"军事战略。主要内容有以下几个方面：

### 1. 渲染周边安全环境，突出"中国威胁"

"13 大纲"认为，由于围绕领土主权、海洋经济权益等发生的所谓"灰色事态"在增加，大规模杀伤性武器和弹道导弹扩散、恐怖主义、海盗、太空及网络空间、先进军事技术的发展和扩散等安全议题增多，一国或地区局部安全问题影响到整个国际社会安全的风险在加大。在依然强调朝鲜是地区和国际社会"重大不稳定因素"的同时，"13 大纲"突出强调所谓"中国军事威胁"，称中国军费持续保持大幅增长、军力高速发展、军事不透明、海空活动急速

扩大化与活跃化、试图以实力改变现状,"侵入日本领海或领空",并单方面划设"东海防空识别区",妨碍公海上空的飞行自由,且舰机进出太平洋已成为常态化。活动的海空域范围进一步扩大等。称中国的这些军事动向,"令日本十分担忧,成为影响地区和世界安全的隐患,今后须保持强烈关注"。日本渲染"中国军事威胁"旨在为其强化军备制造借口。

2. 提出"防卫基本方针"

"13大纲"提出了日本的"防卫基本方针",其内容包括:

(1)从基于国际合作原则的积极和平主义立场出发,强化自身的外交与防务能力,同时以日美同盟为基础,扩大、深化与各国的合作关系,谋求日本的安全和亚太地区的和平与稳定。为确保世界的和平稳定与繁荣做出更加积极的贡献。

(2)构建"综合防卫体制",强调加强威慑与应对能力,强化日美同盟,推进双边和多边安全合作,为发挥防卫力量能力奠定基础。

(3)遵守宪法,贯彻"专守防卫"原则,不做威胁别国的军事大国,确保文官控制,遵守无核三原则,发展高效、联合的防卫力量。

(4)针对核威胁,继续依靠美国的核威慑力,加强与美国的密切合作,确保美国核威慑力的可靠性,同时通过加强反导能力加以应对,并积极参与核不扩散与核裁军进程。

3. 进一步明确防卫力量的职能

防卫力量的基本职能是及时、妥当地应对各种事态。切实保护国民生命财产和领土、领海、领空的安全,同时确保亚太地区的稳定,改善全球安全环境。

一是有效威慑及应对各种事态,主要包括:

(1)确保周边海空域安全。强调平时对日本周边进行广域和不间断情报监视,同时,针对包括"灰色事态"在内的有可能侵害日本主权的行为进行有效处置,以确保日本周边海空域安全。

(2)应对岛屿攻击。一旦发生岛屿攻击,除已部署的部队外,迅速派遣必要部队,确保海空优势,阻止侵略行为,夺回被占岛屿。

(3)应对弹道导弹攻击。尽早发现,以多重防御体系应对。

(4)应对太空和网络空间攻击。保持对太空和网络的持续监控,防止出现干扰行为。一旦发生攻击事态,迅速解决并恢复,并加强与社会相关部门合作。

（5）应对大规模灾害等。发生大规模灾害时，迅速派遣、运送所需部队，妥善进行初期处置，并根据需要进行长期应对。

二是维护亚太地区稳定，改善全球安全环境。在日本周边保持持续监视，适时、适当地开展训练、演习等活动，确保亚太地区局势稳定。并通过与同盟、地区和国际社会合作，改善全球安全环境。包括举行双边和多边训练演习、开展防卫合作交流、为发展中国家培养人才和提供技术支持、通过参与反海盗和远海联合训演等确保海上通道安全、开展国际和平合作活动及积极致力于军控、裁军和防扩散等领域的活动。

### 4. 提出"联合机动防卫力量"建设构想

"10大纲"提出要建设"机动防卫力量"，实施"实效性动态威慑"，重点提高防卫力量的"五性两力"，即快反性、机动性、灵活性、持续性、多用性和技术能力与情报能力。"13大纲"提出的"联合机动防卫力量"建设目标的核心内涵可概括为"一基两力、两面四性"，即建立广泛的后勤保障基础，提高技术能力和情报指挥通信能力，在硬件和软件两方面提高防卫力量的快反性、持续性、坚韧性和联通性。通过对比可以看出，"联合机动防卫力量"建设思想更加注重建立广泛的后勤支援基础、联合作战和机动能力。特别是指挥通信、互联互通、后勤保障和战斗力要素等，都是"10大纲"中所未提及的，表明日本防卫力量的建设目标正在向着真正形成联合作战能力的方向发展，其"动态威慑"战略的核心内涵也得到了本质性充实。

### 5. 提出重点建设防卫力量的九大能力

为高效建设防卫力量，应在重视与美军的相互配合的同时提高综合能力，尤其重点加强九大能力，即警戒监视能力，情报搜集、处理、分析和共享能力，海空投送能力，指挥、控制与通信能力，应对岛屿攻击能力，反导能力，应对太空和网络攻击能力，应对大规模灾害能力及参与国际和平合作等活动的能力。为增强岛屿攻防作战能力，大纲要求自卫队确保夺取海空优势，尽可能在海上阻止对岛屿的进攻，并新建水陆两栖作战部队，增强后勤支援等综合能力，提高能够迅速登陆、夺岛和控岛的两栖作战能力。

### 6. 确定陆海空自卫队建设重点

"13大纲"强调，陆上自卫队为快速有效应对岛屿攻击等各种事态，必须拥有具备高机动能力和警戒监视能力、以机动作战为根本的基本作战部队（机动师、机动旅、装甲师），以及具备专门能力、能够有效遂行空降、水陆两栖作战、特种作战、航空运输、特种防护、国际和平合作行动等任务的机动部队。为此，"新中期防"提出了在现有五个军区之上设置"陆上总队"，以建立地面部队一元化指挥体系，提升联合作战效率。同时，陆上自卫队还将新编多个机动师（旅），新编海岸监视部队和担负应急出动任务的警备部队和两栖作战部队。同时加强岸舰导弹部队和地空导弹部队建设，提高反攻岛作战能力和防空作战能力。海上自卫队重点加强驱护舰、舰载巡逻直升机、潜艇、扫雷和固定翼巡逻机等部队的建设，以增强海上、空中和水下警戒监视能力，提高防空、反导、反潜作战能力。航空自卫队保持由警戒管制部队和航空警戒部队构成的航空警戒管制部队，提高空中警戒监视和指挥能力；为战斗机部队配备更高性能的战斗机，同时增强空中加油和运输机部队，以提高空中作战能力；保持航空运输部队，提高空中投送能力；保持地空导弹部队，提高陆基反导能力。

### 7. 提出未来 5~10 年武器装备发展计划

"13 大纲"和"新中期防"提出了日本自卫队未来 5~10 年的武器装备发展规划。"13 大纲"提出在未来 10 年内自卫队驱护舰由目前的 47 艘增加到 54 艘，其中，宙斯盾驱逐舰由目前的 6 艘增加到 8 艘，潜艇由目前的 16 艘增加到 22 艘，作战飞机保持 170 架的水平。"新中期防"提出在 2018 年前，陆上自卫队将采购 99 辆日本自主研发的新型 155 毫米轮式自行榴弹炮，该炮具备联网作战功能；采购 52 辆美式 AAV-7 型两栖战车，该型战车为美海军陆战队主要装备之一，日本 2013 年已采购 4 辆，准备未来用于"夺岛"作战；采购 17 架美式偏转翼 MV-22"鱼鹰"运输机，未来可能用于岛屿攻防作战支援任务。海上自卫队继续建造大型、新型驱逐舰，包括：新造 2 艘"宙斯盾"驱逐舰，未来很可能用于搭载日美联合研制的"标准-3"Block ⅡA 型海基拦截导弹系统，构建海基高层反导体系；继续建造 3 艘"秋月"级多功能驱逐舰，该型舰具备反潜、防空和反舰等综合作战能力；采购 23 架日本自主研发的 P-1 型反潜巡逻机，该型机具备"发现即打击"能力，续航距离长，反潜和对海作战支援能力均比 P-3C 反潜巡逻机强。航空自卫队继续采购 28 架 F-35A 型战斗机，以提升夺取制空权的实力；采购 10 架自主研发的 C-2 型运输机，该型运输机活动半径超过 6000 千米，在加油机支援下，可遂行全球范围内运输任务；采购 4 架预警指挥机和 3 架空中加油运输机，加上现有的 4 架 E-767 预警指挥机和 4 架 KC-767 空中加油运输机，航空自卫队的预警能力和空战支援能力将大幅提高。此外，日本自卫队还将采购 3 架美式"全球鹰"无人机，继续采购中程地空导弹，发展卫星通信、太空态势感知和网络攻防能力。上述举措表明，日本自卫队正在围绕争夺陆、海、空、天、网、电等"全谱优势"，大幅提升军事实力。

## 第三节　日本军事战略的特点

纵观成为现代国家以来日本军事战略的发展轨迹，不难看出，尽管在不同的历史时期，日本面临的内外环境有明显的差异，但其军事战略的一些个性特征却得以传承和延续。

### 一、强烈的扩张性

众所周知，一个国家的军事战略文化是其民族文化的重要组成部分，反之，不同国家的军事战略均具有独特的民族文化特色。基于此，深受大和民族文化传统的影响，日本军事战略具有强烈的扩张性。

#### （一）受"岛国根性"意识的影响

日本国土狭小，四面环海，这种岛国地理环境带来的是一种"岛国情结"。用日本史学家的话说，"素称岛国根性的闭锁、排他的精神，就是从四面环海的地理环境中产生的，还由于岛国内部地形的孤立性而变得更为严重"。在古代，陆路交通有限，日本虽然四面环海，但当时的海上交通工具还不发达，直到明朝郑和下西洋，此前一直都没有出现过远距离涉外的航行。在缺乏沟通、交通障碍的前提下，一个民族如果自身没有辽阔的国土和众多的人口，能够不自我封闭几乎是不可能的。

从传统思想文化因素讲，"岛国根性"是日本近代战略目光外向的地理和民族特性的根源。所谓"岛国根性"是指海岛国家因缺乏与别国交流而造成的视野狭窄，以及由此所造成的小家子气的性格。进一步发展就是崇拜强者，鄙视弱者，这也是日本之所以羽翼稍为丰满便容易走上侵略扩张道路的思想根源。它最终发展成为极端民族主义，推动日本走向侵略扩张的道路，从而使其军事战略的目标彰显着显著的扩张性。

#### （二）受相对主义思想的影响

相对主义是一种形而上学、唯心主义的哲学学说。其主要特征是片面地夸大事物性质的相对性，抹上其确定的规定性，取消事物之间质的界限，从而根本否定事物的客观存在。在认识论方面，相对主义夸大认识的相对性，把相对和绝对完全割裂开来，否认相对中有绝对，否认客观的是非标准。

相对主义是日本近代哲学的思想基础，其要害是是非不分和是非颠倒。表现在战略思维上，表现为缺乏长远的战略目光，只根据眼前的、局部的状况做判断，而很少从整体和长期出发制定长久之计。

日本学者滨口惠俊指出，日本人所考虑的行为第一基准，就是自己身处的"状况"，他称日本人的这种行为模式为"状况中心型"，表现出明显的功利主义和实用主义倾向，其根源就在于日本人的"相对主义"思维方式。

在历史上，当高度发达的中国文化传到日本列岛时，日本连文化的载体——文字都没有，更未形成自己的价值体系，因而无法形成系统的文化筛选机制。这样，实用主义和功利主义便成为日本摄取文化的标准，有用与否就成了日本对外来事物接受与否的衡量尺度。而日本普遍信仰的神道传统缺乏统一的教义，导致人们对事物的判断缺乏统一的价值标准，由此滋生了一种功利主义的处世哲学。这种急功近利的处世方式一直延续至今，成为日本人性格鲜明的一部分。其特点就是从简便易行、对我有用的原则出发，缺乏稳定的标准和原则，判断事物往往只根据目前的状况出发，而很少考虑未来，表现出浓厚的功利主义和实用主义色彩，从而导致缺乏长远的战略目光，造成战略短视。历史证明，这种以相对主义为哲学基础的缺乏远见的战略决策不仅注定要失败，而且从根本上规定了其战略目标的短视及冒险性。资源匮乏的区区岛国日本，却制定出"征服中国""征服亚洲"乃至"征服世界"的战略目标，最终美梦成泡影，就是很好的例证。这一系列征服行为，也充分表明了日本军事战略目标的扩张性。

### （三）受武士道精神的影响

武士道是日本民族在长期历史发展中形成的一种特有精神。武士道在平安时代随武士团的形成而逐渐产生，到武家开始执掌政权的镰仓时代，逐渐兴盛和发展起来。在江户时代，武士道吸收儒家理论道德思想而理论化。其影响深入日本社会各阶层，与神道一样，形成日本国民的一种深层文化心理。

究其本质而言，武士道就是将日本人的思想和行动牢牢钳制成一气的精神魔咒，它是由于日本国土狭小的岛国文化所产生的一种特有文化。中世纪时代的"忠君、爱国"精神驱使日本武士们如魔鬼一样的征战四方，由于孤岛的夜郎自大心理，使得日本人常常处于自大妄想的心理中。"八纮一宇"即全世界都应该处在日本领导下的狂妄思想就是日本武士道的世界观。丰臣秀吉自不量力地侵略朝鲜和甲午战争之后日本在东方尤其是对中国的疯狂侵略，一方面是由于其岛国资源短缺的经济利益驱使；另一方面也是由于武士道精神作祟，武士道传统直接导致了军国主义政治。在"二战"中，武士道同神道一起，充当了日本法西斯侵略战争的精神武器。日本直到"二战"结束被美国彻底打烂之后才暂时从表面上抛弃了武士道精神，然而随着国力的复苏，武士道也再一次的死灰复燃。现在日本国内右翼势力的猖獗，不由得令人想起以武士道为理论基础的日本军国主义侵略史。由此不难看出，武士道精神的影响，也是日本军事战略目标具有扩张性的重要因素之一。

## 二、主动的进攻性

主动的进攻性是日本军事战略的核心内容，也是其军事战略的显著特点。军事战略行动的进攻性是由日本岛国的地缘政治特征决定的。日本国土狭小，资源贫乏，危机意识强，谋求"生存空间"是日本思想意识的重要组成部分。因而，在大多数时间里，日本的军事战略均带有明显的主动性和进攻性。这种主动性和进攻性渗透于日本作战思想的各个方面。

### （一）军事行动上的大胆和冒险

日本军事战略的主动性和进攻性表现为军事行动上的大胆和冒险。决策大胆，敢于冒险可以说是日本近代战争史上的一贯做法。早在中日甲午战争中，尽管日本精心策划了这场战争，但就中日双方的军力来看，日本并没有必胜的把握。伊藤博文在甲午战争海战后就对同僚说，"似有糊里糊涂进（战争）海洋之感"。中日甲午战争及10年后的日俄战争对日本军事战略和军事力量建设产生了很大的影响。既然敢于冒险发动战争并且都取胜了，自然就被作为用兵的范例承继下去。所以，日军在后来的侵略中国东北的"九·一八"事变、全面侵华的"七·七"事变、发动太平洋战争的珍珠港事件等重大战略决策，无不具有大胆和冒险的性质。日本资源匮乏，国力有限，根本不足以支持长期战争，正是从这一点出发，其作战决策指导的大胆和冒险也就愈加突出。纵观日本现代战争史，日军很少打有成算、有把握之仗，重大的会战、决战每每以劣势或相对劣势的兵力临之。在战争中，经常采用富于创造性的手段，达成令人担心的作战计划。强调会战决胜，甚至主动寻求不利决战。

### (二)注重战略及战役性突袭

日本军事战略的主动性和进攻性表现为注重战略以及战役性的突袭。注重战略战役性突袭行动，是日军作战的传统做法，从甲午战争到"二战"，几乎都采取了对敌对国家不宣而战、奇袭或偷袭的方式。由于总是得手，于是成为日军作战指导上的一条金科玉律。日军认为，"出敌不意，对于奠定胜利基础和取得巨大战果都极为重要"。因此，必须"经常采取完善的对策，以便先发制人"。"同时针对敌军的特点，巧妙地利用敌军的弱点"。

## 三、取向的功利性

战略取向上的功利性，是日本军事战略又一显著特点。日本的相对主义思维方式赋予日本人强烈的功利意识和实用主义传统，表现为随机应变的突出特点，在战略上形成联盟战略思维，即与强者为伍，借用他人力量，与战略对手抗衡。自日本建国以来的 100 多年间，日本不断地寻找能赖以依靠的强者，以征服或遏制自己的敌手。依强抗强，恃强欺弱，这是日本联盟战略思维的特点。在日本近代史上，曾经有日英同盟、日英美法四国条约、日德意同盟和日美同盟。其中，持续时间最长的是日美同盟，至今已有 50 多年。其次是日英同盟，在历史上前后持续了 20 年，而日英美法四国条约、日德意同盟是"一战"和"二战"时合纵连横的体现，持续时间相对较短。

随机应变，在历史上曾给日本带来了许多发展机遇，但随机应变的战略取向往往带有功利性色彩。由于在长期历史上形成的对外部事物的独到而细微的观察力与深刻的感受性，日本人对环境有着异常敏感以至于近乎神经质的性格。这种性格与急功近利的相对主义思维模式相结合，使得日本人在对外关系中很少从双边、多边的整体利益来考虑问题，而是更多地根据自身的需求，以"于我有利""为我所用"为原则。当对自己有用时就利用或借助对方；当对自己没用时，就有可能视若陌人，甚至反目为仇。当日本自己力量不足时，总会想方设法借助强者的力量来对付敌人；当自己力量壮大，羽翼丰满后，就会趾高气扬，可能与昔日的盟友翻脸，而为了自己的利益，甚至不惜与多年的宿敌联手。在日本历史上不乏这种例子。在日俄战争中，日本与西方列强英国结盟以对付俄国，日本借助英国的力量，一举打败了老牌帝国俄国。1905 年战胜俄国后，日本的侵略目光开始转向清王朝，此时英美成了日本向中国扩张势力的拦路虎。为了达到侵略中国的目的，日本于 1907 年同昔日的手下败将俄国签订密约，与俄方联手对抗英美。"二战"末期，美国投下了两颗原子弹，而当广岛和长崎上空还在下着蘑菇云形成的"黑雨"时，日本又投进了美国的怀抱，结成日美同盟。当日本经济实力壮大，发展成为世界第二经济大国后，日本又变得底气十足，敢在美国面前说"不"，要求与美国平起平坐。日本发展与东南亚和中国的关系既是出于经济目的的需要，也是出于抗衡苏联的需要。日本历史上的种种战略现象表明，对于日本来说，为了自身利益的需要，昨日的盟友可能变为今天的对手，昔日的对手也可能成为今天的盟友。如此奉行见风使舵、唯利是图的实用主义信条的国家，实属罕见。

# 第十章 印度的军事战略

印度是世界四大文明古国之一，有着悠久的历史和厚重的文化，是一个人口超过 10 亿的多民族、多宗教、多政党国家。由于印度在近代饱受了数百年的殖民之苦，因而，印度人普遍有一种对独立、自由和强大的强烈渴望与无限执着，普遍有一种难以割舍的"大国情结"。受英帝国主义殖民统治思想和这种"情结"的影响和支配，独立后，印度历届政府始终把争当世界一流政治大国作为国家战略利益的支柱，作为制定国防政策的基本依据。冷战结束后，随着世界格局的调整、联盟力量的重组和安全环境的变化，印度开始制定新的国防政策，以加快实现争当世界大国的战略目标。

## 第一节 印度军事战略概述

源远流长的历史、博大精深的文明以及屡遭外侮的苦难，不仅组成了印度独特的发展进程，而且对印度的国家安全战略以及军事战略思想、理论与实践产生了重大而深刻的影响，同时也为人们研究印度军事战略基础的变迁提供了丰富而鲜活的历史依据和素材。

### 一、印度战略体系

从印度几十年的国家政治和军事理念与实践来看，印度的战略体系与美国等西方国家并不相同，具有自身特色。在理论基础上，印度军事战略受英国殖民思想的影响很大，比如"印度中心"论和"安全带"理论。总的来说，印度战略体系大致可分为四个层次：国家战略、国家安全战略、国防战略和军事战略。

一是国家战略。印度国家战略位于战略体系的最高层，对国家安全战略、国防战略和军事战略具有指导作用。印度独立后一直奉行的国家战略是称霸南亚，争取在印度洋拥有更大的控制权和支配权，充当第三世界的领袖，争做世界一流大国。印度各个时期的军事战略都是在该国家战略指导下形成的，其目标完全一致。

二是国家安全战略。印度国家安全战略要服从国家战略需要，对国防战略和军事战略具有指导作用。1990 年，印度成立国家安全委员会，负责国家安全战略制定和实施的研究和咨询。1946 年 9 月，印度第一任总理尼赫鲁发表讲话，阐明了推行"不结盟"的主张和理由。印度一直将"积极的不结盟"政策作为一项维护国家安全的国策进行推行。印度认为，一个国家政治制度稳定与否是衡量国家是否安全的决定性因素。同时，印度认为强有力的军事能力可以保障国家安全。印度认为，应对安全威胁要文武结合，对内以军事打击与政治瓦解相结合，对外则以军事与外交相结合。

三是国防战略。印度国防战略服务于国家战略和国家安全战略，对军事战略具有指导作用。印度国防部发布的《国防报告》以及战略理论界的有关研究成果能够反映印度国防战略思想。印度国防部在 1979 年以来的多份《国防报告》中提出国防武器装备国产化的国防力量发展思想。印度防务专家沙可达尔·辛格在 1986 年发表的《印度的国防战略》提出，当今制止全面战争的唯一力量就是核武器的毁灭潜力，没有它就有可能发生第三次世界大战。在实践中，印度强调根据经济实力和形势需要来制定相应的国防发展方针。

四是军事战略。印度军事战略是国家战略在军事问题上的体现，为实现国家战略目标服务。印度在近现代长期遭受西方殖民统治，尤其是被英国殖民统治近 200 年，这使得独立后的印度战略具有浓厚的英殖民统治的烙印。英国殖民扩张性的军事战略思想对独立后的印度产生了非常深刻的影响。印度军事战略始终"印"有大英帝国扩张主义军事战略的"传统"。加上印度特定的南亚次大陆地理环境、执政者的理念和应对时代发展变化的战略认识、调整和发展，构成了印度军事战略的理论和实践体系。

## 二、印度军事战略的概念

印度独立前，由于长期遭受英帝国的殖民统治，国家政权和人民命运完全受控于外来侵略者。作为完全丧失主权的国家，印度自然也就没有自己的军事战略。1947 年，印度独立后，以尼赫鲁为首的第一代领导人虽然建立起国家政权和武装力量，但其安全与军事战略仍然沿用英印殖民时期那一套，并直接导致其在 1962 年的中印边境冲突中遭受惨败。中印边境冲突后，印度防务界开始重视本土军事理论的研究，印度当代军事战略初步形成。1971 年第三次印巴战争结束以来，印度军事战略在实践领域里取得了丰硕的成果，逐步形成重实战的进攻型军事战略。进入 20 世纪 90 年代，苏联解体，冷战结束，国际战略形势发生剧变，印度对其扩张型的军事战略进行了反思，"威慑"思想受到印度防务界的高度重视。1998 年印度核试验后，"威慑"已经成为军事战略的核心内容，并形成独具印度特色的"威慑"军事战略思想。

印军认为，军事战略是"使用一个国家武装力量的艺术和科学，它反映了国家对战争的看法，以及使用军事力量实现政治目标的原则方法"。采取什么样的军事战略以及如何实施军事战略取决于国家实力的大小，而国家实力则是由有形的军事力量和经济实力，以及无形的国家意志、民心等因素构成。维护国家利益是武装力量的最主要任务。印军认为，军事战略作为一种原则，是军事领导层在战略层面进行战争准备和实施战争经验总结的直接成果，但军事战略不仅仅是过去经验总结的结果，还应包括筹划、打赢、应对未来战争和指导武装力量建设的理论研究成果。军事战略包括力量建设战略、力量部署战略和力量运用战略。由于力量运用战略在很大程度上决定了力量建设的规模和力量部署的方式方法，因而讨论军事战略时必须从力量运用战略开始。

## 第二节　印度军事战略的演进

印度独立以来，官方从未公开披露过军事战略的基本内容，更没有对军事战略进行过明确的权威性的概括，但印度军事战略的实践却非常丰富。综合研究印度的军事实践及其相关的军事理论，不难发现，长期以来，印度一直将"称霸南亚，控制印度洋，争当世界一流强国"作为其国家安全战略的总目标。围绕着这一战略目标，印度的军事战略跟随国际形势的变化、本国国力和军力的增长，以及同周边国家力量的对比而不断演进。

### 一、有限进攻战略

时间：印度独立至 20 世纪 50 年代末。

#### （一）战略背景

印度独立之初，国力孱弱，安全环境险恶。美国和苏联刚刚拉开冷战的铁幕，东西方两大阵营初步形成。美苏双方虽将战略争夺的重点放在欧洲，但正在把目光逐步转向亚洲，开始对亚洲国家的争夺。整个亚洲尤其是西亚和东南亚，正在成为美苏两大阵营的竞技场。包括印度在内的南亚地区，处于印度洋战略通道的特殊地理位置，成为美苏两个超级大国激烈争夺的重要地区。美苏都试图通过政治、经济、军事手段来干预和控制印度的内政与外交，以谋取其在南亚地区的主导地位。

与此同时，1947 年印巴爆发了第一次战争，1950 年中国和平解放了西藏。第一次印巴战争虽以印度的胜利而告终，但印度在人力、物力上付出了巨大代价。在政治和军事上，印度对巴基斯坦并未取得优势，克什米尔争端远未解决，双方都把对方视为本国安全的主要威胁。中国和平解放西藏使印度分裂西藏，使其成为亲印的"缓冲国"战略落空。在国内，印度面对的是英国殖民主义者留下的烂摊子，国家穷困、民生凋敝、百业待兴。

面对上述国际、国内环境，尼赫鲁政府认为，印度作为一个贫穷国家，经济落后、财力有限，国力和军力不强。在这种情况下，尼赫鲁政府在对外战略上采取"不结盟"政策，周旋于美苏两大集团之间，拉拢一方制衡另一方，从美苏双方获利，利用外交扩大印度在国际上的影响；对内则采取"先经济、后国防"的发展战略，发展经济，争取时间，积累财力和物力，提高综合国力，实现保全印度、发展印度、壮大印度的战略目的。

为此，印度推行了"有限扩张"的军事战略，将军事战略的重点置于西部与巴基斯坦争夺克什米尔未定领土并将巴视为构成其国家安全主要的最直接的威胁，大力加强军事力量建设，完善对巴作战，在边境大量集结兵力，以确保印度在克什米尔地区的既得利益。对中国，为达到其领土扩张和长期控制中印边境争议区的目的，印度在外交排斥下加紧向麦克马洪线以南未占地区的军事渗透。至 1958 年，印度采取设众据点、逐步蚕食的策略先后侵占了麦克马洪线以南传统习惯线以北的大片中国领土并在印度北部建立起针对中国的所谓喜马拉雅山安全体系。

### （二）主要内容

有限进攻战略主要包括以下三个方面的内容。

#### 1. 以巴基斯坦为主要作战对象

印巴分治后不久，双方围绕着克什米尔领土问题进行了长达 14 个月的战争。其后，双方便一直处于军事对峙状态。为此，印度将巴基斯坦视为最直接的威胁。在制定防务计划和采购武器装备方面，印度均以巴为主要作战对象。1954 年，巴基斯坦与美国签订共同防御条约后，从美国获得了军事援助，军事实力得到了一定的增强，从而使得印巴边境出现了势均力敌的战略态势。

印度为保住在克什米尔的既得利益，在印巴边境部署了 2 个军部、6 个师的兵力，军事态势由独立初期的军事进攻转为军事对峙。

### 2. 对华实施领土蚕食策略

面对中国对西藏边防的巩固与建设，印度国内在对华政策上两种不同的态度：以陆军参谋长蒂迈雅上将为首的军方认为，印度真正的敌人是中国而不是巴基斯坦，印度应在北部印中边境做好充分的军事准备；而以总理尼赫鲁和国防部长梅农为首的文官实权派则认为，印度在财力和军力十分薄弱的情况下应倾全力对付巴基斯坦，而对中国只能利用外交手段和蚕食政策，并且认为"同中国保持友好"是印度"获取北部边疆和平与安宁的最好办法"。在作出中国对印度不构成威胁的"政治性判断"后，尼赫鲁指出："北部和东北部边境的安全不必担心，也无须陆军防守。武装部队肩负的任务主要是防御巴基斯坦。"但在具体实践中，印度推行实用主义策略，即一方面在外交上做出姿态，承认中国对西藏的主权，支持中国加入联合国；另一方面又派地方部队在"麦克马洪线"以南、传统习惯线以北的大片中国领土设立据点，逐步蚕食。截至 1954 年底，印度基本上完成了对这块 9 万平方千米中国领土的军事占领，并将"麦克马洪线"当作已定中印边界标在印度官方出版的地图上。

### 3. 控制北部弱小邻国

印度独立后即加紧了对锡金、不丹和尼泊尔等北部弱小国家的控制。1949 年 6 月，印度派兵进驻锡金，次年 12 月便迫使锡金签订"和平条约"，规定锡金为印度的"保护国"，其国防、外交、经济等均由印度控制；1949 年 8 月，印度与不丹签订"永久和平与友好条约"，规定不丹的对外关系接受印度政府的"指导"，实际上不准不丹同其他国家建立外交关系和进行贸易；1950 年，印度同尼泊尔签订了长期的"和平友好条约"，建立"特殊关系"，并签订了贸易和商务条约，规定印度可直接、无限制地向尼泊尔出口商品；1952 年，印度又派"军事团"到尼泊尔，1954 年，印度在尼泊尔设立"援助团"。利用上述三个弱小邻国在对外交往和贸易上必须经过印度这一特殊的地理环境，印度在较短的时间内实现了对上述三国的控制，从而建成了对付中国的缓冲带。

## 二、两线扩展战略

时间：20 世纪 60 年代至 70 年代初。

## （一）战略背景

1962 年中印边界冲突的失利对印度军事战略和建军思想产生了重大影响。印度在重新估价了印度安全环境、反思以往的国防政策后，总结了三点教训和启示：一是印度在过去十多年里对国防建设未予足够的重视，致使军事力量在实现国家目标时力不从心，以后应将国防建设置于优先地位考虑。为此，印度政府从 1964 年起推行第一个国防五年计划，拨款 500 亿卢比，大规模扩充军备。二是无论从军事实力还是从综合国力来说，印度尚不是中国的对手，尚缺乏抗衡中国的实力，在一定时期内对华应采取纵深防御方针，加强军事力量建设，伺机"报仇雪耻"。三是印度已面临西部来自巴基斯坦和北部来自中国的两面"威胁"，应从思想上准备在西部和北部两线作战。

20 世纪 60 年代中后期，第二次印巴战争爆发，印苏交往密切，危及了美国在南亚次大陆的利益，美印关系由热变凉。同时，随着中苏关系恶化，印苏关系变得密切。印度想借苏联来压巴反华，苏联则希望联合印度抗衡中美，印苏两国在反华问题上找到了共同的战略利益。这一阶段，印度不仅获得了美国的大量援助，而且找到了靠山苏联，结成印苏联盟，加上印度的经济状况有所好转，综合国力有一定加强，印度的军事扩张主义思想进一步抬头。为此，印度采取以中巴同时作为主要作战对象，准备在西北两条战线上同时作战的"两线扩张"战略，在策略上则采用西面以进攻为主，北面以防御为主的"西攻北防"战略方针，把扩张的矛头指向西部边境，力求从战略上削弱巴基斯坦。1971 年 11 月，印度经过充分准备再次悍然向巴基斯坦发动大规模进攻战争，一举肢解巴基斯坦，确立了印度在南亚地区的霸主地位。

## （二）主要内容

两线扩张战略所确立的主要战略对手是中国和巴基斯坦，为此，其内容主要包两个方面。

### 1. 对华先"北进"后"北防"

20 世纪 50 年代末，印度经济有了一定的发展，军事实力也有所增强。此时，国际上掀起了反华浪潮，中苏关系日趋紧张，中国从 1959 年起又连续三年遭受自然灾害。印度乘中国遇到的内外困难，认为"解决印中边界问题"的时机已到，便于 1959 年策动西藏农奴主叛乱，并在叛乱失败后收留了逃亡印度的达赖集团。1960 年印度提出对中国的"前进政策"，即在北部中印边境全线实行北进的强硬军事方针，"在积聚足够的力量后向中国发动进攻，迫使中国人从已经建立的阵地后撤"。在这一方针的驱使下，印度派地方准军事部队抢占中印边境争议区，进一步蚕食中国领土，在中印传统习惯线以北中方一侧建立军事据点 139 个(印度当时在中印边境共有据点 249 个)。

与此同时，印度迅速扩充武装部队实力。到 1962 年印度挑起中印边境冲突前夕，印军总兵力已由 1959 年的 41 万人增至 51 万人，部署在中印边境地区的兵力较之 1958 年增加了 6 倍。在做出"中国不敢冒苏美大国进行干预的风险而对印度进行军事反击"的判断后，印度于 1962 年 10 月挑起了大规模边境武装冲突，结果遭到惨败。

这次冲突的失利对印度军事战略和建军思想产生了重大影响。印度在重新估价了印度安全环境、反思以往的国防政策后，总结了三点教训和启示：一是印度在过去十多年里对国防建设未予足够的重视，致使军事力量在实现国家目标时力不从心，以后应将国防建设置于优先地位考虑。为此，印度政府从 1964 年起推行第一个国防五年计划，拨款 500 亿卢比，大规模扩充军备。二是无论从军事实力还是从综合国力来说，印度尚不是中国的对手，尚缺乏抗衡中国的实力，在一定时期内对华应采取纵深防御方针，加强军事力量建设，伺机"报仇雪耻"。三是印度已面临西部来自巴基斯坦和北部来自中国的两面"威胁"，应从思想上准备在西部和北部两线作战，但在策略上应采取西面以进攻为主，北面以防御为主的"西攻北防"军事战略方针。

## 2. 对巴由军事对峙转为军事进攻

1962 年对华战败使印度意识到，在军事力量有限的情况下，印度应调整政策，将战略重点置于西部印巴边境方向，力争先从战略上削弱巴基斯坦。为贯彻"西攻北防"的战略方针，印度大力扩充军备。到 1965 年第二次印巴战争前夕，印度军费由 1962 年度的 47.391 亿卢比剧增到 1964 年度的 80.58 亿卢比，增长了 70%；兵力也由 51 万人增至 73 万多人，增长了 43%。随着军力的提高，印度觊觎巴占克什米尔地区的企图也随之膨胀。与此同时，巴基斯坦利用美式武器武装自己，战斗力有了相当的增强，而且巴军士气因印军在中印冲突中的失败而空前高昂，大有同印度在克什米尔问题上一决雌雄的决心。结果，印巴两国不断发生摩擦，终于在 1965 年 9 月爆发了第二次印巴战争。战争中双方两败俱伤，打成平手。这次战争，使印度更加坚定了对巴采取进攻态势的决心。

20 世纪 60 年代中期至 70 年代初，印度对巴战略意图更加明显，进攻态势更加逼人，通过完成第一个国防五年计划并实施第二个国防五年计划，到1971年第三次印巴战争爆发时，印度三军兵力已增至96万人，飞机由30个中队扩至60个中队，海军增加了许多苏制舰艇。印军同巴军相比已处于明显的优势地位(印巴兵力对比为4∶1，战斗机为8∶1，装甲车为2∶1，舰艇为5∶1)。1971年春，东巴基斯坦和西巴基斯坦民族矛盾激化，巴国内出现动乱。印度认为，这是印度同巴基斯坦决战的千载难逢的良机。为警告中国不要在东巴危机上采取牵制行动，遏制中国对巴可能进行的军事策应，印度于同年8月与苏联签订了"和平友好合作条约"。印苏签约3个月后，印度便向东巴发动了大规模进攻，同时在西部印巴边境抗击西巴军队。经过两周的战斗，印军攻占达卡，八九万巴军被迫投降。这样，印度通过第三次印巴战争肢解了巴基斯坦，成立了孟加拉国。这次战争，巴基斯坦不仅丧失了东巴，失去了牵制印度的战略侧翼，而且军事实力也大为削弱，致使南亚次大陆的战略格局失衡，从而使印度基本确立了在该地区的霸主地位。

### 三、保陆制海战略

时间：20世纪70年代。

### (一)战略背景

20世纪70年代，印度基本上处于一个有利的战略环境中。一方面，印苏关系随着印苏"和平友好合作条约"的签订而发展成"特殊伙伴"关系，印苏在南亚次大陆的战略利益更趋一致。苏联继续向印度提供大量经援和军援，大力发展同印度的贸易，从多方面支持印度，拉拢印度抗衡美国，牵制中国。印度依靠苏联的帮助，建立起了现代国防工业，为部队逐步更新装备奠定了基础。另一方面，第三次印巴战争后，印度称霸南亚的格局已基本形成，美国决定在不影响美巴关系的前提下缓和与印度的关系。1973年3月，美国宣布放宽对印度的武器禁运。1974年10月，美国国务卿基辛格访印，免去了印度所欠的22亿美元债务。1978年1月，美国总统卡特访印，承认印度是南亚次大陆的"主导国家"，恢复了对印度的经援。至此，印美关系基本上走出了低谷。与此同时，中印关系也有所松动。1976年中印两国恢复互派大使。1977年印度人民党执政后，两国恢复了中断15年之久的直接往来，中印关系进一步发展。

这一阶段，印度洋地区的形势也发生了很大变化。英国迫于财力和军力的不足，在 20 世纪 70 年代开始从印度洋撤军，印度洋一时出现了"力量真空"，苏美两个超级大国随即在该地区展开激烈争夺。除超级大国海军在印度洋的存在外，印度洋沿岸国家和可能进入印度洋的区外国家海军的发展与动向也受到印度的高度重视。对于 90% 以上的对外贸易依靠海上运输的印度来说，大国进入印度洋"无疑是一种挑战"。在这种形势下，基于其在陆地的战略意图已基本实现，印度逐步将战略重点由次大陆转向印度洋地区，提出了"保陆制海"的军事战略思想，力图填补英国撤军后印度洋地区出现的力量真空，谋求在印度洋北部的海上优势。

**（二）主要内容**

保陆制海战略的实质内容主要体现在以下两个方面。

**1. 巩固在南亚次大陆的霸权地位**

进入 20 世纪 70 年代，印度采取了一系列措施，进一步巩固在南亚次大陆的有利战略地位。

（1）印度依旧将巴视为"印度安全的主要威胁"，并对巴施以军事重压。印度防务专家认为，巴基斯坦被肢解意味着对印度威胁的减弱，但由于印巴两国存在着深刻的领土争端和民族与宗教矛盾，第三次印巴战争进一步加深了两国间的仇恨，印度仍视巴为"印度安全的主要威胁"，声称对巴防务不可"掉以轻心"。

（2）对中国，印度仍推行"增强实力，在边境对峙中抗衡中国"的政策。1962 年中印边境武装冲突的影响深远，印度把中国视为潜在的对手。中印之间存在大片领土争端，两国的矛盾难以调和。因此，印度沿印中边境部署重兵，同中国武装对峙，并伺机对中国实施蚕食政策。

（3）为巩固在次大陆业已取得的有利战略地位，印度继 1971 年肢解巴基斯坦后，又于 1974 年强行兼并了锡金，使之成为印度的一个"邦"。

（4）在军事、经济等多方面加紧控制尼泊尔和不丹，以巩固其对付中国的所谓"喜马拉雅安全体系"。

（5）加强对东邻孟加拉国的政治、经济甚至军事压力，试图将孟加拉国纳入其防务体系。

**2. 将战略触角伸向印度洋**

1971 年第三次印巴战争后，印度政府决定调整战略，加强海军建设，把战略视野由次大陆逐步转向印度洋。印度认为，这次战略调整有以下三个原因：

（1）印度陆地扩张目标已基本实现，南亚霸主地位已基本确立，印度有精力向印度洋扩张。

（2）印度洋因英国的逐步撤离处于真空状态，"这一真空要么由超级大国填补，要么由某个新兴的亚非国家填补"。印度决心将英国昔日的"不列颠内湖"印度洋划入自己的势力范围。

（3）印度在印度洋拥有极大的经济利益。无论是沿海资产还是 200 海里专属经济区，无论是远海岛屿还是海上运输线，都需要有一支强大的海军去保卫。因此，印度对海军编制和装备进行了重大调整：海军兵力由 20 世纪 60 年代末的 2 万人增加到 1979 年的 4.6 万人；海军地区司令部由 1 个增至 3 个，舰队由 1 支增至 2 支，组建了海军航空兵和海岸警卫队，新建、扩建了海军基地，装备了潜艇、护卫舰和远洋扫雷舰等舰只，并决定向苏联和西方订购一批新型远洋舰种、舰载反潜巡逻机和反潜直升机等。这样，印度向印度洋扩张的战略指导思想已开始具体落实。

## 四、地区威慑战略

时间：20 世纪 80 年代。

### （一）战略背景

20 世纪 80 年代前半期，南亚地区是美苏全球战略中的重要一环，是双方争夺的一个热点。1985 年戈尔巴乔夫执政后，苏联开始奉行纯防御性的军事学说，逐步进行全球性战略收缩，同美国在包括南亚在内的地区性问题上进行协调。在美苏缓和的大气候下，南亚地区苏印联盟抗衡美巴联盟的战略格局也发生了重大变化，两对联盟由稳固变为松散。苏印和美巴出于各自的需要，虽仍彼此利用，保持一定的战略关系，但原先那种伙伴关系已不复存在，只剩下印巴对峙的态势。随着原有的战略格局走向消亡以及美国对巴印两国政策的调整，南亚地区的战略格局开始由均势转为失衡，向印度倾斜。

与此同时，进入 20 世纪 80 年代后，中印两国的接触进一步增多。1981 年 12 月至 1987 年 11 月，为寻求解决边界问题和改善两国关系，双方举行了 8 轮会谈。会谈虽未取得实质性进展，却缓和了两国间的紧张关系。正当中印关系逐步改善之际，印度于 1986 年又在中印边境东段地区蚕食中国领土，将其在非法侵占的中国领土上建立的所谓"东北边境特区"升格为所谓的"阿鲁纳恰尔邦"，并于 1987 年春在中印边境东段举行代号为"棋盘"的大规模军事演习，致使中印边境再度出现紧张局势。为缓和两国间的紧张关系，1988 年 12 月，印度总理拉吉夫·甘地访问中国，使中印关系恢复正常。这次访问，双方就解决两国间的边界问题确定了原则，并决定在寻求双方都能接受的解决边界问题办法的同时，积极发展其他方面的关系。

### （二）主要内容

地区威慑战略的主要内容包括以下三个方面。

#### 1. 保持对巴基斯坦进攻态势

进入 20 世纪 80 年代后，尽管国际形势总体上趋于缓和，印度政府也几经更迭，但是，由于印巴之间存在着深刻的领土争端、宗教矛盾和民族纠纷，因此，印度始终将巴基斯坦视为其主宰次大陆的主要障碍，并继续保持着对巴的军事进攻态势。体现在兵力部署上，印度平时把近 50% 的陆、空军力量部署在印巴边境，将海军两大舰队之一的西部舰队部署在阿拉伯海，主要用于对巴作战，从而对巴保持着较高水平的军事压力和威慑态势。

#### 2. 对中国采取"攻势防御"态势

20 世纪 80 年代，尽管中印关系得到了一定程度的改善，但印度依然将中国视为战略上的对手。针对中国的战略目标是：巩固已非法占领的大片中国领土，保住"既得利益"，图谋在中印边境西段争夺阿克赛钦地区，以谋取在中印边界谈判上的战略主动。上述目标表明，印度在战略总体上对华采取"防御"态势的同时，并未放松对有争议领土的扩展与蚕食。显然，这种防御已不是一般意义上的消极防御，而是全新的"进攻性防御"，其中包括实施局部有限威慑的内容。

#### 3. 巩固南亚霸业，向印度洋扩张

20 世纪 80 年代后期，随着国际战略格局的变化，印度加紧推行地区霸权，以巩固南亚霸业。1987 年 7 月，印度"应邀"出兵斯里兰卡"维持和平"；1988 年 11 月，印度又派兵前往马尔代夫帮助马政府平息政变；1989 年 3 月，印度因尼泊尔未同其"协商"而从其他国家购买武器，单方面宣布同尼泊尔签订的贸易条约和过境条约到期失效，迫使尼泊尔接受印度提出的"安全要求"。

随着陆地战略目标的不断巩固，印度的海洋意图日趋增强，战略重心逐步转向印度洋，并采取多种措施，积极实施印度洋扩张战略。印度认为，印

度面对的海上威胁有两种。一种来自印度洋地区国家，如巴基斯坦、孟加拉国、斯里兰卡、缅甸以及印度尼西亚等国；另一种来自外部大国。印度针对不同的目标实施不同程度的威慑。对印度洋地区敌对国家，印度强调保持绝对军事优势，慑止其对印度进行军事冒险；即使发生冲突或战争，印度有能力战胜对手。在对印度洋地区驻有军事力量的区外大国，印度强调"威慑"，通过威慑同大国形成"力量均势"，限制大国海军在印度洋的行动自由；一旦爆发战争，印度就能不断扩大在印度洋的发言权，使印度洋出现对印度最为有利的局面。

20 世纪 90 年代后，面对国际国内形势的急剧变化，在对国家内外政策进行大幅度调整的过程中，通过对冷战结束后安全形势的分析，相应地，印度也对其军事战略进行了重大调整，即由过去的为夺取南亚地区战略支配地位而推行的"地区性进攻战略"代之以"区域性威慑"军事战略。

该战略又分两个阶段，第一阶段为"拒止威慑"阶段，第二阶段为"惩戒威慑"阶段，前者表现为被动防御型，后者则向主动进攻型转变。现仍然按照前文的逻辑阐述如下。

## 五、拒止威慑战略

时间：20 世纪 90 年代至 21 世纪初。

### （一）战略背景

20 世纪 90 年代，随着苏联的解体和冷战的结束，世界战略格局和地区安全形势都发生了巨大变化，深刻影响着印度的军事战略思想。

1. 世界和南亚地区战略格局的重大变化为印度调整军事战略提供了条件

进入 20 世纪 90 年代以后，国际形势发生了一系列令人瞩目的变化，原先以美苏冷战为特征的两极格局瓦解了，取而代之的是地区势力的崛起，世界正在趋向多极化。为适应冷战后世界形势的变化，各国都开始对其国家战略进行大幅度调整，对各自的安全环境和威胁都重新进行估计和判断，对各自在冷战后的国家利益和国家目标的优先次序进行重新排列，世界进入一个战略和政策大调整时期。

与此同时，在南亚地区，以美苏争夺南亚霸权为主要标志的苏印结盟对抗美巴联合的格局消失，美俄在南亚地区由长期的对抗开始走向缓和。这些在客观上为印度调整军事战略提供了有利的条件。

**2. 苏联的解体和中国的崛起对印度的国防安全观产生了很大的冲击**

苏联虽然是一个拥有庞大军力的国家，但是却因为国内的经济和民族等问题而倾刻解体。苏联解体还对印度造成重大不利影响：政治上，印度失去了一个可以作为对外战略依托的重要大国，"印度的对外政策失去了主要的靠山"，也失去了它用于对付日益强大的中国的最大筹码；经济上，苏联是印度最主要的互利贸易伙伴，苏联的解体使印度失去了苏联在其对外贸易中具有重要地位的市场，给印度经济带来最严重后果。相反，中国实现改革开放，政局稳定，经济持续发展，综合国力不断增强，在地区和国际事务中发挥越来越重要的作用。与此同时，印度由于一直走内向型发展道路，对外经贸方面发展缓慢，影响了整个经济的健康发展。印度不仅被日本远远地抛在后面，而且也被"亚洲四小龙"甩在了后面，即使对于东盟国家来说也处于相对落后的境地。印度在国际政治和国际经济中都面临着被边缘化的危险。这促使印度对其片面依赖军事谋安全的观念进行了反思，开始重视国内的经济安全和社会安全，以此拓展外部安全空间，维护国家的根本利益。

**3. 印度国内糟糕的形势促使印度对国防与经济的关系有了新的认识**

20 世纪 90 年代初，印度长期推行军事激进主义的恶果也开始显露无遗。由于长期扩军备战，加上印巴对抗，印度陷入了独立以来最严重的财政危机和外汇危机。1984—1989 年期间，印度的国防预算连续五年增长，从政府财政支出的 9.9% 增长到 10.3%，高额国防支出造成巨大的政府财政赤字，对印度的财政平衡产生了不利影响，最终酿成 1991 年的贸易支付差额危机。据世界银行统计，1990 年底印度外债已达 700 亿美元。印度工业和经济研究中心 1991 年 8 月指出，如果把短期商业债务包括在内，印度的偿债率已高达 35%~38%，大大超过了 20% 的"安全线"和 30% 的"生存权限"。脆弱的经济状况，导致国内暴力升级、教派矛盾激化、贫富差距扩大、政治危机频仍。从 1984 年以来，英迪拉·甘地、拉吉夫·甘地及几十名重要人物相继被暗杀，从 1989 年 11 月至 1991 年 6 月不到两年时间内，政权三度易手。

在这种背景下，印度开始对其内政外交政策进行全方位调整，突出的表现是：在国家安全观念上，强调国家安全应包括政治、经济、军事和内部安全等在内的综合安全，安全边境要超出南亚及其周边地区走向亚洲乃至世界，减少安全战略思想中的军国主义，以适应世界后冷战时期新的安全观念；在国防建设和经济建设关系上，再次把经济建设放到第一位，认为"国家安全意味着经济发展，没有经济发展便没有了国家安全"，要成为世界一等强国，仅仅依靠军事力量是远远不够的，还必须拥有强大的经济力量作为支撑；在周边外交政策上，开始推行睦邻友好的周边外交政策。认为一个稳定的周边对印度至关重要，要同其邻国建立正常的外交关系，取得相互安全和信任，减少军事对抗的危险性，加强相互间的合作，为国家经济建设营造一个良好的外部环境，在国际上推行"积极的不结盟"外交政策，发展全方位的外交关系；在战争观上，提出要转变战争观念，进一步强调发展威慑能力。印度防务家提出，冷战时期通过战争摧毁敌国的军事力量、掠夺领土、征服意志的传统战争观，已不适应发展变化了的国际战略格局和南亚次大陆形势，应该"重在强调威慑作用，而不是强调征服和占领"。据此，印度提出要以实力为后盾，充分发挥威慑的作用以达到以小战或"不战而屈人之兵"的目的。

**（二）主要内容**

为适应国家内政外交的需要，印度也相应对其军事战略进行调整，提出了"区域性威慑"这一新的军事战略。该战略的区域性指它的适用范围限于南亚和印度洋地区，包括北起喜马拉雅山脉，南至印度洋，西起伊朗，东至缅甸，这一广阔的陆上地区和大部分印度洋水域。这一战略的核心思想是"威慑"，以强大的军事力量和战略威慑力量为后盾，"慑止"敌对国家对印发动战争和军事冒险，为印度发展经济，壮大国力保驾护航。"地区威慑"本质上是一种防御型军事战略，其实质是通过对各种作战对象实施有效的武力震慑，力求不战而屈人之兵，争取以小的代价取得最佳的效果。其目标是：巩固印度在南亚地区的支配地位，维护印度在印巴、印中边境地区已占领土的既得利益，控制弱小邻国，争取对印度洋有更大的控制权，并通过发展海洋威慑和核威慑能力争当世界性军事强国，为下个世纪成为未来多极世界中的一极这一国家战略总目标服务。

然而，由于20世纪90年代印度的国力和军力还有限，这一时期"地区威慑"军事战略主要通过"拒止"实现。"拒止威慑"，指对南亚次大陆区内国家强调保持绝对军事优势，以劝阻其进行军事冒险，同时对区外大国通过威慑形成"力量均势"，限制其海军在印度洋上的行动自由，从而达到确保海岸线与领海安全和阻止大国渗透等目的。

1. 视巴基斯坦为主要现实威胁，对巴基斯坦实施"攻势"威慑

进入20世纪90年代，印度对巴基斯坦的军事战略始终未变，仍然一直

将巴视为现实的主要作战对象。印巴两国三次交恶,积怨甚深。印度认为巴基斯坦是南亚各国中唯一敢公开抗衡印度的对手,视其为印主宰南亚的主要障碍,因而对巴维持重兵压境之势以慑止巴方的任何军事进攻行动。而且自90年代以来,面对南亚的核形势,印度强调要拥有对巴基斯坦核能力作出可靠反应的能力,以便对巴基斯坦实施双重威慑,即常规威慑和核威慑。

2. 视中国为主要的"潜在威胁",对中国采取"遏制性"威慑

20世纪90年代,中印关系虽有改善,但印度仍把中国视为战略上的对手。认为在边界问题上,中国不承认印方主张的"边界线";中国的强盛是对印度安全的潜在威胁;"中国同巴基斯坦关系密切","共同的需要和利益促使它们联合反印";中国支持和援助南亚小国,"采取孤立印度的战略"。这一切都使得中国将成为印度在政治、经济和军事上的主要"潜在威胁"。为此,印度在战略总体上对华采取"防御"态势的同时,一方面大力发展综合国力和包括核军事能力在内的军事力量以求达到对华军事均势,另一方面在中印边境保持着一支对华"可靠的常规威慑力量",将陆军总兵力的19.27%和空军总兵力的20%部署在中印边境一线,对华保持着局部军事优势。通过在边境上保持对华局部军事优势、大力发展弹道导弹特别是中远程导弹技术以及坚持不放弃核武器选择权,印度力图建立起针对中国的所谓"遏制性"威慑力量。此外,印度还积极支持西藏分裂主义分子从事分裂活动,始终把分裂西藏视为维持其边境安全和从政治、军事上牵制中国的重要手段。

3. 坚持保留核武器选择权,重视核威慑的作用

20世纪80年代以来,印度防务家就主张,印度应发展包括核报复和常规打击力量在内的总体威慑。90年代后,印度不顾国际核军控持续深入向前发展的事实,无视广大国家的强烈要求,拒绝签署核不扩散条约和全面禁止核试验条约,坚持推行保留核武器选择权的近核战略,顽固地执行"最后一根导线"核政策,积极地通过民用核计划来发展自己的核武器能力,强调"核弹的威慑作用大于使用价值",提出政治上要以核武器能力作为谋求大国地位的筹码;在军事上以之作为夺取地区霸权的后盾。显然,印度发展核武器能力的军事企图是为了对付巴中美三种潜在的威胁,其中"慑止"中国又是重点。毋庸置疑,就目前印巴双方的核武器能力而言,印度显然拥有对巴战略优势;至于中印之间,印度认为,在军事上,印度在对华常规作战领域里的行动自由为中国的战略核力量所制约,只有具备了与中国相称的核威慑能力后,印

度才能充分发挥在中印边境已取得的常规优势的威慑效果；对美国来说，印度主要是想通过发展核武器能力来"劝阻"它不要轻易地干预印度势力范围内的事务。

4. 广泛寻求与外军的军事合作关系，树立军事大国形象

20世纪90年代后，印度全方位调整了军事外交方针，广泛寻求与外军的军事合作关系。首先，重新确立了与独联体国家的新型军事关系，制定了"区别对待，平等互利"的指导方针。1993年，印度与俄罗斯重新签订了"友好合作条约"及经济、贸易、科技和国防等9个合作协定，逐步恢复了与乌克兰、哈萨克斯坦等国的军事联系，从而保证了苏式武器装备与技术继续供给的渠道。其次，积极发展与美国为首的西方国家的军事关系，目的在于谋求西方发达国家的先进武器装备和技术，同时也是为了以大国的势力来提高印度的战略地位。为此，1991年，印美两国设立了海军指导委员会并于1992年5月首次举行海上联合军事演习；1995年，两国又在印度北部山区举行山地联合军事演习。此外，两国高层军事首脑互访增加，在安全领域合作步伐加快。与此同时，印度也加强了同英、法、德、瑞等国的军事关系。再次，印度还扩大了与亚太国家特别是周边地区的一些国家的军事合作，加强了与新加坡、马来西亚、泰国、越南和韩国等国的军事交往，向这些国家出售军火，帮助训练军事人员，以此树立印度军事大国的形象。

5. 重视质量建军，强调"积极防御"的作战思想

为适应和平时期"军队建设服务于经济建设"方针的需要，印度制定了"控制数量，加强质量，提高战斗力"的新时期建军方针，在稳定数量的同时，着重加快武器装备国产化和高技术化步伐。具体措施有：巩固陆军，重点提高武器装备的现代化程度，提高快速反应能力；空军提高技术装备水平，发展战略打击、战略预警和战略空运能力；壮大海军，发展大型水面舰艇和核潜艇，提高海上威慑能力。在作战思想上，印度强调实施"积极防御"，着眼于提高整体作战能力。其核心思想：一是建立纵深、立体的防御体系；二是强调实施"先发制人"的突然打击；三是重视诸兵种协同作战；四是力求达成速战速决的效果。

## 六、"惩戒威慑"战略

时间：21世纪初至今。

### （一）战略背景

#### 1. 南亚战略格局进一步向印度倾斜

进入 21 世纪，南亚地区格局随着国际战略格局发生了重大变化。塔利班的瓦解使巴基斯坦失去与印度抗衡的后方依托，印度在与巴战略抗衡中取得进一步优势，并在南亚拥有政治、经济、军事全面主导地位。与此同时，印度十余年的经济改革初见成效，年均经济增长速度超过 6%，成为世界上经济发展速度最快的国家之一，综合国力进一步增强。印度的视野也从南亚向西亚、中亚和东南亚扩大，近年来宣称其国家重大利益范围将不再受传统的地理疆界的局限，即西起波斯湾，东抵马六甲海峡，北至中亚各国，南至赤道。为此，印度提出以国家利益为准则，以军事实力为后盾，以政治、经济、军事实力和信息能力为综合手段，确保其政治、经济、军事和信息安全的综合安全观，并制定了一系列国家安全战略方针政策：积极开展大国平衡外交，提高其国际地位；开展大周边全方位外交，营造有利的周边环境；积极推行经济改革，通过大力发展经济提高综合国力；坚持发展核力量，谋求建立核威慑。随着印度综合国力增强，其战略定位也在进一步扩大，其针对东盟和旨在融入亚太的"东进"战略指向已扩大到南海及东亚地区；确保能源安全的中亚战略正步步推进。伊拉克战争后印度认识到，国家安全必须建立在自身强大的军事实力的基础之上，对美国的"先发制人"战略理论应保持高度警惕，并提出相应的对策。

#### 2. 印度面临的安全环境更加复杂多样

进入 21 世纪，国际形势再次发生重大变化。"9·11"事件后，印度家门口发生的阿富汗战争和伊拉克战争对印度造成强烈冲击。印度重新审视其安全环境，认为印度面临的安全威胁不仅仅来自周边邻国、国际恐怖主义和宗教激进势力、海湾地区的战争冲突都影响印度的安全，导致其安全环境日益复杂，影响国家安全稳定的因素日趋多样。

首先，南亚核武化并不能消除军事冲突爆发的潜在风险。印度的经济实力和军事实力已超出南亚其他各国的总和，在与巴基斯坦的战略抗衡中取得进一步的优势，南亚各国事实上已无力对印度发动大规模的军事入侵，印度面临的传统安全威胁正趋于缓和。但另一方面，巴基斯坦拥有核武器使印度的安全环境遭受重大威胁，印巴均为核国家，这种"核平衡"虽然使得两国爆发全面战争的可能性随之降低，但并不能完全消除小规模军事冲突的可能性，

1999 年的印巴"卡吉尔冲突"就证明了这一点。

其次，印度面临的恐怖主义、分离主义和跨境有组织犯罪等非传统安全领域的威胁正日益增多。尤其是巴基斯坦对"恐怖主义"的支持，成为印度面临的主要现实威胁，印度议会遭受恐怖袭击、孟买重大恐怖袭击事件等充分说明了这一点；在国内，日益严重的民族、宗教矛盾和频繁发生的大规模流血冲突，使印度政治局势和社会稳定出现了激烈动荡，特别是近年来快速崛起的"纳萨尔派"武装反抗运动，成为影响印度国内安全的最主要不稳定源。印度坚持认为国内大部分叛乱活动、恐怖活动和分离活动得到了外部势力的怂恿和支持。在印度决策层看来，印度在非传统安全领域受到的威胁与传统安全领域的威胁同样严重，而且两者相互交织在一起。印度甚至认为，与邻国在边界地区构成的军事威胁相比，印国内在克什米尔、旁遮普及东北各邦的外部势力介入更为麻烦。此外，宗教激进主义及其获得大规模杀伤武器、外部力量干涉南亚和印度洋事务等，都对印度国家发展与稳定、能源安全、海洋权益等重大利益构成威胁。

### 3. 世界军事变革的强烈冲击

20 世纪 90 年代以来，世界和南亚地区的一系列战争和冲突，如海湾战争、科索沃战争、阿富汗战争和伊拉克战争，清晰展示了当代先进军事技术的威力。特别是美国对伊拉克的快速制胜与伊拉克的"快速崩溃"形成鲜明对比，再次展示了美军新军事变革的巨大成果，美军体现出新的作战理论与高技术武器装备系统的完美结合，使印军上下在惊叹与羡慕的同时，也引发了对战争与军队建设的深入思考。印度如同许多国家一样，从这场战争中充分意识到了尽快实现军事装备与技术现代化的重要意义。更重要的是，印度当时作为无核国家，这场战争也向它证明拥有核武器的必要性。印度国内普遍相信，如果伊拉克已实际拥有核武器，美国将不会以这种冒险的方式来对付萨达姆政权。此外，美国在战争期间耗资巨大，不得不要求其他盟国分担大量战争费用，这也使印度对用经济实力支撑一场现代化战争的作用有了深切、直观的认识。印军认识到，21 世纪信息技术的发展将世界带入信息化战争时代，印军现代化建设面临重大挑战：一是信息技术与世界军事革命极大地改变了 21 世纪的战场环境。近期的几场局部战争，特别是伊拉克战争，显示出未来的战场将成为一个充满实时信息的数字化网络空间，由陆基、空基和太空传感器及辅助决策技术整合为一体的信息系统将使战场更加透明。二是印军作战对象不仅限于正规武装部队，还包括恐怖主义、分裂势力和宗教极端势力武装。三是信息化战争具有战争目标的有限性、战争过程的可控性、作战手段的非对称性和精确性以及战争爆发的突然性等特点。作战方式相应地将更加多变和多样化，武器装备呈现信息化、小型化、隐身化和智能化的趋势。为适应上述新的变化，印度必须调整其军事战略，实行军事变革，以适应未来高技术信息化战争。

基于上述认识，印军认为，未来印度同巴基斯坦和中国因边界争端而爆发大规模全面战争的可能性减少，更多的是中小规模的边境局部常规战争。印度议会遭袭后，印军吸取美国在阿富汗反恐战争和伊拉克战争的经验，认为，针对他国的敌对行为或挑起的冲突，印军也可对其发动先发制人的打击，给之以教训和惩戒，迫使其修正对印的政策或重返谈判桌为政治手段解决问题创造有利条件。为此，印军在坚持"地区威慑"战略的基本原则基础上，对其军事战略做出了调整，赋予其新的内涵，将其被动防御型的"拒止威慑"战略调整为先发制人式的"惩戒威慑"战略，强调主动出击、先敌行动，有效控制，致力于打赢核威慑条件下的"有限常规战争"，从而实现了战略指导从传统的"消极防御"向"攻势防御"质的转变。

## （二）主要内容

所谓"惩戒威慑"战略，即"以有限战争为主要作战样式，以积极进攻、主动出击为作战指导思想，对敌人发动先发制人的军事打击，给其以教训和惩戒，迫使敌国修正其对印政策，从而实现有限的政治和军事目标。"

### 1. 在战略目标上，强调军事目标服从服务于政治目标

印军认为，从政治上看，"惩戒威慑"战略不谋求威胁敌国的生存，所追求的目的，始终是通过有节制地、灵活运用军事手段，影响或促成敌对国按己方希望改变、修正或调整其反印政策，同时自己也准备作出必要的妥协来换取敌方的让步。从军事手段上看，印军实施"惩戒威慑"战略，不是追求彻底消灭敌国军队，或使其完全丧失抵抗能力，也就是说不谋求彻底的军事胜利，而是通过施加一定限度暴力促成争端的政治解决或推动敌方作出必要的妥协。因此，印度认为，军事目标必须服务于政治目标。任何军事手段都应当与国家主要的政治目标保持一致，不管它的结果是得还是失。换句话说，即使印度失去一场战斗，但是如果在政治上获得胜利，此类军事手段仍值得追求。当然，如果为了国家的政治利益，也可以所谓

"邻国支持恐怖主义对印度的颠覆活动""代理人战争"等为借口，向他国发动先发制人的打击。

2. 在战争准备上，提出了打赢核威慑下的"有限战争"

印度认为，从近年来世界范围局部战争的特点和中印、印巴关系的发展现状看，印中、印巴之间因领土争端引发局部战争的可能性依然存在。但由于中、印、巴三国都拥有核武器，在未来战争中必会顾及对方的核威慑能力，尽力减少人员伤亡和财产损失，这使发生大规模战争的可能性越来越小，战争规模的可控性增强。印度与中、巴边境地区地理条件的特殊性，也决定了今后战争和冲突的有限性，今后印度对中、巴作战的规模和手段都将是有限的。特别是随着印巴军事实力越来越悬殊，巴基斯坦对印发动大规模入侵的可能性正在减小，而将更多地采用小规模边境渗透、代理人战争、低烈度冲突等形式。1999 年以来，这一趋势尤为明显。印巴卡吉尔冲突就是一场典型的由边境渗透引发的边境军事冲突，这种"低强度冲突"将成为印军今后必须应付的主要作战样式之一。有鉴于此，印度新的军事战略方针由过去准备与巴基斯坦和中国打全面战争，转变为立足与巴、中打核威慑条件下的高技术"有限常规战争"。

3. 在战略指导上，强调"积极主动、先发制人"

自独立以来，印度在军事上一直采取"防御"态势。印度前国防部长费尔南德斯曾将其描述为"基于'防御型防卫'之上的一种非侵略、非挑衅性的国防政策"。印度前陆军参谋长夏尔马也指出，"多年来，由于我们国家的思维方式，特别是政治领导人思维方式，我们一直奉行一种'消极防御'型的战略"。进入 21 世纪，随着印度综合国力的快速提高，印军现代化建设取得巨大成就，军事能力不断提高。印军认为，必须摒弃那种"等待敌人到达我们的境内再干掉它"的消极防御理念，采取积极主动、先发制人的指导方针。为此，"惩戒威慑"军事战略首次提出了"主动出击、先发制人"的作战指导思想。认为，为取得战争行动的主动，在必要时可主动出击，先发制人，给敌方以教训和惩罚。印军还要求在进行战争准备、拟制战略计划时，必须贯彻战略上先发制人的原则，确保在总体战略态势上，形成有利于印度的条件。战争一旦爆发，印军有能力在战略上采取先发制人的行动，预先阻止敌人大规模进攻，使战争在敌方国土上进行，迫使对手陷于被动不利地位。

### 4. 在作战指导上，提出联合作战思想

印军认为，"联合作战就是为了共同的目标，把全部作战力量集中用在一个决定性的点上，产生最大的效果"，并认为"联合作战是未来战争最重要的要素，必须无缝隙地动用所有资源来打击、击溃和战胜敌人，达成作战目的"。在"拒止"威慑战略下，陆军是实施战略目标的核心力量和最佳军种，部署在前沿的防御兵团将首先在边境沿线抗击入侵之敌，阻滞敌人的进攻，部署靠后的突击兵团通过机动迂回，实施反击作战，将入侵之敌歼灭于国门之内。在"惩戒"威慑战略下，由于陆军必须通过越境击败或摧毁敌人的地面部队才能实现"惩罚"效果，这将导致敌人将战争升级，甚至越过"核门槛"，从而违背了战争的初衷。因此，在双方都拥有核武器的情况下，通过地面作战夺取"决定性胜利"，进而实现"惩罚"效果几无可能。印军认为，海军可以通过"拒止"和"惩戒"实现威慑效果，并通过"炮艇外交"在战争升级控制方面发挥巨大威力。然而，由于敌人可以通过"海上拒止"，抵消海军的对陆攻击能力，使得海军通过"惩罚"实现威慑的能力也非常有限。印军认为，由于作战飞机能飞越国境线且不受地形限制，空军能通过"拒止"和"惩罚"提供强大的威慑能力。通过使用空中力量，还可以实施精确的战争升级控制和交战脱离控制。尤其是在核背景下，空中力量是实现有限的政治军事战略目标的最佳军种。因此，印军认为，必须充分考虑陆、海、空三军种在"惩戒威慑"战略的优缺点，实施三军联合作战，充分发挥三军资源，才能实现最大"惩罚"效果，达到教训之目的。

### 5. 在威慑手段上，强调"核常威慑并举"

印军认为，尽管其军事实力得到迅速发展，但在一个较长时期内，它的国力和军力还是有限的，即离世界军事强国还有较大差距。为了解决这种矛盾，确保其国家安全，印度必须发展足够的威慑能力，逐步将以往重实战转变为重威慑的战略。对于核威慑，印军认为，核威慑在"拒止威慑"和"惩戒威慑"战略中均具有重要地位。通过核威慑，既可确保印度基本免除战争的侵害，也能有效遏制敌手对印使用核武器。对于常规威慑，印军认为，在"惩戒威慑"战略下，尽管核威慑非常必要，但"可靠和强有力的"常规威慑更是至关重要。没有强大的常规力量，就不能防止战争、慑止战争，在威慑失败后也无法打败敌人，更不用说实现"惩戒"目的。印度认为，核威慑与常规威慑相结合是维护国家安全最有效的手段。拥有核威慑，可以遏制

邻国使用核武器，将战争限制在"有限常规战争"范围；核威慑与常规威慑结合也是最经济的威慑手段。印度无法跟上全球常规武器技术发展的脚步，那么建立核威慑是一条"可行之道"，可以在力量相差悬殊的常规部队之间起到平衡作用，弥补常规力量的不足，还可以大大节省发展高技术武器装备的巨大费用。随着印军现代化进程的不断深入，必须将核威慑与常规威慑相结合，互为补充，形成多层次威慑力量。在二者关系上，印度将常规军力视为进攻之"矛"，而将核力量视为防御之"盾"，二者相辅相成，以增强军事威慑的灵活性和选择性。

# 第三节　印度军事战略的特点

纵观印度独立以来战略理论和实践，其军事战略具有地缘性、继承性、进攻性、针对性以及威慑性等特性，这五个特性是相互密切联系的一个不可分割的整体，构成了印度军事战略思想的基本特点。

## 一、浓厚的地缘性

地缘政治性是印度军事战略最显著的特征之一。从独立之日起，印就从地缘政治的角度思考国家利益，谋划国家安全，制定国家军事战略。印度军事战略的方方面面都深深打着地缘政治烙印：南亚是印度的势力范围，印度洋是"印度之洋"，印度是亚洲的中心，中、巴是妨碍印度实现上述地缘政治利益的障碍，印度军事战略必须以维护这些地缘政治利益、排除维护这些利益的障碍为出发点和归宿点。

冷战后，国际安全环境发生了重大变化，政治、经济、科技、外交、文化等诸因素对印度军事战略决策的影响日趋强烈，但地缘因素仍然是印度在思考、运筹和设计军事战略的过程中考虑的基础性和本原性的因素。比如，印度主要从地缘政治角度确定其军事战略的主要对象。

印度既有辽阔的陆地，又濒临海洋，既要关注来自海上的威胁，又要对付来自陆邻的威胁。印度要想控制印度洋，首要的条件是在南亚次大陆站稳脚跟，发挥地理战略优势，把南亚次大陆建设成以印度为中心的战略基地，尔后向外扩张影响。因此，巴基斯坦和中国自然成为印度"天然"的地缘敌人，成为其实现地缘战略目标的主要障碍。

## 二、全面的继承性

继承性是印度军事战略思想的另一主要特征。这种继承性主要表现在以下两个方面。

（1）全面继承了英国殖民者的防务观。印度独立后，原封不动地接收英国殖民统治疆界的同时，也全盘忠实地继承了英帝国扩张主义的军事战略。其中，最重要的就是所谓"印度中心论"思想。按照这个思想，英国殖民者以英属印度为其东方殖民体系的中心，为印度设计出一个"理想的边界"，即将克什米尔、尼泊尔、锡金、不丹和阿萨姆作为由缓冲区保护的"印度防务内线"；把西藏作为"缓冲国"而纳入其势力范围；以非法炮制的所谓"麦克马洪线"和"约翰逊—阿尔达线"作为印中的"理想边界"；将印缅边界至杜兰线之间广袤的领土作为它的"安全内圈"。印度独立后，全盘继承了英国殖民者的扩张主义理论，并在新的历史时期倾注全力将其付诸实施。

（2）全面继承和吸收了印度本土的战略思想。比如，印度把周边国家作为主要防范对手和作战对象，就深受其历史上著名地缘战略家考底利耶"远交近攻"思想的影响；尼赫鲁政府时期，把军事力量的发展置于次要地位，实行"先经济后国防"的政策就深受阿育王"法胜"和甘地"非暴力"思想的影响；20世纪90年代，印度大力发展军备，悍然进行核试验，实行"以实力对实力"的政策则是深受好战的印度宗教激进主义思想的影响。

## 三、有限的进攻性

受"印度中心论"思想的影响，印度提出了"支配南亚，控制印度洋，争当世界一流强国"的大战略目标，这必然决定了印度军事战略具有较强的进攻性。

尽管印度坚称，其奉行"防御性"的防务战略，但印度独立后所采取的一系列军事行动，包括三次印巴战争以及武力吞并锡金王国、挑起中印边境冲突、出兵斯里兰卡等，充分证明了印度所谓的"防御性"战略实则具有很强的"进攻"色彩。这种进攻性，随着印度国力和军力的迅速增长和边境防御态势的改变，近年来得到进一步发展。但同时，也因为受到国力和军力所限，这种进攻性又是有限度的，并带有地区性和防御属性。这主要反映在，面对一些区外大国对南亚次大陆和印度洋及其周边地区的威胁和渗透，印度暂时无力抗拒，只能以南亚次大陆作为它的势力范围，积蓄力量，伺机控制印度洋。

因此，印度将南亚次大陆作为它的支配地区，对于大国在印度洋及其周边地区的活动只能采取防御战略。

在对华战略上，印度在整体上也采取防御态势，但同时又强调在中印边境长期重兵压境，战时以局部优势的进攻来创造有利的防御态势，并通过平时的不断蚕食为下一步由防御转为进攻创造条件。从这些意义上讲，印度的防务战略才具有一定的防御性质。

## 四、鲜明的针对性

长期以来，由于印度一直推行称霸南亚，控制印度洋，确立在南亚和印度洋地区霸主地位的军事战略，且视中国和巴基斯坦为"主要障碍"，因此，中、巴也就十分自然地成了印度最主要的作战对象。1962 年中印边境冲突后，尽管中印关系停滞一段时间后呈逐步改善的态势，但印度始终将中国视为战略上的主要潜在对手。同时，印度还认为，南亚各国中敢于向印度的霸主地位提出挑战的唯有巴基斯坦，巴基斯坦不甘处于被支配的地位，有寻求与印度"平起平坐"的决心，因而使印度的战略"安全圈"出现了缺口。尤其令印度不能容忍的是，巴中间的长期友好关系"是旨在对付印度的战略联盟"，印度将面对"一个拥有核武器的巴基斯坦和一个实现了国防现代化的中国"的"共同威胁"。

源于上述战略思想，长期以来，印度在军队建设、军费开支、武器装备发展等方面均以巴、中为比较对象。在军队的体制编制、战场的建设、部队的训练演习以及作战条令的制定等方面均以中、巴为对手。同时，为了确保印度在印巴、印中边境地区的军事优势，印度多年来始终将 50% 的陆军、54% 的空军和 60% 的海军兵力部署在印巴边境一线和毗连巴的海域，基本上形成了对巴的绝对军事优势。对华兵力部署自 20 世纪 80 年代以来一直保持在 20 余万人，从而在中印边境地区形成了对华的局部军事优势。

## 五、全向的威慑性

全向威慑是指在各个领域实行全方位的威慑，这是印度为解决其称霸的野心同当前有限的国力与军力之间的矛盾而提出的。

冷战后，印度将以往重实战的战略调整为重威慑，其基本思想是立足于大打，做最坏情况的准备，但要具备足够的实力优势在多个战略方向上实行有效的威慑，争取以最小的代价取得最佳的效果。印度针对不同的对象，在不同的战略方向，实行不同性质的威慑：一是针对中国实行"劝阻"性威慑，吓阻中国对印用兵；二是针对南亚周边小国实行"惩罚"性威慑，保持一支"一旦发生战争必将以我们的胜利而告终"的绝对优势的军事实力，确保其不敢触犯印度的利益，俯首听从印度的控制，否则将给予军事"制裁"；三是针对美中巴实行"核对称"威慑，核战略方针是"劝阻"美国、"慑止"中国、"对付"巴基斯坦，其中"慑止中国"又是重点。因为只有"慑止"中国，才能"对付"巴基斯坦，也才有可能"劝阻"美国。

# 参考文献

[1] 毛泽东选集(1~4卷)[M]. 北京：人民出版社，1991.

[2] 邓小平文选(1~2卷)[M]. 北京：人民出版社，1994.

[3] 鲍世修. 马克思恩格斯军事理论研究[M]. 北京：军事科学出版社，1999.

[4] 肖天亮. 战略学[M]. 北京：国防大学出版社，2017.

[5] 寿晓松. 战略学教程[M]. 北京：军事科学出版社，2013.

[6] 王桂芳. 国家安全战略学[M]. 北京：军事科学出版社，2018.

[7] 王洪福. 现代国防理念略论[M]. 北京：国防大学出版社，2015.

[8] 国防大学. 习近平主席国防和军队建设重要论述学习研究[M]. 北京：国防大学出版社，2015.

[9] 肖天亮. 军事力量的非战争运用[M]. 北京：国防大学出版社，2009.

[10] 肖天亮. 肖天亮讲稿自选集[M]. 北京：国防大学出版社，2014.

[11] 孙科佳. 中国特色的军事变革[M]. 北京：长征出版社，2003.

[12] 范震江，马保安. 军事战略论[M]. 北京：国防大学出版社，2007.

[13] 李际均. 新版军事战略思维[M]. 北京：长征出版社，2012.

[14] 彭光谦. 国际战略格局与当代战争[M]. 北京：长征出版社，2013.

[15] 朱成虎，孟凡礼. 当代美国军事(修订版)[M]. 北京：社会科学文献出版社，2012.

[16] 蔡华堂. 美国军事战略研究[M]. 北京：时事出版社，2019.

[17] 樊高月. 美国军情解析[M]. 北京：解放军出版社，2016.

[18] 江新凤. 日本军情解析[M]. 北京：解放军出版社，2016.

[19] 王志坚. 战后日本军事战略研究[M]. 北京：时事出版社，2014.

[20] 中华人民共和国国务院新闻办公室. 中国的军事战略[M]. 北京：人民出版社，2015.

[21] 李抒音. 俄罗斯军情解析[M]. 北京：解放军出版社，2016.

[22] 于淑杰. 当代俄罗斯军事战略研究[M]. 北京：军事科学出版社，2015.

[23] 杨育才. 欧亚双头鹰[M]. 北京：解放军出版社，2002.

[24] 李大鹏. 新俄军观察[M]. 北京：新华出版社，2015.

[25] 丁皓. 印度军事思想[M]. 北京：军事科学出版社，2013.

[26] 丁皓. 印度军情解析[M]. 北京：解放军出版社，2016.

[27] 曹永胜. 南亚大象[M]. 北京：解放军出版社，2005.

[28] 毕文波，严高鸿. 当代军事战略思维研究[M]. 北京：军事科学出版社，2010.

[29] 姜廷玉. 台湾地区五十年军事史[M]. 北京：解放军出版社，2013.

[30] 彭光谦. 军事战略学教程[M]. 北京：军事科学出版社，2001.

[31] 林治远. 外国国家安全战略与军事战略教程[M]. 北京：军事科学出版社，2013.

[32] 刘亚洲. 当代世界军事与中国国防[M]. 北京：中央党校出版社，2016.

[33] 张刚. 亚太地区主要国家军事战略[M]. 北京：国防大学出版社，2013.

[34] 全国干部培训教材编审指导委员会. 加快推进国防和军队现代化[M]. 北京：党建读物出版社，2015.

[35] 刘怡昕，解文欣. 外国军事战略研究[M]. 海潮出版社，2011.

[36] 王文荣. 战略学[M]. 北京：国防大学出版社，1999.

[37] 张望新，崔卫航. 军事理论概览[M]. 北京：航空工业出版社，2018.

[38] 杜平. 军事理论教程[M]. 北京：航空工业出版社，2018.

[39] 宋向民. 军事理论教程[M]. 西安：西安电子科技大学出版社，2017.

[40] 冯东浩. 世界主要国家军队作战理论发展研究[M]. 北京：军事科学出版社，2018.

[41] 吴温暖. 军事理论与训练教程[M]. 厦门：厦门大学出版社，2017.

[42] 王勇. 现代军事危机[M]. 北京：国防大学出版社，2005.

[43] 吉青，来承坦. 20 世纪十大军事危机[M]. 北京：解放军出版社，2000.

[44] 崔金久，步伟利. 20 世纪重大军事危机述评[M]. 北京：军事科学出版社，1995.

[45] 李成刚. 二十世纪重大军事危机[M]. 太原：山西人民出版社，2000.

[46] 秦晓周. 幸免的战祸：20 世纪十大军事危机[M]. 北京：军事科学出版社，1999.

[47] 黄金元. 全球化时代大国的安全[M]. 北京：中国社会科学出版社，2007.

[48] 李元奎，韩晓林. 毛泽东军事思想与信息化战争[M]. 北京：国防大学出版社，2003.

[49] 军事科学院世界军事研究部. 战后世界局部战争史（第三卷）[M]. 北京：军事科学出版社，2014.

[50] 肖天亮. 战争控制问题研究[M]. 北京：国防大学出版社，2002.

[51] 本书编写组. 十九大报告辅导读本[M]. 北京：人民出版社，2017.

[52] [英] 李德·哈特. 战略论[M]. 上海：上海人民出版社，2010.

[53] [法] 博福尔. 战略入门[M]. 北京：军事科学出版社，1989.

[54] [德] 克劳塞维茨. 战争论[M]. 北京：解放军出版社，2005.

[55] [瑞] 若米尼. 战争艺术[M]. 桂林：广西师范大学出版社，2003.